드라마, 서울을 헌팅하다

드라마 서울을 헌팅하다

드라마가 사랑한 서울 촬영지 70곳

남도현 글 | 이정학·유혜인 그림

서문

드라마틱 서울, 서울, 서울

대한민국은 드라마 공화국이다. 영화적인 미국 드라마나 잔잔한 일본 드라마와 달리, 한국 드라마는 그야말로 드라마틱하다. 막장이니 뭐니 말도 많고, 보면서 욕도 하고, 때론 눈물을 훔치기도 하지만, 그래서 더 정겹고 사랑스러운지도 모른다. 사람들은 저녁이면 고단한 하루의 일상을 뒤로하고 드라마를 본다.

해마다 생산되는 드라마 편수도 드라마 공화국의 명성에 걸맞게 어마어마하다. 어디 그뿐인가. 학생과 선생, 직장인과 재벌, 범죄자와 형사, 구미호와 뱀파이어 등 상상할 수 있는 모든 캐릭터를 드라마에서 만날 수 있다. 이런 비일상적인 일상의 재미를 드라마를 통해 만끽할 수 있다. 그것도 공짜로.

언제인가부터 드라마에 등장하는 장소 또한 관심의 대상이 되었다. 특히 드라마가 한류의 핵심 장르가 되면서부터 외국 팬들이 드라마 촬영지를 찾는 일이 빈번해졌다. 도쿄에서 일하던 2010년경 나는 주변의 일본 친구들로부터 한국의 드라마 촬영지에 관한 질문을 자주 받았다. 이런 반응을 보면서 기회가 되면 드라마 촬영지를 한번 정리해서 그들의 질문에 통째로 답해주고 싶은 마음이 들기도했다.

그러다가 고맙게도 이숲 출판사로부터 이런 생각을 구체화할 출간 제안을 받았다. 요즘은 대한민국 전체가 거대한 촬영장이라 해도 좋을 정도로 다양한 공간이 드라마 상에 등장한다. 하지만 여러 가지 여건상 이 책은 드라마 촬영지를 서울로 한정했다. 다른 지역은 나중에 기회를 만들어서 찾아다니는 것이 재미있을 듯했고, 우선, 내가 태어나 지금껏 살아온 '서울'이란 곳이 어떤 지역보다도 구체적으로 실감 나는 곳이었기 때문이다.

나는 이 책에서 이미 신화의 반열에 오른 유명 드라마들을 포함하여 최근 4, 5년 사이에 방영된 대표적인 드라마들을 정리해보았다. 딱히 의도한 바는 아니었으나, 그렇게 정리하다 보니 특정한 장소에서 구체적으로 어떤 드라마의 어떤 장면이 촬영되었는지에 초점이 맞춰졌다는 사실을 확인할 수 있었다.

이 책을 읽고 그 장소를 불쑥 찾았을 때 '아, 바로, 그 장면이었지.' 하고 기억의 저편에 잠자고 있던 느낌이 살아난다면 꽤 유쾌할 듯싶다. 혹 누군가가 이 책 덕분에 이전에 놓쳤던 드라마를 다시 찾아보고 한 번쯤 촬영지를 직접 방문한다면 기분이 아주 상쾌할 것 같다. 그것이 바로 이 책을 쓰며 바랐던 바이기 때문이다.

나는 여러 드라마 중에서도 특히 깊은 인상을 남겼거나, 매우 감동적이었거나 가슴을 울컥하게 했던, 즉 뭔가 감정을 건드렸던 장면과 연결된 서울의 70곳을 선별해놓았다. 대략 언급된 작품도 200편 이상 될 듯하다.

이미 방영된 드라마들을 다시 보고, 해당 장소와 연관된 장면을 찾아보는 데 생각보다 많은 시간이 흘렀다. 그러나 그 시간들은 단지 물리적인 시간이 아니라 여러 이야기로 짜인 스토리 카펫 같은 시간이었다. 단조로운 글에 생기를 불어넣어 준 일러스트레이터 이정학, 유혜인 두 분께 고마운 마음을 전한다.

2013년 봄에서 여름 사이, 서울,
남도현

contents

01 북촌 한옥마을 11 　　　　　　　　　　개인의 취향, 비몽, 사랑니
02 인사동 16 　　　　　　　　　　　　인사동 스캔들, 영화는 영화다, 찬란한 유산
03 광진 차이나타운 21 　　　　　　　　아저씨, 심장이 뛴다, 아이리스
04 계동 26 　　　　　　　　　반짝반짝 빛나는, 커피프린스 1호점, 쩐의 전쟁, 신사의 품격
05 충신동·이화동 31 　　　　　　　　　수상한 고객들, 오직 그대만, 마들렌
06 남산 36 　　　　　　　　　　　　　시티헌터, 제빵왕 김탁구, 내 이름은 김삼순
07 종로 서촌 41 　　　　　　　　서양골동양과자점 앤티크, 49일, 그대를 사랑합니다
08 대학로 마로니에공원 46 　　　　　　더 게임, 보스를 지켜라, 솔약국집 아들들
09 삼청각 51 　　　　　　　　　　　　궁, 식객, 빛과 그림자, 다섯 손가락
10 남산골 한옥마을·필동 한국의 집 56 　신들의 만찬, 그림자 살인, 황진이
11 63빌딩 61 　　　　　　　　　　　　시티헌터, 내조의 여왕, 후아유
12 이태원 66 　아이리스, 시크릿 가든, 찬란한 유산, 미안하다 사랑한다, 파리의 연인
13 광화문 광장 71 　　　　　　　　　　아이리스, 프로포즈 대작전, 달콤한 나의 도시
14 종로 부암동 75 　　　　　　　　　　트리플, 내조의 여왕, 커피프린스 1호점
15 종로 평창동 79 　내게 거짓말을 해봐, 시크릿 가든, 최고의 사랑, 마이 프린세스
16 약현성당 84 　　　　　　　　　　　제빵왕 김탁구, 내 여자친구는 구미호, 러브레터
17 광진교 8번가 89 　　　　　　　　　　시티헌터, 살맛납니다, 아이리스
18 청담동 93 　　　넌 어느 별에서 왔니, 나쁜 남자, 샐러리맨 초한지, 청담동 앨리스
19 롯데월드 97 　　　　　　　　　　보스를 지켜라, 아테나: 전쟁의 여신, 프러포즈 대작전
20 타임스퀘어 101 　　　　　　　　　　마이더스, 분홍립스틱, 뱀파이어 검사

21	홍대 로드숍 거리 106	매리는 외박중, 드림하이2, 일년에 열두 남자
22	김포공항 스카이파크·메이필드 호텔 111	패션왕, 아가씨를 부탁해
23	명동 115	브레인, 마이 프린세스, 시크릿 가든
24	북아현동 120	추격자, 체포왕, 시티헌터
25	서울 어린이대공원 124	위험한 상견례, 초능력자, 초감각 커플
26	대치동 학원가 129	아내의 자격, 강남엄마 따라잡기
27	목동 134	미스 리플리, 동안미녀, 파리의 연인
28	동대문시장 139	패션왕, 동안미녀, 신데렐라맨
29	창신동 144	시크릿 가든, 부자의 탄생, 파리의 연인, 티끌모아 로맨스
30	가든파이브 149	한반도, 아이리스, 백야행
31	선유도공원 154	나쁜 남자, 꽃보다 남자, 그들이 사는 세상
32	창덕궁 159	옥탑방 왕세자, 성균관 스캔들
33	서울역 164	49일, 적도의 남자
34	W호텔 168	내게 거짓말을 해봐, 아테나, 게임의 여왕, 백만장자와 결혼하기
35	신사동 172	닥터 챔프, 파스타
36	한강 유람선 177	웃어라 동해야, 연애시대, 내 여자친구는 구미호
37	경복궁 181	뿌리 깊은 나무, 해를 품은 달
38	반포 186	지고는 못살아, 브레인, 꽃보다 남자, 종합병원2
39	JW 메리어트 호텔 190	그들이 사는 세상, 꽃보다 남자, 가문의 영광
40	남산공원 케이블카 194	지고는 못살아, 꽃보다 남자, 메리대구 공방전
41	라마다 서울 198	스파이 명월, 내사랑 내곁에, 신기생뎐
42	운현궁 202	아내의 유혹, 결혼합시다, 궁
43	서울 성곽길 207	더킹 투히츠, 여인의 향기, 찬란한 유산
44	경희궁 211	옥탑방 왕세자, 황진이
45	연세대학교 216	미스 리플리, 지고는 못살아, 내게 거짓말을 해봐, 아름다운 그대에게

46	서울시립대학교 221	마이 프린세스, 아직도 결혼하고 싶은 여자, 하이킥! 짧은 다리의 역습
47	서울시립미술관 225	굿바이 솔로, 궁, 꽃보다 남자
48	덕수궁 229	시크릿 가든, 얼렁뚱땅 흥신소, 프라하의 연인
49	서대문형무소 역사관 233	서울 1945, 패션 70s
50	올림픽공원 238	베토벤 바이러스, 매리는 외박중, 내사 랑, 쩨쩨한 로맨스
51	삼청동길 243	달콤한 나의 도시, 지고는 못 살아, 하얀거탑
52	코엑스 248	어느 멋진 날, 49일, 사랑비
53	월드컵공원 253	대물, 도망자 Plan B, 아이리스
54	여의도 258	대물, 그들이 사는 세상, 내 여자 친구는 구미호
55	서울 중앙우체국 263	그저 바라보다가, 못된 사랑
56	여의도 한강공원 268	천일의 약속, 천 번의 입맞춤, 여인의 향기
57	DMC 272	미남이시네요, 체포왕, 육혈포 강도단
58	뚝섬 276	시크릿 가든, 아테나: 전쟁의 여신, 아내의 유혹
59	포스코 센터 280	대물, 나쁜 남자, 샐러리맨 초한지, 내 마음이 들리니
60	낙산공원 285	닥터 챔프, 웃어요 엄마, 별을 따다줘, 오자룡이 간다
61	중앙대학교 290	뉴하트, 내 여자친구는 구미호, 장난스런 키스, 보고 싶다
62	경희대학교 294	웃어요 엄마, 어느 멋진 날, 공부의 신
63	상도동 299	부활, 열아홉 순정, 미안하다 사랑한다
64	녹사평역 303	마왕, 천국의 계단, 오버 더 레인보우
65	양재천 307	천일의 약속, 달콤한 나의 도시, 패션 70s
66	서울숲 312	보스를 지켜라, 49일
67	서울 월드컵경기장 317	천 번의 입맞춤, 맨땅에 헤딩
68	청계천 321	전우치, 아이리스, 아테나: 전쟁의 여신
69	남대문시장 326	수상한 삼형제, 포도밭 그 사나이, 황해
70	국립중앙박물관 331	밤이면 밤마다, 초감각 커플

* 본문에 삽입된 영화와 드라마의 정보는 제목/연도/분류/감독/배우 순으로 게재되었습니다(편집자 주)

#01 북촌 한옥마을

개인의 취향 (2010/드라마/손형석 외/손예진, 이민호) 건축가인 가짜 게이와 엉뚱녀의 코믹하고 솔직한 동거일기
비몽 (2008/영화/김기덕/이나영, 오다기리 조) 꿈과 현실이 교차하는 슬프고 아름다운 사랑 이야기
사랑니 (2005/영화/정지우/김정은, 이태성) 서른 살의 인영과 첫사랑을 빼닮은 17세 소년의 사랑 이야기

드라마나 영화 같은 영상 매체의 경우 촬영지가 갖는 중요성은 상상 이상이다. 인상이 강렬했던 작품들은 특정한 상황 속의 주인공과 배경을 마치 한 장의 사진처럼 압축해 기억 속에 묻어두곤 한다. 모든 감독이나 연출자들은 예외 없이 기억에 남을 만한 명장면을 위해 장소 헌팅에도 예민하게 촉각을 곤두세우나 특별한 작품의 특별한 작품만이 당대의 장면으로 기억되는 행운을 누린다. 최근 몇 년간 서울이란 독특한 공간에서 유독 사랑받는 촬영지가 몇 곳 있는데, 북촌 한옥마을을 빼놓을 순 없다. 이것은 북촌 한옥마을이란 공간이 창출하는 상상력의 여백이 그만큼 크다는 것을 반증하는 것이기도 하다.

타워팰리스, 메가트리움, 파라곤 같은 영어식 네이밍이 대세인 시대에 북촌 한옥마을이라니 이름부터 울림이 확연히 다르다. 북촌은 청계천과 종로의 북쪽 지역을 아울러 부르는 이름이나 한옥이 밀집된 곳은 가회동 일대이다. 유독 이곳에 한옥이 밀집된 이유는 일제강점기 때 생긴 인구 집중 현상에 따라 중대형 필지의 분할을 통해 이전과는 다른 형태의 한옥이 많이 건설됐기 때문이다. 이 시기에 건설된 한옥들은 새로운 재료의 사용, 평면의 일정한 표준화 등 여러 가지 측면에서 이전의 한옥과는 다르다고 한다. 북촌은 조선 시대에 상류층이 모여 살던 비교적 넓은 지역으로, 한옥마을을 포함해 역사적 시간의 결을 곳곳에 품고 있기 때문에 서울에서 가장 특별한 공간이라 해도 좋을 것이다.

2000년대 중반 이후로 이곳에서 촬영된 작품은 꽤 많다. 2005년에 개봉한 영화 **사랑니**와 2008년 개봉한 **비몽**, 2010년에 방영된 드라마 **개인의 취향** 등 얼핏 꼽아보아도 개성 있는 작품들이 줄을 잇는다. 이 세 작품은 내용 전개 과정과 한옥마을의 특징이 구조적으로 긴밀하게 얽혀 있는 듯 보인다.

'서른 살 여자와 열일곱 살 소년의 연애담'인 **사랑니**. 어느 날 수학 강사인 조인영(김정은 분)은 수강생 중에서 열일곱 시절 첫사랑과 외모와 말투, 게다가 이름까지 같은 이석(이태성 분)을 발견한다. 그런데 이런 상황과 병렬적으로 열일곱의 여고생인 조인영이 좋아하던 남학생과 그의 갑작스러운 죽음, 그리고 학생의 쌍둥이 동생인 이석을 사랑이라 착각하며 따르는 이야기가 배치되고 있다. 영화의 흐름을 따라가다 보면 조인영이란 동일 인물의 현재와 과거를 넘나드는 것처럼 보이지만 영화의 후반부에 이르면 여고생 조인영이 서른 살 조인영의 학원으로 찾아오는 장면이 나온다. 이 장면은 영화의 시간이 한 사람의 과거와 현재라는 물리적 시간이 아니라 일종의 심리적 시간임을 드러내면서 다양한 해석의 가능성을 열어놓는다.

특히 영화의 마지막 부분에서 조인영은 자신의 집에서 서른이 된 이석과 동거하는 남자 친구, 그리고 열일곱의 이석 세 사람과 조촐한 파티를 연다. 한 여자와 옛 애인으로, 친구로, 현재 애인으로 연결된 세 남자가 북촌 한옥의 조그만 마당의 평상과 툇마루에 편하게 눕거나 걸터앉아 한가롭게 보내는 저녁 시간. 평상에 누워 이야기를 나누는 과거와 현재의 남자들의 시선은 하늘을 향하고 있다. 집 안이면서 밖이기도 한 한옥 마당의 특징이 극대화된 장면이다. 중첩된 시간의 결을 그 자체로 품고 있는 한옥의 개성이 영화 상의 심리적 시간과 공명하며 관객들에게 사랑에 대한 인상적인 한 장면을 선사한다.

사랑니

깔끔하고 세련되게 사랑이란 감정선의 흔들림을 포착한 **사랑니**와는 확연히 다른 궤도를 영화 **비몽**은 따라간다. 김기덕 감독의 연출에다 한일 양국의 개성파 배우인 이나영과 오다기리 조의 출연으로 제작 단계부터 상당히 화제가 됐던 작품이다. 이 영화는 '비몽(悲夢, Dream)'이라는 제목이 환기시키는 느낌처럼 영화의 주요 촬영 공간을 북촌 한옥마을로 설정했다. 영화의 주인공인 진(오다기리 조 분)과 란(이나영 분)은 현실이 아니라 잊고 싶은 과거의 기억이 집약된 꿈과 잠이란 무의식의 영역에 짓눌려 있는 존재들. 진은 꿈속에서 전 애인과 사랑을 나누거나 다투고, 몽유병을 앓는 란은 진이 헤어진 애인의 꿈을 꿀 때마다 잠든 상태로 증오하는 옛 남자를 찾아간다. 이 두 사람은 어떤 이유인지는 몰라도 꿈을 매개로 긴밀하게 연결된 관계인 것이다. 진이 꿈에서 어떤 행동을 할 때마다 란은 현실의 다른 특정한 대상에게 그 꿈대로 실행을 하는 기묘한 관계.

흥미롭게도 진은 전각을 새기는 일을 하고 란은 옷을 짓는 일을 하는데, 이들의 작업 공간은 실제 북촌에 거주하는 전각예술가와 의상디자이너의 집을 그대로 활용한 것이다. 란을 위해 진이 잠을 참으려고 바늘이나 날카로운 도구로 자신의 몸을 찌르는 행위는 전각예술가의 작업과 묘하게 공명한다. 또한, 영화 후반부에서 란이 목을 매는 장면은 재료를 실로 엮는 옷을 짓는 그녀의 일과 연결되는 듯 느껴진다. 어쨌든 **비몽**은 과거의 기억, 꿈, 무의식 같은 인간 존재의 근원적인 영역과 애증의 문제를 동양적 세계관이 응축된 한옥이란 공간과 흑백의 대비가 선명한 의상을 효과적으로 활용해 표현한 특이한 작품이다.

2010년 MBC에서 방영된 16부작 드라마 **개인의 취향**에서도 북촌 한옥마을은 주요 촬영지였다. 주인공 박개인(손예진 분)의 거주 공간인 상고재(相姑齋)는 극 초반부터 중요하게 부각된다. '서로를 연모하는 곳'이란 주인공의 거주지 이름부터가 함축적이다. 개인의 가족사의 숨겨진 비밀이 바로 이 공간과 긴밀하게 맞물려 있다. 젊은 여자 주인공이 혼자 살기에는 너무나 넓고 멋진 한옥. 개인은 어찌 된 이유인지 아버지와 떨어져 이곳에 살고 있고 돌아가신 어머니에 대한 기억은 희미할 뿐이다.

한편, 담 예술프로젝트에 작품을 공모하려는 건축가 전진호(이민호 분)는 상고재가 주최 측에서 염두에 두고 있는 모델이라는 정보를 입수한다. 이곳은 일반인에게 공개되지 않은 개인의 사적 공간이자 그녀의 아버지 박철한 교수(강신일 분)가 만든 곳. 전진호는 개인의 공간에 게이로 위장해 세입자가 된다. 바로 이 시점 어딘가에서부터 발칙한 가짜 게이와 연애 숙맥 엉뚱녀의 대담하고 솔직 담백한 동거일기가 본격화된다.

개인의 가족사의 비밀이 풀리고 개인과 진호의 관계가 버전 업 되는 것은 상고재의 폐쇄된 공간인 지하 작업실의 존재가 부각되면서다. 박철한 교수가 집을 설계할 때 아내와 딸을 배려해 만든 독립 공간. 작업실의 천장은 강화 유리로 마감되어 개인의 엄마는 작업을 하면서도 천장 위의 딸을 볼 수 있도록 만들어졌다. 어린 시절의 어느 날 개인은 유리 바닥을 두드리며 작업에 몰두해 있는 엄마를 부르지만, 엄마가 알아차리지 못하자 아무 생각 없이 조그만 아령으로 유리 바닥을 두드린다. 바로 그 순간 단란했던 한 가족의 행복은 유리 파편처럼 산산조각 나버린 것이다. 이런 사실을 알게 되면서 진호는 개인을 비로소 이해하게 된다.

찾아가기

북촌 한옥마을

지하철 3호선 안국역 2번 출구로 나와 직진하면 '북촌 한옥마을 가는 길'이란 안내판이 보인다. 그곳 입구의 북촌관광안내소에서 지도를 받은 후 원하는 코스를 선택해 천천히 돌아보면 좋다.

주변맛집

대장장이 화덕피자

맛있기로 소문난 곳. 예약을 미리 해두는 센스를 발휘할 것. 예약 없이는 기다릴 걸 각오하고 가자. 안국역 2번 출구에서 직진, 돈미약국 골목 초입에 있다. 종로구 가회동 62-1 ☎ 765-4298

#02 인사동

인사동 스캔들(2009/영화/박희곤/김래원, 엄정화) 고화를 둘러싼 전대미문의 통쾌한 사기극
영화는 영화다(2008/영화/장훈/소지섭, 강지환) 배우가 꿈인 깡패와 깡패 같은 배우의 최후의 승부
찬란한 유산(2009/드라마/진혁/한효주, 이승기, 문채원) 겹친 불행을 꿋꿋하게 이겨나가는 여주인공 은성의 성장 스토리

살아 있는 생활사 박물관 인사동. 이곳은 종로통, 종묘, 광화문 그리고 북촌 일대에 둘러싸인 모양새이다. 인사동 거리를 따라 동서남북 어디로 방향을 정하든 서울의 역사적 명소와 만날 수밖에 없다. 이런 곳에 내국인을 비롯해 외국인 관광객이 몰리는 것은 지극히 당연하다. 인사동 부근의 옛 지명은 관인방(寬仁坊)이었다고 하는데, 관인방의 인(仁) 자와 사동의 사(寺)를 합쳐 인사동이란 지명이 생겼다고 한다. 이곳에는 일반적인 서울 거리에서 보기 어려운 고미술 상가, 골동품 가게, 한지공예 가게, 전통 기념품점, 전통 음식점 등이 밀집해 있어, 걷는 것 자체만으로도 흥미롭다. 열린 공간인 데다가 역사가 긴 만큼 이야깃거리가 많은 곳이기도 하다. 안목 있는 영상매체 종사자들은 이곳에서 참신한 소재를 발굴하는 데 많은 애를 쓰고 있다.

인사동을 단순히 배경으로만 활용한 것이 아니라 인사동의 이면을 포착해 영화로 풀어낸 **인사동 스캔들**은 상당히 화제가 된 작품이다. '원본/복제'의 문제라는 예술사의 오래된 주제를 가볍게 환기시키면서도 범죄와 액션, 드라마적 요소를 적절하게 배합해 관객들의 관심을 끄는 데 성공한 영화다. 제목에서 드러나듯 '인사동'은 영화의 상징적 공간이자 촬영지이기도 하다. 그동안 전통 미술을 소재로 한 영화도 종종 개봉되긴 했으나 대체로 예술가에게 초점을 맞춘 경우가 많았다. 그런데 **인사동 스캔들**은 복원전문가라는 꽤 특이한 직업의 소유자를 주인공으로 설정했다.

조선 시대의 궁중화원 안견의 작품에 벽안도라는 작품이 있다는 영화적 설정을 전제로 하고 스토리가 전개된다. 미술 시장의 큰손 배태진(엄정화 분)은 전설적인 작품 벽안도를 일본에서 입수하고 최고의 복원전문가 이강준(김래원 분)에게 복원을 맡긴다. 그와 동시에 벽안도를 둘러싼 밀고 당기는 암투가 시작된다. "붓이 칼이 되고, 혀가 칼이 되고, 돈이 칼이 되는" 인사동 이면의 복제와 밀매에 관한 생생한 묘사가 상당히 사실적이어서 인사동 고미술 시장에 대한 막연한 이미지를 흔들어놓는다.

2008년에 개봉한 장훈 감독의 영화는 영화다는 김기덕 감독이 시나리오를 쓴 작품이다. 제목이 생각하기에 따라 일종의 화두처럼 다가오기도 하나, 영화는 깡패 같은 영화배우 장수타(강지환 분)와 영화배우의 꿈을 가졌던 깡패 이강패(소지섭 분)가 우연한 계기로 같이 영화 촬영을 하면서 벌어지는 에피소드가 뼈대를 이룬다. 얼핏 보면 독특한 조폭 영화처럼 보일 수도 있으나 영화는 오히려 영화/현실의 관계에 대한 집요한 질문을 던지는 듯 보인다. 영화가 현실인 수타와 폭력의 세계가 현실인 강패는 영화 촬영을 매개로 상호 침투하기 시작하며 시간의 흐름에 따라 극적인 변모를 하기에 이른다.

특히 영화의 클라이맥스는 인사동을 배경으로 촬영한 대략 3, 4분에 이르는 장면인데 바로 이 부분에서 영화의 모든 것이 집약된다. 죽여야 했던 박 사장(한기중 분)을 살려준 대가로 오히려 뒤통수를 맞으며 위기에 빠진 강패. 그는 박 사장을 응징하기 위해 인사동에 있는 박 사장의 골동품 가게로 향한다. 인사동 입구에서 골동품 가게까지 빠른 걸음으로 걷는 그의 뒤를 영문도 모른 채 수타

찬란한 유산

가 쫓아간다. 마침 철제 불상을 들고 골동품 가게에서 나오는 박 사장에게서 불상을 건네받은 강패는 그의 머리를 불상으로 반복해서 내려친다. 수타는 이 광경을 놀란 눈으로 바라보며, 비로소 폭력과 연관된 현실의 세계를 정면으로 응시한다. 오고 가는 사람들이 많은 인사동 거리 위에서 환한 대낮에 불상으로 사람을 내리치는 신은 인사동의 이미지를 역설적으로 활용한 인상 깊은 장면으로 남을 듯하다.

이 두 작품과는 사뭇 다른 모습으로 인사동을 부각한 **찬란한 유산**. 2009년 SBS에서 방영한 주말 드라마로 높은 시청률을 기록하며 호평을 받았다. 이 드라마는 한꺼번에 몰아친 고난 앞에서 실의에 빠지기도 하지만 어려움을 꿋꿋하게 극복해나가는 여자 주인공 고은성(한효주 분)의 역경 극복 스토리다.

드라마 후반부인 26회에선 고은성과 남자 주인공인 선우환(이승기 분)의 데이트 장면이 인사동 거리를 배경으로 펼쳐진다. 두 사람은 거리를 걸으며 꿀타래 만드는 광경을 지켜보다 상대방에게 먹여주기도 하고 거리의 화가들에게 그림을 그려 받기도 하며 즐거운 시간을 보낸다. 카메라도 두 사람을 따라가며 순간순간 인사동의 분위기를 교차시켜 보는 즐거움을 배가시켰다. 그 때문인지 **찬란한 유산** 26회는 전국 시청률 43%를 기록했고 드라마 방영 후에 두 사람의 데이트 장소를 확인하는 질문들이 인터넷에 많이 올라오기도 했다.

청춘 남녀의 낭만적인 데이트에서 조폭의 끔찍한 살인 장면에 이르기까지 인사동을 배경으로 한 영화나 드라마의 이미지도 극과 극을 달린다. 2002년에 개봉되었던 영화 **결혼은 미친 짓이다**나 2007년에 방영된 15부작 드라마 **얼렁뚱땅 흥신소**에서도 인사동을 찾아볼 수가 있다. 늘 인파로 붐비기 때문에 실제 촬영을 진행하는 데는 상당한 부담이 따름에도, 이곳을 담는 영화나 드라마는 점점 늘어나는 추세다. 그것은 이런 부담을 감내하고도 남을 만한 인사동이란 곳의 개성은 오직 인사동에서만 담아낼 수 있기 때문이다.

찾아가기

 인사동

지하철 1호선 종각역 3번 출구, 지하철 1호선 종로3가역 1번 출구, 지하철 3호선 안국역 6번 출구 등에서 내리면 인사동과 이어진다.

주변맛집

 조금

안국역 종로경찰서 옆에서 인사동 골목으로 들어가기 전 왼쪽에 자리한 일본식 솥밥 전문점. 30년 이상 된 인사동의 터줏대감이다. 고소하고 정갈한 밥맛이 일품이며 메뉴는 솥밥 세 가지에 반찬도 단출하지만, 그 역사만큼이나 깊이 있는 밥맛을 자랑한다. ☞ 종로구 관훈동 118-36 ☎ 725-8400

사동면옥

이북식 만두와 만두전골로 유명하다. 10여 가지 야채가 들어간 소와 쫄깃한 만두피는 이북식 만두의 기본을 느끼게 한다. 설렁탕과 도가니탕도 한결같은 맛으로 인기가 높다. 불고기와 냉면도 뺄 수 없는 메뉴. 늘 손님으로 붐비는 명물 식당 중 한 곳이다. ☞ 종로구 관훈동 29-21 ☎ 735-7393

#03 광진 차이나타운

아저씨(2010/영화/이정범/원빈, 김새론) 전직 특수요원 태식의 친구인 옆집 소녀 소미 구하기
심장이 뛴다(2011/영화/윤재근/김윤진, 박해일) 하나의 심장을 둘러싼 두 생명의 엇갈리는 대결
아이리스(2009/드라마/양윤호 외/이병헌, 김태희, 정준호) 국가안전국 소속 요원들의 일과 우정, 사랑을 그린 액션 드라마

차이나타운이란 명칭은 늘 누아르적인 상상력을 촉발시킨다. 이런 상황은 영화나 드라마가 구축해온 이미지와 일정 부분 연관이 있는 듯하다. 로만 폴란스키 감독의 대표작 차이나타운이나 마이클 치미노 감독의 이어 오브 드래곤 같은 미국 영화뿐만 아니라 홍콩 누아르 영화 등에서도 차이나타운은 늘 폭력과 연관된 어떤 세계로 변주되곤 했다. 이런 영화적 이미지와는 거리가 있으나 국제화된 서울에서도 차이나타운을 둘러볼 수가 있다. 영화 속 차이나타운은 총과 마약으로 상징되는 무법의 세계지만 가리봉동이나 자양동 일대에 형성된 서울의 차이나타운은 양꼬치와 칭타오 맥주로 상징되는 관광 지역이자 거주민들의 소박한 생활 터전이다. 중국 동포들이 주로 거주하는 곳이기 때문에 거리의 풍경이나 음식 등이 사뭇 다르다. 이런 독특한 분위기 때문에 최근 들어서는 영화나 드라마의 촬영지로도 주목을 받고 있다.

2010년 개봉돼 620만 명의 관객을 불러 모은 화제의 영화 아저씨. 영화배우 원빈의 첫 단독 주연 작품이자 기존의 꽃미남 이미지에서 강인하면서도 절제된 새로운 이미지 생산에 성공한 작품이기도 하다. 전직 특수요원인 태식(원빈 분)은 세상에 거리를 둔 채로 후미진 동네의 후미진 건물 구석에서 전당포를 운영한다. 전직과 연관된 상처 탓에 일종의 자발적 유폐 상태나 다름없어 보인다. 물건을 맡기거나 찾으러 오는 뜨내기손님들을 제외하면 그와 사적인 교감을 하는 상대는 옆집에 사는 소미(김새론 분)뿐이다. 소미는 약쟁이 술집 여자의 사생아로 전혀 배려받지 못하는 어린 소녀. 세상에서 소외된 태식과 소미는 조금씩 마음을 열고 서로 친구가 되었다. 그러나 소미 엄마가 범죄에 연루되면서 소미도 납치를 당한다. 세상에서 유일한 친구의 납치. 이 사건을 계기로 태식은 소미를 찾기 위해 후미진 전당포에서 나와 세상으로 나선다.

태식은 소미를 찾기 위해 차이나타운 일대를 헤매는데, 이곳은 영화 상에서

아저씨

는 가리봉 차이나타운으로 설정돼 있으나 실제 촬영은 자양동의 차이나타운에서 진행되었다. 식당, 노래방, 환전소임을 알리는 중국어 간판이 빛을 발하며 소미를 찾아 골목길 여기저기를 살피는 태식의 표정을 거칠게 부각한다. 자양동 차이나타운은 성수공단에서 일하던 외국인 노동자들이 모여 살기 시작하면서 형성되기 시작했다. 현재는 건국대학교나 한양대학교에 유학하는 중국 학생들이 늘어나고 있고 건대입구역 주변이 지하철 2, 7호선의 환승 역세권인 데다가 상업지가 확장 일로여서 차이나타운 또한 서울의 특색 있는 나들이 코스로 새롭게 주목받고 있다.

2011년에 개봉된 영화 **심장이 뛴다**의 주인공 휘도(박해일 분)의 옥탑방도 차이나타운에서 촬영했다. 심장병을 앓는 아홉 살 딸의 수술을 위해 강남의 교양 있는 영어 유치원 원장에서 물불 안 가리는 엄마로 변신해가는 연희(김윤진 분). 그녀는 아직 뇌사 판정을 받지는 않았으나 희귀한 혈액형인 딸에게 심장 이식이 가능한 혼수상태의 환자를 불안하게 바라본다. 이 환자의 아들인 휘도. 그는 자신을 버리고 부자와 재혼한 줄 알았던 어머니의 상황이 전혀 그렇지 않았음을 뒤늦게야 깨닫고 어머니의 생존에 대한 희망을 버리지 않는다. 연희는 휘도를 직접 만나 설득이라도 해볼 요량으로 그가 사는 옥탑방을 찾아 나선다.

차이나타운의 다세대 주택 밀집지에 있는 휘도의 옥탑방. 연희는 주변을 살피다 하키 스틱을 집어 들어 유리창을 깨고 주인이 없는 빈집에 무단으로 침입한다. 같은 시각 자신의 옥탑방으로 돌아오는 휘도. 그는 문 옆 우체통에서 봉투를 꺼내 들고 내용물을 확인한다. 미국에 이민 가니 잘 지내라는 어머니가 보낸 당부의 편지. 혼수상태로 사경을 헤매는 어머니가 생전에 쓴 마지막 편지이자 자신을 뒤돌아보게 하는 일종의 거울이기도 하다. 입장은 반대이나 절박하기는 마찬가지인 연희와 휘도는 차이나타운의 비좁고 남루한 옥탑방에서 마주친다. 연희는 휘도를 설득해보려 노력하지만 그는 그녀를 방 밖으로 쫓아낸다. 잠시 후 들리는 비명. 연희는 옥탑방 한쪽 난간에 올라서서 아래로 뛰어내릴 듯한 모습이다. 황당해하는 휘도. 아이가 자신에게 직접 수술받고 싶다고 말하면 한번 생각해보겠다고 조건을 내건다. 이 다세대 주택의 촬영은 더운 여름날 진행해서 날씨 때문에 상당히 고생했다는 후문이다. 현장감을 살리기 위해 별도의 세트를 제작하지 않고 옥탑을 그대로 사용한 탓이다.

아저씨와 **심장이 뛴다**의 경우, 차이나타운은 영화의 배경으로 활용되었으나 이곳에서 생활하는 중국 동포의 삶을 다룬 것은 아니다. 그러나 이들의 삶의 한 단면을 영화적으로 풀어낸 작품이 2010년에 개봉된 **황해**다. 이미 서울에 거주하는 외국인만 166개국 출신에 25만 명을 넘어섰고 이들이 모여 살면서 자연스럽게 형성된 거주 공동체도 26개에 달한다. 가리봉동 옌볜거리, 이태원의 모슬렘타운, 연남동 차이나타운, 서래마을의 리틀 프랑스, 이촌동의 리틀 도쿄, 광희동 몽골타운, 창신동 네팔타운 등은 널리 알려진 편이다. 이 외에도 용산동 인도거리, 신길동 신길 차이나타운, 독산동 독산 차이나타운, 봉천동 봉천 차이나타운,

대림동 대림 차이나타운, 자양동 광진 차이나타운 등 외국인 타운은 확대일로에 있다. 이런 새로운 변화들은 이후 영화나 드라마 제작과 관련해서도 새로운 자극이 될 듯하다.

광진 차이나타운

지하철 2,7호선 건대입구역 6번 출구로 나와 한강 둔치 방면으로 50미터 정도 걷다가 처음 골목길을 끼고 왼쪽으로 돌아 내려가면 꼬치집들이 보이기 시작한다. 이곳이 광진 차이나타운 초입이다.

여러 음식점들

광진 차이나타운은 음식점을 중심으로 형성되었기 때문에 양고기와 중국 전통 음식, 그리고 중국 맥주와 전통주 등을 자연스럽게 접할 수 있다. 수많은 식당 중에서도 경성양육관, 송화양육관, 연길냉면, 매화반점 등은 차이나타운의 터줏대감들이다. 양꼬치는 1인분에 7, 8천 원대로 크게 비싸지 않은 편이다.

#04 계동

반짝반짝 빛나는(2011/드라마/노도철/김현주, 이유리, 김석훈) 졸지에 인생이 뒤바뀐 한 여자의 성공 스토리
커피프린스 1호점(2007/드라마/이윤정/공유, 윤은혜, 이선균) 바리스타를 꿈꾸는 청춘들의 사랑과 꿈을 그린 이야기
쩐의 전쟁(2007/드라마/장태유/박신양, 박진희) 돈에 한 맺힌 한 남자의 인생 역정을 그린 휴먼 스토리
신사의 품격(2012/드라마/신우철 외/장동건, 김수로) 꽃중년 네 남자의 좌충우돌 로맨스

계동은 현재 동쪽으로는 원서동, 서쪽으로는 가회동과 재동, 북쪽으로는 삼청동과 서로 닿아 있으며 남쪽으로는 율곡로를 경계로 운니동을 마주 보고 있다. 사방이 옛 서울의 운치가 많이 남아 있는 정감 어린 동네들이다. 소설가 강영숙의 시선에 포착된 계동의 목록에는 "모던한 미술관 건물과 작지만 세련된 화랑, 개성 있는 물건들을 잔뜩 모아놓은 앤티크 숍들, 한정식을 파는 요릿집들, 인도 요가 학원, 외국인 전용 게스트하우스" 등이 올라가 있다. 그는 "정오가 가까워지는 오전 시간의 긴장이 팽팽히 살아 있는" 곳으로 계동을 묘사한다. 오전에 일부러 시간을 내 계동 근처를 돌아보지 않아서 '정오가 가까워지는 오전 시간의 긴장'이 느껴지는지는 잘 모르겠으나 그녀의 시선을 잡아끈 계동의 목록들 탓인지 이 일대를 일부러 걷는 사람들의 발걸음에선 묘한 리듬감을 느낄 수 있다.

무엇보다 계동길은 걷는 재미가 쏠쏠하다. 천천히 걷다 보면 한 세대 전의 생활 풍경 속으로 완만하게 타임슬립 하기 때문이다. 문화당 서점, 최 소아과, 대구 참기름 집, 황금알 식당, 백양 세탁소, 중앙탕 등 길 주변의 낡은 간판들이 주는 소담한 분위기. 많은 사연이 있을 듯한 빛바랜 낡은 주택들. 거리의 풍경과 공명하며 시선을 붙드는 갖가지 앤티크 소품들. 거리에 산재한 모든 것들이 느슨하게 어우러져 이루는 여유로운 통일성이 계동 특유의 아우라를 만든다. 때문인지 비교적 조용했던 계동 일대도 영화나 드라마의 촬영지로 주목받고 있다.

동명의 소설을 드라마화한 **커피프린스 1호점**. 카페 문화가 확대되는 트렌드에 조응해 바리스타라는 직업에 대한 사회적 관심을 불러일으켰고, 남장 여자라는 독특한 캐릭터를 설정해 극적 재미를 배가했던 작품으로 높은 시청률을 기록했다. 드라마의 주인공을 맡았던 윤은혜와 공유는 그해 연말의 MBC 연기대상에서 TV 부문 여자 최우수상과 남자 우수상을 각각 수상했을 정도로 인기가 높았다. 이 드라마의 촬영지 중에서도 특히 홍대와 계동, 부암동 등이 시청자들의 관심을 끌었는데 이 세 곳은 드라마가 끝난 이후에도 꾸준히 사람들의 방문이 이어지고 있다. 특히 계동에서는 '이모네 분식'이 유명한데, 극 중에서 고은찬(윤은혜 분)과 최한결의 할머니(김영옥 분)가 같이 팥빙수를 먹던 곳이다.

이곳은 2011년에 방영된 드라마 **반짝반짝 빛나는**에서는 '황금알 식당'으로 변신했다. 평창동 출판사 사장 딸인 한정원(김현주 분)과 신림동 고시원 식당 집 딸인 황금란(이유리 분)은 각각 출판사 편집자와 서점의 매장 직원으로 일한다. 그런데 이 두 사람은 병원의 실수로 인생이 통째로 뒤바뀐 사이다. 이런 극적인 설정을 전제로 이 드라마는 인생이 뒤바뀐 두 사람의 인생 역정을 밝고 건강하게 풀어냈다. 계동의 '이모네 분식'은 54부작이었던 이 드라마의 방영 기간 내내 신림동의 고시원 식당인 '황금알 식당'으로 변신했다.

드라마 상에서는 건물 외관만 나오고 내부는 세트 촬영으로 진행되었는데, 드라마 설정에 맞춰 식당 주인인 이권양(고두심 분) 여사가 제공하는 메뉴는 고시원 식당의 전형적 메뉴인 백반과 찌개류. 평창동 집과 신림동 집은 드라마 전개에 필요한 경제적·사회적 차이를 극대화하는 장소이자 홈드라마의 한쪽 홈이었던 탓에 '황금알 식당'은 드라마 상에서 높은 비중을 차지하는 공간이었다. **반짝반짝 빛나는**의 종영 이후에 이 식당은 '이모네 분식'과 '황금알 식당'이란 두 이름이 모두 적힌 간판을 내걸고 여전히 계동을 지키고 있다.

돈 때문에 한 맺힌 남자가 돈에 복수하려다 돈의 노예가 되는 과정을 리얼하게 보여준 드라마 **쩐의 전쟁**. 만화가 박인권의 동명 만화를 드라마화한 작품으로 방영 당시에 높은 시청률을 기록했다. 사채 때문에 아버지는 자살하고 어머니는 쇼크로 죽고 자신은 직업을 잃고 신용불량자로 전락한 끝에 노숙자가 된

쩐의 전쟁

주인공 금나라(박신양 분). 그는 다른 노숙자에게서 전설적인 사채업자 독고철(신구 분) 영감에 관한 이야기를 우연히 듣는다. 돈에 한이 맺힌 그는 돈 버는 비법을 전수받기 위해 정기적으로 재래시장에 출현하는 독고철 영감을 찾아 나선다. 그의 부탁을 계속 거절하는 독고철 영감. 그는 막무가내로 독고철 영감을 따라다니다 급기야는 노인의 집 앞에서 밤을 새우며 버티기에 들어간다. 결국, 독고철 영감은 거머리처럼 끈질기게 달라붙는 금나라에게 마음을 열고 같은 집에 거주하며 비법을 전수하기 시작한다.

극 중 독고철 영감의 집으로 나온 한옥도 계동길에 있다. 아담한 마당이 있는 이 한옥은 한때 사채업계의 전설이었던 독고철 영감의 삶의 이력을 암시하기라도 하듯 고풍스러우면서도 정돈된 느낌이 든다. 이렇듯 계동은 강하게 자기주장을 하지 않으면서 은근한 존재감을 드러내는 서울의 몇 안 되는 명소다.

2012년 화제의 드라마 **신사의 품격**. 신우철 PD와 김은숙 작가가 뒤를 받치고 장동건(김도진 역), 김수로(임태산 역), 김민종(최윤 역), 이종혁(이정록 역)이 우리 시대의 신사도를 연기한 작품. 신사 중의 신사 도진의 아지트로 나왔던 건축사무실은 이미 근대건축의 이정표가 된 공간사옥이다. 이곳은 행정구역상 원서동이지만 계동과는 같은 구역으로 봐도 무방할 거리다.

🚌 계동

지하철 3호선 안국역 3번 출구로 나와 현대 본사 사옥의 왼쪽 골목으로 직진한다. 작은 사거리 지나 100여 미터 직진하면 육각수 중앙 목욕탕이 보인다.

🥢 이모네 분식과 황금알 식당

이모네 분식과 황금알 식당은 시대를 초월하는 푸근함이라는 공통적인 정서가 있다. 이모네 분식은 주변 학교 학생들에게 아주 인기 있는 유서 깊은 분식집으로, 떡볶이, 순대, 김밥, 라면, 콩국수, 팥빙수 등을 판매한다. 세월이 흘러도 변하지 않는 정다움과 친근함의 서민적인 이미지가 두 드라마의 배경 설정에 적합하여 촬영 장소로서 높은 인기를 얻었던 전통 분식집이다. 〈반짝반짝 빛나는〉 종영 이후 이 두 이름이 모두 담긴 간판을 내건 이 분식집은 오래되고 낡아서 더 빛나는 계동길의 중심에서 또 다른 아름다운 이야기를 기다리고 있는 듯하다. 지하철 3호선 안국역 3번출구 현대사옥 옆 계동길을 쭉 따라 올라오다 보면 중앙고 가기 전 길거리에서 보인다. 🚌 종로구 계동 1-70 근처

#05
충신동·이화동

수상한 고객들(2011/영화/조진모/류승범, 성동일) 보험왕인 주인공과 수상한 고객 간의 찜찜한 계약 탓에 이어지는 사건들
오직 그대만(2011/영화/송일곤/소지섭, 한효주) 깊은 상처로 마음을 굳게 닫은 철민과 시력을 잃어가고 있지만 밝고 씩씩한 정화의 사랑 이야기
마들렌(2002/영화/박광춘/조인성, 신민아, 박정아) 순수한 남자와 솔직한 여자가 한 달간의 동거를 통해 성숙해가는 러브스토리

조선 시대 도성의 동쪽 좌표였던 낙산과 소극장이 밀집된 연극의 메카 대학로 사이에 충신동과 이화동이 자리 잡고 있다. 이곳 일부는 서울에서 찾아보기 어려운 달동네인데, 그런 만큼 서울이 품고 있는 복합적인 모습을 투영해보는 일종의 프리즘이기도 하다. 2002년에는 낡은 시민 아파트가 철거된 자리에 낙산공원이 조성되었고, 2006년에는 낙산 아래 위치한 이화동에서 문화부 주도의 공공미술 프로젝트가 진행되어 분위기가 새롭게 바뀌었다. 이화동과 충신동도 낙산공원과 서울의 성곽, 대학로 등과 연결되어 이젠 출사족과 관광객들의 발길이 끊이지 않는 상황이다. 낙산은 드라마나 영화 촬영지로 꽤 알려진 편이며, 최근 들어서는 이화동과 충신동 일대도 새로운 촬영지로 부상하고 있다.

　　영화 **수상한 고객들**은 전직 야구 선수 출신의 보험왕 배병우(류승범 분)와 그를 둘러싼 몇몇 고객들의 에피소드를 축으로 전개된다. 승승장구하던 배병우는 전날 만난 고객이 자살하는 통에 자살 방조 혐의로 경찰서에서 조사를 받는다. 게다가 회사에서는 감사를 받아야 할 상황에 부닥친다. 그는 전 회사에서 같이 근무했던 선배의 권유로 자살을 시도한 적이 있던 사람들을 생명보험에 가입시킨 상황. 그는 감사를 벗어나기 위해 수상한 고객들을 일일이 만나 가입한 보험을 연금으로 바꾸는 작업을 해야 하나, 자살을 시도했던 이력이 있는 가입자들인 만큼 그들이 처한 상황은 하나같이 만만치가 않다. 문제가 있는 네 명의 고객 중 처음으로 찾아 나선 사람이 바로 최복순(정선경 분). 그녀는 환경미화원 비정규직으로 일하면서 달동네에서 네 남매를 키우는 중이다. 병우는 그녀를 만나기 위해 달동네의 꼭대기까지 찾아가는데 이 장면을 촬영한 곳이 바로 충신동이다.

　　좁고 구불구불한 골목길, 낡고 허름한 주택들이 줄을 잇고 급경사에 끊임없이 나타나는 계단들. 요즘은 쉽게 찾아볼 수 없는 한 세대 전 서울의 모습이자 최복순이란 인물의 인생 굴곡과 고단함을 표현하는 상징이기도 하다. 한 손에는 가방, 다른 손에는 선물 꾸러미를 든 병우는 가다 서다를 반복하다가 충신동의 상징으로 유명해진 달팽이 길을 지나자마자 거칠게 숨을 토한다. 여러 차례 충신동 골목길을 왕래하면서 그는 복순네 식구들에게 슬슬 감화되기 시작한다.

충신동에 바로 인접한 이화동은 2004년에 서울에서 두 번째 문화지구로 지정된 곳이며 특히 2006년 공공미술 프로젝트 이후 서울의 대표적인 벽화마을로 유명해졌다. 마을 곳곳에서 볼 수 있는 오밀조밀한 벽화들과 설치물들 때문에 데이트 코스로도 인기가 높다. 영화 **오직 그대만**은 소지섭과 한효주가 주연을 맡은 데다 송일곤 감독이 메가폰을 잡아 많은 관심을 끌었다. 터프한 전직 복서인 장철민(소지섭 분)과 시력을 잃어가는 하정화(한효주 역)의 우연한 만남, 그리고 서로에게 마음을 여는 일련의 과정을 절제된 영상으로 깔끔하게 표현한 영화다. 특히 발목을 다친 정화를 바래다주기 위해 철민은 정화를 업고 끝이 없을 것 같은 계단을 오르기 시작한다. **수상한 고객들**에서 병우가 오르내리던 계단처럼 비좁고 가파르지만, 그 이미지는 전혀 다르다. 충신동의 계단 길에서 병우가 고난의 행군을 했다면, **오직 그대만**의 이화동 계단 신은 계단 곳곳에 그려진 커다란 꽃 그림과 어우러져 주인공 두 사람이 마치 꽃밭으로 걸어 들어가는 듯한 몽환적인 느낌이 든다.

조인성과 신민아의 신인 시절의 풋풋한 모습을 볼 수 있는 영화 **마들렌**에서도 이화동의 모습을 찾아볼 수 있다. 이 영화는 우연히 만난 중학교 동창 지석(조인성 분)과 희진(신민아 분)이 한 달 동안 계약 연애를 하면서 잊지 못할 추억을 만든다는 줄거리. 어리지만 이미 수석 헤어디자이너인 희진은 순수한 지석에게 호감을 느끼며, 당돌하게도 한 달간의 연애를 제안한다. "한 달 전에는 누구도 먼저 헤어지자고 말하지 않기! 한 달이 지나면 멋지게 헤어지기! 어때? 재미있겠지?"

마들렌

이런 갑작스러운 제안에 당혹스러워하는 지석.
    소설가를 꿈꾸는 국문과 대학생인 그는 새벽을 달리는 사람이라는 소설을 쓰기 위해 신문 배달 아르바이트를 하는 중이다. 지석과 희진이 신문 배달을 하며 새벽 데이트를 즐기던 중 선배 만호(김수로 분)가 만들어준 마들렌을 먹는 장면은 한 폭의 수채화 같다. 마들렌은 프랑스의 작가 마르셀 프루스트의 소설 잃어버린 시간을 찾아서에서 주인공에게 유년 시절의 기억을 떠올리게 해주는 빵인데, 이 영화에서는 사랑을 상징한다. 이화동 골목길에서 청춘의 두 남녀가 마들렌을 먹는 모습 뒤로 밝아오기 시작하는 서울 시내의 풍경이 내려다보이는데, 고층 빌딩이나 아파트에서 내려다보는 서울의 풍경과는 달리 완만하면서 푸근한 원근감이 느껴진다.

    충신동과 이화동. 서울의 도심 안에서 한 세대 전의 분위기를 맛볼 수 있는 몇 안 되는 곳. 대학로, 낙산, 성곽 길까지 목록에 넣어 조선 시대 이래로 층층이

쌓여 있는 시간의 퇴적층을 상상력을 덧붙여가며 돌아보는 것도 서울의 또 다른 표정을 확인하는 흥미로운 경험이 될 것이다. 가방 속에 마들렌 한 봉지와 흰 곽 우유를 챙겨 가는 것은 필수.

🚌 충신동

충신동은 자동차로 갈 경우 율곡로를 따라 동대문 방향으로 달리다 왼쪽에 '낙산공원 가는 길'이라는 표지판을 보고 오르면 닿을 수 있다. 대학로 동숭동 혜화역 쪽에서 갈 수도 있고, 이화동 이화장(이승만 박사 기념관) 옆 길, 혹은 서울디자인지원센터(옛 이화 대학병원) 쪽과도 연결되어 있다. 서울디자인지원센터에서 언덕 정상으로 올라 낙산성곽길을 따라 동숭동 쪽으로 내려오는 동선으로 움직이면 비교적 경사가 덜하다.

📷 혜화동 혜성교회

영화 <추격자>(2007)에 등장하는 교회로, 영화 후반부에 영민을 쫓다 지친 중호(김윤석 분)가 교회당 안으로 들어가 영민(하정우 분)의 예수상을 망연히 바라보며, 영민이 그렸다는 도망남 집의 벽화를 연상하는 장면이 촬영되었다. 좁은 골목길을 따라 굽이굽이 들어가 막다른 길에 닿으면 고풍스러운 교회 건물이 보인다. 지하철 4호선 혜화역 하차 후, 혜화동 로터리에서 북쪽 혜화여고 방향으로 직진해서 작은 삼거리가 나오면 삼거리 옆 오른쪽 골목으로 들어간다. 골목 내에 있는 경신 중고등학교와 인접해 있다.
 📮 종로구 혜화동 55-5 ☎ 736-0191

#06 남산

시티헌터 (2011/드라마/진혁/이민호, 박민영) 도시의 해결사가 의뢰받은 사건을 해결해나가며 겪는 에피소드
제빵왕 김탁구 (2010/드라마/이정섭/윤시윤, 유진, 주원) 천부적인 후각의 소유자 김탁구가 온갖 시련을 극복하고 제빵업계에서 성공하는 이야기
내 이름은 김삼순 (2005/드라마/김윤철/김선아, 현빈, 정려원) 뚱뚱한 외모라는 콤플렉스를 가진 전문 파티시에 김삼순의 삶과 사랑을 그린 이야기

조선 초기에 한양을 도읍으로 정하고 성곽을 쌓기 시작했는데, 그 기준이 되는 네 산을 조선왕조실록에서는 북악산, 남산, 인왕산, 낙산으로 기록해 놓았다. 북악산의 서쪽 능선을 따라가면 인왕산이 나오고, 동쪽 능선을 따라가면 낙산과 이어진다. 낙산에서 남쪽으로 가면 남산이 나오므로, 조선 시대 도성의 규모를 어림잡아 짐작할 수 있다. 근대화 과정을 거치면서 한강을 넘어 남쪽으로 확장된 서울의 발전 과정을 염두에 두면, 성곽의 주요 지표였던 네 곳의 산 중에서도 남산은 강남권에 가장 근접해 있다는 사실 하나만으로 각별한 상징성을 가진다. 에펠탑이나 도쿄타워의 예에서 보듯, 서울을 상징하는 N서울타워가 남산에 있다는 것은 남산이 갖는 공간적·역사적 중요성을 보여준다. 외국인들이 뽑은 서울의 명소 1위에 N서울타워가 꼽히는 것도 우연은 아닐 것이다.

　　SBS의 20부작 드라마 **시티헌터**는 동명의 일본 만화를 토대로 한 작품으로 20% 가까운 시청률을 기록했다. 원작 만화는 공권력으로 어쩔 수 없는 일들을 미모의 여성 의뢰인들에게 청탁받아 생계를 유지하는 해결사 사에바 료와 전직 형사 출신의 미키무라 콤비가 펼치는 일종의 하드보일드 사설탐정물. 반면 드라마 **시티헌터**는 청와대 경호처, 국정원, 서울지검 특수부 등이 등장하고, 시작부터 아웅산 테러와 대북 보복 작전 등과 같은 소재들에 스토리 라인을 연결시켜 전체적인 스케일을 키웠다. 게다가 이민호와 구하라 같은 한류 스타들을 등장시키고 드라마적인 요소를 많이 가미해서 볼거리가 많은 기획 상품으로 재탄생시켰다.

　　주인공 이윤성(이민호 분)의 어머니인 이경희(김미숙 분)는 졸지에 남편과 아들을 잃는다. 그녀가 남편을 잃고 생계를 유지하는 터전이 '마디쓰 분식'이다. 드라마 7회 초반부에, 김나나(박민영 분)가 마디쓰 분식의 야외 간이테이블에서 혼자 떡볶이를 먹다가 이경희가 싸주는 김치를 받고 고마워하는 장면이 나온다. 저녁 시간이어서 김나나의 등 뒤로 멀리 서울의 야경이 오버랩된다. 이 마디쓰 분식을 촬영한 곳은 남산도서관에서 불과 10분 정도의 거리다. 남산도서관 맞은편의 버스 정류장 뒤쪽에 가파른 계단이 있다. 이 계단으로 내려와 후암초등학교 방향으로 조금만 가면 녹색 계단이 보이는데, 이 계단을 내려가면 바로 분식점 간판이 보인다.

이곳에서 2005년 최고 시청률 기록을 세웠던 내 이름은 김삼순으로 유명해진 삼순이 계단도 그리 멀지 않다. 이 작품은 뭐 하나 내세울 것이 없는 지극히 평범하지만, 당당하고 자신감 있게 살아가는 여성 파티시에를 주인공으로 내세워 많은 시청자의 공감을 얻은 로맨틱 코미디 드라마다. 드라마의 마지막 회였던 16회의 엔딩 장면은 두고두고 회자될 정도로 시청자들에게 깊은 여운을 주었다. 3개월째 소식이 없던 진헌(현빈 분)이 삼순(김선아 분) 앞에 나타나고 결국 두 사람의 관계는 회복되는데, 이 모든 과정이 남산도서관 앞길에서 두 손을 잡고 걷던 두 사람이 건널목을 건너 그 유명한 삼순이 계단을 오르는 장면으로 집약되기 때문이다. 계단에서 키스하는 다정한 두 사람의 모습. 그 장면 어디쯤에선가 삼순이의 내면의 목소리가 내레이션으로 흐르기 시작한다. "어쩌면 헤어질 수도 있겠지만, 두려워하지는 않겠다." "지금 최선을 다해야 하는 건 케이크를 열심히 구우며, 나 김삼순을 사랑하는 것이다."라고.

김삼순과 같은 직업의 남자 주인공 김탁구를 내세워 엄청난 인기몰이를 한 드라마 **제빵왕 김탁구**. 1960년대부터 1980년대 후반까지를 시대 배경으로, 솔직하고 정직하며 선한 인성의 소유자인 주인공 김탁구가 갖은 어려움을 극복하면서 제빵업계에서 성공해가는 과정을 그린 휴먼 드라마다. 중장년 시청자들은 드라마 속에서 재현된 한두 세대 전의 사회상을 되돌아보면서 지나온 시절을 반추해보기도 했고, 젊은 시청자들은 어떤 상황에서든 용기를 잃지 않고 긍정적인 자세로 삶을 개척해가는 주인공의 모습에 공감을 표하기도 했다. 게다가 출생의 비밀과 연관된 드라마적 설정과 인물 사이의 복합적인 대립 구도 등을 통해 극적인 재미를 더했다. 때문인지 드라마의 시청률이 회를 거듭할수록 높아져서 30~40%를 안정적으로 유지하다가 마지막 편인 30회에서는 꿈의 시청률이라는 50%의 벽을 넘어서기도 했다.

극 중 17회와 18회에 걸쳐서 남산 분수대 주변이 중요한 장소로 등장한다. 탁구(윤시윤 분)는 첫사랑인 유경(유진 분)과 6월 25일 오후 6시에 남산 분수대 시계탑 앞에서 만나기로 2년 전에 약속했기 때문이다. 탁구는 막 구운 빵을 들고 약속 장소로 미리 뛰어간다. 분수대 옆에 시계탑이 보이고 그 뒤로 남산 N서울타워의 모습이 한눈에 들어온다. 그러나 약속 시간이 훨씬 지났는데도 유경의 모습은 보이지 않는다. 그 시간, 유경은 구일중(전광렬 분)의 집에서 서인숙(전인화 분)에게 수모를 당하고 있는 상황. 자정 가까이 되어서야 유경은 별 기대 없이 약속 장소로 향한다. 계단을 오르는 유경의 발걸음이 무겁기 짝이 없다. 분수대 주변에 서 있는 유경 앞에 탁구가 다가서고 둘은 2년 만에

제빵왕 김탁구

감격의 포옹을 한다. 탁구는 선한 미소를 지으며 한마디 한다. "보고 싶었어, 유경아. 진짜 보고 싶어 죽는 줄 알았다." 이 분수대는 남산도서관으로 향하는 계단을 오르면 바로 보인다. 시계탑은 드라마를 위해 임시로 설치한 것이라 현재는 볼 수 없다. 시티헌터의 마디쓰 분식, 김삼순의 삼순이 계단, 김탁구의 분수대 등이 가까운 거리에 있으므로 남산 산책길에 같이 둘러보면 좋을 것이다.

찾아가기

 남산

지하철 4호선 충무로역에서 2번이나 4번 출구로 나와 버스 정류장에서 노란색 02번 버스를 타고 종점인 남산 N서울타워 입구에서 하차. 안내판을 참고해 가고 싶은 장소를 선택하자.

주변맛집

✗ 남산 왕돈까스

남산에서 가장 유명한 맛집. 도톰하고 바삭한 수제 돈까스와 일본식 라멘, 수타 우동 등을 판다. 돈까스는 옛날 돈까스와 일본식 돈까스 두 가지가 있는데 바삭한 식감을 원한다면 옛날 돈까스, 두툼한 식감을 원한다면 일본식 돈까스를 추천한다. 근처에 원조 남산 왕돈까스집도 있으니 발길 닿는 대로 선택해보자.
🚗 중구 예장동 8-57 ☎ 318-6696

✗ 목멱산방

남산의 옛 이름 목멱산을 따와 상호로 지은 목멱산방. 이곳은 한옥을 식당으로 개조해 한옥의 풍취와 주변 전경을 음미하며 식사하기 좋다. 세 가지 종류의 비빔밥과 해물부추전, 도토리묵, 간단한 차 정도로 메뉴는 소박하지만 음식은 맛있고 정갈하게 나온다. 입구에서 음식을 주문하고 들어가는 셀프서비스 방식이라 위치에 비해 음식값이 저렴한 편이다. 남산공원 내에 위치해 있기 때문에 찾는 이가 많은 편이다. 미리 예약을 하는 편이 좋다. 🚗 중구 예장동 산5-6 ☎ 318-4790

#07
종로 서촌

서양골동양과자점 앤티크 (2008/영화/민규동/주지훈, 김재욱, 유아인, 최지호) 상처와 비밀을 간직한 네 남자가 케이크 가게를 운영하며 벌어지는 웃음과 치유의 이야기
49일 (2011/드라마/조영광 외/이요원, 조현재, 배수빈) 교통사고로 혼수상태에 빠진 한 여인이 49일 안에 살아남기 위해 고군분투하는 이야기
그대를 사랑합니다 (2011/영화/추창민/이순재, 윤소정, 송재호, 김수미) 사랑을 시작하고 사랑을 끝맺으려는 두 쌍의 노년을 통한 사랑 이야기

조선 시대 고관대작이 살았던 북촌과 달리, 서촌은 중인과 일반 서민들이 모여 살던 곳이었다. 이곳에는 여전히 600여 동의 한옥이 남아 있는 데다, 일본강점기의 적산가옥과 근대 저명 예술가의 가옥이나 가옥터, 배화여고 생활관 같은 역사적인 건축물이 곳곳에 산재해 있어 예술과 역사, 생활이 조화롭게 공존하는 독특한 지역이다. 옥인동, 효자동, 창성동, 통인동, 누상동, 누하동, 청운동, 신교동, 궁정동 등 서촌의 대표적인 동네 이름과 구체적인 위치를 연결지어 생각하기는 뜻밖에도 만만치가 않다. 그동안 서촌 일대는 밖으로 열린 공간이라기보다 조용한 생활 터전에 가까운 지역이었기 때문이다. 하지만 몇 년 전부터 불기 시작한 걷기 열풍 탓인지, 북촌으로만 향하던 사람들의 발길이 서촌 일대로도 확대되는 모양새다.

영화 **서양골동양과자점 앤티크**는 이곳 서촌을 극 전개의 주요 공간으로 설정한 작품이다. 이 작품은 일본의 저명한 만화가인 요시나가 후미의 **서양골동양과자점**을 재구성했는데, 꽃미남 4인방의 출연과 동성애란 자극적인 소재, 게다가 시각과 미각을 동시에 사로잡는 형형색색의 케이크들이 등장해 여성 관객들의 관심을 끌기에 충분했다. 단것은 질색하면서 손님이 대부분 여자라는 이유로 케이크 가게를 차린 사장 진혁(주지훈 분), 최고의 파티시에이자 마성의 게이인 선우(김재욱 분), 선우의 케이크 맛에 홀딱 반한 케이크광 기범(유아인 분), 진혁을 그림자처럼 따라다니는 보디가드 수영(최지호 분) 4인방이 케이크 가게 앤티크의 멤버들이다.

이런 독특한 설정 때문에, '앤티크'는 단순한 케이크 가게 이상의 개성이 필요한

서양골동양과자점 앤티크

공간일 수밖에 없다. 개성 강한 4인방의 공동 생활 공간이며, 이곳에서 벌어지는 소소한 이야기들이야말로 이 영화의 뼈대를 이루기 때문이다. '주택가 골목길, 서양골동품점을 개조한 케이크숍'이란 원작 만화의 설정을 그대로 가져와 서촌 통의동 주택가 골목길에 외부 세트를 지었다. 한 달 남짓한 공사 끝에 완성한 외부 세트지만 통의동의 주변 분위기와 더할 나위 없이 잘 어울린다. 앤티크뿐만 아니라 주변의 골목길도 영화에 가끔 등장하는데, 외부 세트만큼이나 운치 있는 통의동 골목길은 전체적인 분위기를 살리는 데 일조하는 제2의 조연이었다.

스케줄러가 등장하는 독특한 드라마 **49일**에도 서촌이 등장한다. 자동차 사고를 당한 지현(남규리 분)은 영혼과 육신이 분리된다. 육신은 혼수상태에 빠져 병원에 있지만, 영혼은 독자적으로 활동하는 상황. 지현의 영혼을 찾아온 스케줄러(정일우 분)는 49일 안에 자신을 진심으로 사랑하는 사람들의 눈물 세 방울을 얻으면 회생할 수 있다는 이야기를 한다. 그런데 그 가능성을 실현하기 위해서는 꼭 지켜야만 하는 세 가지 수칙이 있는데, 그 하나가 송이경(이요원 분)의 몸을 빌려 써야 하는 것이다.

스케줄러의 말대로 지현은 이경의 몸을 빌리고, 몸과 영혼이 바뀐 어색한 상태로 스케줄러를 만나러 나선다. 드라마의 초반부인 2회에서 스케줄러를 만난 지현은 49일 여행자용 휴대전화기와 4만 9천 원의 용돈을 전달받는다. 바로 이 장면을 촬영한 곳이 서촌 필운동 골목길이다. 왼쪽에는 디자이너 옷가게가 있고 오른쪽엔 붉은 벽돌의 개량식 한옥이 연달아 있는 좁은 골목길이다. 스케줄러가 모터사이클을 타고 떠난 방향으로 '오거리 청룡건재'라는 동네 건재상의 간판과 함께 필운대로 사거리의 풍경이 한눈에 들어오는데 꽤 정감 있는 모습이다.

2011년에 개봉해 많은 관객의 가슴을 따뜻하게 만들었던 영화 **그대를 사랑합니다**. 인기 만화가 강풀의 동명 원작의 느낌을 그대로 살리려 애쓴 흔적이 곳곳에서 묻어나는 작품이다. 죽음을 앞에 두고 사랑을 시작하는 만석(이순재 분), 이뿐(윤소정 분) 커플과 사랑을 끝맺으려는 군봉(송재호 분), 순이(김수미 분) 커플. 이 두 쌍의 애잔한 이야기를 통해 사랑의 의미에 대해 다시 한 번 생각하게 한다. 중년 연기자의 대표 선수 격인 이순재와 윤소정이 2000년에 연극 세일즈맨의 죽음에서 부부로 공연한 지 10여 년 만에 주인공을 맡아 화제가 되었는데, 관록의 배우들답게 진정성 있는 연기로 관객들에게 깊은 감동을 주었다.

많은 러브스토리에서 사람을 기다리거나 사랑을 고백하기 위해 연인의 집 앞 골목길이 심심치 않게 등장하곤 한다. 이 영화에서도 만석이 이뿐을 기다리거나 사랑을 고백하기 위해 걸어가던 이뿐의 집 앞 골목길이 주기적으로 등장한다. 두 사람의 인생의 연륜을 드러내기라도 하듯 깊이 파인 주름처럼 어둡고 굴곡진 골목길이지만 은은한 가로등은 희망의 촛불처럼 따뜻하게 길을 비춘다. 이 따뜻하며 애잔한 골목길 신들은 서촌의 신교동에서 촬영한 것이다.

조선 시대부터 현재에 이르기까지 시간의 다양한 흐름이 시각적인 흔적으로 곳곳에 산재해 있는 서촌. 햇살이 비치는 낮 시간도 좋지만, 해가 지고 하나둘 가로등이 불을 밝히는 시간에 천천히 서촌 일대를 걸어보는 것도 색다른 운치가 있다. 어둠이 깊어질수록 서촌의 골목길은 깊은 심도를 드러내며 섬세한 표정을 짓기 때문이다.

찾아가기

🚌 서촌

지하철 3호선 경복궁역 3번 출구로 나와 버스를 타고 효자동 주민센터에서 내린다. 서울맹학교 입구까지 직진 후 왼쪽 골목길로 70여 미터 막다른 길에서 우회전하면 된다.

주변 촬영지

📷 옥인동 주택가

영화 <꽃피는 봄이 오면>(2007)에서 홀어머니(윤여정 분)와 어렸을 때부터 함께 살아왔던 현우(최민식 분)의 옛집으로 옥인동의 주택과 골목이 등장한다. 현우는 엄마와 함께 살기 편안한 새 아파트로 이사한다. 어느 날 그는 술에 취해 집을 잘못 찾아가는데, 옛집은 그에게 소중한 추억 이상의 공간이었던 것이다.

📷 금천교 시장

지하철 3호선 경복궁역 2번 출구로 나오면 곧장 만나게 되는 골목 시장이다. 적선시장이라고도 불리는데, 크고 작은 음식점들이 즐비하게 늘어서 있어 저렴한 가격으로 다양한 음식들을 맛볼 수 있다. 특히 시장 초입에서 조금만 들어가면 보이는 김할머니 떡볶이는 젊은 관광객들에게 큰 인기다. 아역 배우 김새론의 연기가 돋보였던 영화 <여행자>에서 아빠(설경구 분)가 보육원으로 떠나는 진희(김새론 분)를 위해 옷가지와 먹을거리를 사주는 시장 골목이 바로 이곳이다.

#08
대학로 마로니에공원

더 게임(2008/영화/윤인호/신하균, 변희봉) 가난한 거리 화가가 목숨을 건 내기로 인해 겪는 파란만장한 이야기
보스를 지켜라(2011/드라마/손정현/지성, 최강희, 김재중) 초짜 여비서가 불량 재벌 2세를 보좌하며 벌어지는 좌충우돌 로맨틱 코미디
솔약국집 아들들(2009/드라마/이재상/손현주, 박선영, 이필모) 미혼인 솔약국집 아들들이 결혼에 이르는 과정을 통해 들여다보는 가족과 이웃의 이야기

대학로는 종로구 이화동 사거리에서 혜화동 로터리까지 이어지는 불과 1.5km 남짓한 거리로 1985년에 이름이 붙여졌다. 옛 서울대학교 캠퍼스가 관악캠퍼스로 이전하고 그 자리에 여러 문화 예술 단체들이 들어서고, 대학로 주변으로 연극과 공연을 위한 소극장들이 자리를 잡기 시작하면서 문화적 색채가 강한 문화 예술 거리로 발전했다. 2000년 이후에는 여러 대학의 예술, 문화, 디자인, 게임 관련 소규모 캠퍼스들이 속속 진출하면서 대학로란 이름이 갖는 상징성은 더욱 강화되는 분위기다. 대학로에서 낙산까지의 공간은 지역 전체가 문화 예술이란 코드로 연결된 거대한 문화판이라 해도 과언이 아니다. 대학로의 상업화에 대한 우려가 늘 있었으나, 실험정신에 가득 찬 문화 예술인들의 새로운 시도 또한 줄기차게 이어지고 있다. 이런 분위기 탓에 대학로는 이웃한 낙산과 함께 늘 촬영지로 주목받는 곳이기도 하다.

신체 강탈이라는 섬뜩한 소재로 눈길을 끌었던 영화 **더 게임**. 이 작품에서 대학로의 마로니에공원은 이야기의 시작과 끝을 대비시켜 보여주는 주요 공간으로 설정되었다. 닛타 타츠오의 만화 **체인지**를 토대로 한 이 영화는, 늙은 금융기업의 사장 강노식(변희봉 분)이 가난한 거리 화가인 민희도(신하균 분)에게 내기를 제안하면서 벌어지는 비일상적인 내용을 담고 있다. 희도는 현금 30억을 노리고 내기에 응하지만, 오히려 자신의 몸을 뇌 이식 수술을 통해 노식에게 강탈당한다. 이런 충격적인 설정과는 별개로, 영화 도입부에서는 대학로의 마로니에

더 게임

공원이나 아르코 예술 극장을 배경으로 가난하지만 작은 것에서 행복을 느끼는 희도의 모습을 압축적으로 보여준다. 실제로 이런 희도의 모습처럼 살아가는 예술가 지망생들을 대학로 곳곳에서 쉽게 찾아볼 수 있다.

JYJ의 멤버인 김재중의 첫 드라마 출연으로 국내뿐만 아니라 국외에서도 관심이 높았던 로맨틱 코미디 드라마 **보스를 지켜라**. 원래 16회로 기획된 드라마였으나 2회 분량이 늘어서 18회로 마무리되었다. DN그룹의 차세대 경영주가 되어야 하나 그룹을 물려받기에는 문제가 많은 차지헌(지성 분)과 착실하게 능력을 인정받으면서 그룹의 경영권을 노리는 지헌의 사촌 차무원(김재중 분). 성격이 판이한 두 사람 사이에서 다양한 이야깃거리를 만들어나가는 지헌의 비서 노은설(최강희 분). 이 세 사람의 코믹하면서도 사랑스러운 모습이 많은 시청자들의 가슴을 설레게 했다.

특히 5회에서는 대학로와 마로니에공원 일대의 모습이 낭만적으로 그려졌다. 은설의 마음이 점차 지헌에게 향하자 무원은 그녀와 깜짝 데이트를 마련하는데, 바로 그 장소가 대학로와 마로니에공원 일대였다. 오밀조밀한 건물의 네온사인, 정감 있는 가로등 불빛, 자동차 헤드라이트가 대학로를 마치 연극의 무대처럼 비춘다. 무원과 은설은 장난스럽게 생긴 선글라스를 끼고 코믹한 표정을 짓기도 하고, 마로니에공원에서 인디 밴드의 공연을 보며 즐거운 저녁 시간을 보낸다. 대학로의 극히 제한된 모습이지만, 이곳의 분위기를 함축해서 보여준 장면이기도 했다.

2009년 착한 드라마 신드롬을 일으킨 **솔약국집 아들들**. 3대가 한집에 모여 사는 대가족 이야기를 코믹하면서도 따뜻하게 묘사한 주말 드라마로 마지막 회에서는 48%가 넘는 높은 시청률을 기록했다. 이 약국집의 아들 4형제는, 재수하는 막내를 제외하곤 약사·의사·기자 등 전문직 종사자들. 그러나 꼭 집어내긴 어려워도 어딘가 부족함이 있는 인물들. 3대가 같이 사는 대가족이란 설정만으로 크고 작은 해프닝이 예견되는데, 그 안에 독특한 캐릭터의 미혼 4형제가 포함돼 있으니 가족 그 자체가 이야기의 무한 동력원이 되는 셈이다.

솔약국집의 배경은 극 중에서는 혜화동으로 설정돼 있고 이따금 '혜화문2길'이라는 이정표가 등장하곤 한다. 그러나 실제 촬영은 혜화동이 아니라 원서동과 세트장에서 진행했다. 그런데 실제 혜화동에서 촬영한 장면이 전혀 없는 것은 아니다. 대표적 장면 중의 하나가 솔약국집 둘째 아들인 대풍(이필모 분)이 운영하는 병원에서 간호사로 일하는 김복실(유선 분)이 대학로의 마로니에공원에 앉아 아이스크림을 먹는 신이다. 이곳에서 앞날을 고민하던 그녀는 결국 솔약국집에서 생활하게 되고, 나중에는 대풍과 결혼에 골인한다.

이렇듯 다양한 작품이 대학로에서 촬영되었다. 대학로와 그 주변은 서울 그 어느 곳보다도 섬세하고 촘촘한 문화적 인프라를 품고 있기 때문에 앞으로도 많은 작품이 촬영될 것이다. 오랜만에 짬을 내서, 연극이나 뮤지컬 같은 공연 예술을 감상하거나 뛰어난 뮤지션들이 펼치는 즉흥 연주를 즐겨보자.

🚌 대학로

지하철 4호선 혜화역 일대

☕ 학림다방

1956년부터 명륜동을 지켜온 대학로의 터줏대감으로 민주화와 문화 예술을 상징하는 대표적인 공간이다. 이곳은 오픈 이래로 고집스럽게 클래식 음악만을 들려주고 있다. 추억과 낭만이 물씬 풍기는 이 카페는 영화 <번지점프를 하다>(2001)에선 이은주와 이병헌이 라이터를 주고받는 장소로 나왔다. 드라마 <지붕 뚫고 하이킥>(2009)에서는 최다니엘과 신세경이 둘만의 추억을 만들어가던 장소였다. 입구에 들어서면 세월이 느껴지는 피아노가 놓여 있는데 연주를 할 수도 있다. 학림다방의 역사만큼이나 유명한 것이 이곳의 핸드드립 커피. 커피와 함께 학림에서 직접 만든 수제 크림치즈 케이크를 같이 먹어보자.
지하철 4호선 혜화역 3번 출구로 나와 혜화동 로터리 방향으로 50미터 직진하면 보면, 학림다방 간판이 보인다. 🚗 종로구 명륜4가 94-2 ☎ 742-2877

✕ 상파울루

대학로에 있는 남미 음식 전문점이다. 상파울루의 메인 메뉴는 '브라질 그릴 스테이크 슈하스꼬 코스 요리 전문점'이란 콘셉트에서 알 수 있듯이 스테이크. 실내 인테리어가 이국적이면서도 자리 배치가 널찍하고 시원시원해서 편안하게 식사하면서 담소를 나눌 수 있다. 레스토랑 중앙에는 요즘에는 보기 드문 라이브 무대도 자리 잡고 있어 특유의 라틴 필을 느낄 수 있다. 공연 중에는 듣고 싶은 음악을 신청할 수 있는 기회도 있다. 벽 한쪽으로는 대형 와인셀러가 설치돼 있어 와인 애호가라면 200여 종의 와인을 골라 마시는 호사를 누릴 수 있다. 특히 스테이크는 무한 리필이 가능하다. 지하철 4호선 혜화역 4번 출구로 나와 혜화역 3번 출구 방향으로 조금 올라가다 서울연극센터 끼고 골목길로 들어가다 왼쪽에 있다.
🚗 종로구 명륜4가 19-2 ☎ 764-6079

#09
삼청각

궁(2006/드라마/황인뢰/윤은혜, 주지훈) 황태자와 평범한 여고생의 사랑과 변화의 이야기
식객(2008/드라마/한철수 외/김래원, 남상미, 권오중) 전통 궁중 요리의 맥을 잇기 위해 대령숙수의 후계자 자리를 놓고 펼쳐지는 두 남자의 드라마틱한 승부
빛과 그림자(2011/드라마/이주환/안재욱, 남상미, 이필모) 미8군 무대를 시작으로 쇼비즈니스 세계에서 성장하는 한 남자의 삶을 통해 들여다보는 한국 현대사
다섯 손가락(2012/드라마/최영훈/주지훈, 채시라, 지창욱) 불행을 딛고 꿈을 성취해나가는 청춘드라마

삼청각은 주소 상으로는 성북구 성북2동에 위치한다. 그럼에도 청와대와 연결된 박정희 대통령 시대의 이미지 때문에 소재지를 삼청동으로 알고 있는 사람들도 많다. 7, 80년대에는 이른바 요정 정치의 산실로 알려진 곳이었으나 시대가 바뀐 만큼 현재는 전통 한옥 문화 시설로 변신했다. 삼청각은 북악산의 정기가 모인 아름다운 숲 한가운데에 있었으면서도, 그 성격상 일반인의 출입이 드물었던 곳이었기 때문에 자연 경관이 유려하고 전통 가옥들의 보존 상태도 좋은 편이다.

인기리에 방영되었던 드라마 **빛과 그림자**는 60년대부터 현재까지 한국의 근대화 과정 50년을 배경으로 쇼비즈니스 세계에서 성공하는 한 남자의 인생 역정을 보여주었다. 역동적이었던 한국의 근대화 과정이 극의 전개 과정과 맞물려 있는 만큼 당대의 사회·정치적 상황을 상징하는 듯한 인물들이 등장해 보는 재미를 배가시키고 있다. 또한, 요즘은 쉽게 찾아볼 수 없는 요정이 자주 등장하기도 하는데, 이곳에서 벌어지는 일들이 드라마 전개에 중요한 동력이 되고 있다.

실제로 70년대 서울의 요정은 비밀 요정을 포함해 100여 곳에 달했다는 기록이 있을 정도로 이 시대의 정치를 상징하는 일종의 아이콘이었다. 당시에 '북한산 3각'이라 불리며 명성이 자자했던 곳이 삼청각, 청운각, 대원각이었고 이외에도 한성과 장원 같은 곳도 인기 있는 요정이었다. 그런 만큼 삼청각에서 **빛과 그림자**의 촬영이 진행되는 것은 지극히 당연해 보인다. 이 드라마의 제목

빛과 그림자

인 '빛과 그림자'는 당시의 정치와 쇼비즈니스 세계의 단면을 명료하게 압축한 일종의 은유처럼 느껴지기도 한다.

박소희의 동명 만화를 드라마화한 **궁**. 대한민국이 1945년에 입헌군주국 체제를 채택하여 현재 황제가 존재한다는 가정을 전제로 한 로맨틱 코미디 드라마로 후에 뮤지컬로 제작되기도 했다. 2011년도는 **공주의 남자**나 **뿌리 깊은 나무** 같은 가상 설정 드라마의 인기가 높았는데, **궁**은 이와 같은 드라마의 원조 격이라 할 수 있다. 왕족인 19세기적 왕자 이신(주지훈 분)과 평민인 21세기적 천방지축 소녀 신채경(윤은혜 분)이 커플이 된다는 설정은 입헌군주국이라는 가정 때문에 더할 나위 없이 드라마틱하다.

궁에서도 삼청각의 여러 곳이 등장한다. 극 중에서는 궁에 들어간 채경이 무료한 시간을 달래기 위해 삼청각 돌담길에서 자전거를 타고 달리는 장면이 이따금씩 등장한다. 청사초롱이 걸린 야트막한 기와담장이 운치 있게 이어지고 그 맞은편에는 고즈넉한 숲이 있어서 마치 파스텔화 같은 싱그러운 느낌이다. 삼청각 내의 일화당도 이신과 채경의 보금자리였던 만큼 자주 등장한다. 아무런 기대치도 없던 정략결혼이었지만 두 사람은 만남을 통해 다양한 변화의 과정을 겪으면서 한 단계 성장하고, 결국에는 황실의 어른들이 이루어내지 못했던 황실의 개혁과 변화를 이루어내기에 이른다.

만화로 많은 독자에게 사랑받았던 허영만 화백의 **식객**. 드라마 **식객**은 동명의 만화 원작을 총 24회로 풀어낸 SBS 월화 드라마로 전통 궁중 요리의 맥을 이어가는 대령숙수의 후계자 자리를 놓고 펼쳐지는 두 남자의 진검 승부를 그린 작품이다. 드라마 이전에 영화로도 만들어져 좋은 평가를 받았는데, 러닝 타임에 제약이 있는 영화에 비해서 드라마는 훨씬 더 풍부한 볼거리와 강화된 설정

등으로 원작에 더 근접한 작품이란 평가를 받았다. 형형색색의 재료와 다양한 요리 도구들, 요리를 완성해가는 주방의 분위기를 리얼하게 재현한 영상미는 시청자의 눈길을 사로잡기에 충분했다.

이 드라마의 주요 공간은 궁중 요리 전문점인 '운암정'. 최고의 궁중 요리 전문점인 만큼 운암정의 메인 건물이 성북동의 삼청각으로 설정된 것은 지극히 자연스럽다. 그 외에도 운암정의 메인홀과 복도 및 정원은 충무로의 한국의 집, 운암정의 별실과 연못은 경주의 라궁, 운암정의 장독대는 강원도 평창의 한국음식문화체험관, 운암정 내의 정원 및 호수는 벽초지문화수목원, 운암정의 홀과 별채는 강서구 메이필드 호텔의 봉래정, 오숙수와 봉주의 사가는 사직동의 운경재단 사옥에서 각각 촬영한 것이다. 궁중 요리 전문점의 이미지를 극대화하기 위해서 전국의 명소가 집약돼 영상으로 재탄생한 것이다.

삼청각은 궁중 요리뿐만 아니라 전통문화와 예술을 동시에 경험할 수 있는 일종의 전통문화 체험 공간이다. 한국의 명인 명무들의 공연과 국제 회의나 세미나를 할 수 있는 공간과 다례, 규방공예, 가야금, 판소리 등 한국의 전통문화를 몸소 체험할 수 있는 공간, 전통찻집, 한식당, 마당극이나 여러 가지 행사를 벌일 수 있는 야외 놀이마당 등이 갖춰져 있다. 목적에 따라 다양한 방식으로 삼청각을 즐길 수가 있다. 특별한 목적이 없더라도, 숲이 울창한 데다 조경도 근사하고 기와 담장을 따라 산책로가 고즈넉하게 연결되어서 천천히 걸으며 주변을 돌아보는 것만으로도 옛 정취를 물씬 느낄 수가 있다. 내부 시설은 무료로 둘러볼 수 있기 때문에 부담도 없다.

2012년 하반기에 방영된 드라마 **다섯 손가락**은 절대음감을 가진 천재 피아니스트 이야기. 주지훈이 극 중 피아니스트인 유지호 역을 맡아 보다 나아진 연기를 선보였다. 지호가 자신을 버린 어머니 채영랑(채시라 분)을 만나 식사를 했던 곳이 삼청각이었다.

🚌 삼청각

삼청각은 광화문과 종로, 태평로를 순환 운행하는 무료 셔틀버스를 이용하거나 자가용, 택시 혹은 지하철 하차 후 도보 등으로 갈 수 있다. 광화문에서 안국동 방향으로 가다가 첫 번째 교차로에서 좌회전해서 경복궁을 옆에 두고 직진한다. 청와대와 삼청동의 양 갈래 길에서 삼청터널 방향으로 진입해 삼청터널 이정표를 따라 계속 직진한다. 삼청터널 지나면 바로 왼편에 위치해 있다.
🚍 성북구 대사관로3　☎ 765-3700

📷 삼청공원

종로 도심 속의 대표적인 휴식과 산책의 공간 삼청공원. 공원의 역사를 보여주듯 울창하게 드리워진 숲 사이로 형성되어 있는 산책로를 따라 북악산 줄기를 잠시 느끼다 보면, 심신의 피로를 떨쳐버릴 수 있다. 삼청동에는 쉬어갈 곳을 찾는 이들을 위해 다양한 카페들이 줄지어 있지만, 삼청공원에서의 한적한 삼림욕에 비할 바는 아니다. 공원 안 삼청 약수터의 물은 맑고 깨끗하기로 유명하다. 삼청 약수터 맞은편에는 목이 마른 듯 약수터를 바라보고 있는 소설가 염상섭의 좌상이 있다. 삼청공원은 영화 〈키친〉(2009)의 촬영지이기도 하다.
지하철 3호선 안국역 3번 출구에서 중앙고등학교 방면 마을버스 02번을 타고 감사원에서 하차. 여기서 도보로 5분 거리이며 안국역 3번 출구에서는 도보로 약 25분 정도 걸린다.
🚍 종로구 삼청동 산2　☎ 731-0320

#10
남산골 한옥마을·필동 한국의 집

신들의 만찬(2012/드라마/이동윤/성유리, 주상욱, 이상우) 운명적으로 얽힌 두 여성 요리사의 인생과 요리 이야기
그림자 살인(2009/영화/박대민/황정민, 류덕환, 엄지원) 일제 시대 연쇄 살인범을 쫓는 한 탐정의 활약과 어두운 시대의 이야기
황진이(2007/드라마/장윤현/송혜교, 유지태, 류승룡) 조선 중종 때의 기생 황진이의 삶을 재구성한 퓨전 사극

남산골 한옥마을과 바로 그 인근에 있는 한국의 집의 소재지는 중구 필동이다. 두 곳 다 시내 한복판에서 한국의 전통문화를 접할 수 있는 흥미로운 공간이다. 한옥마을의 경우, 시내에 산재해 있던 서울시 민속자료 한옥 다섯 채를 이전, 복원하고 이 공간에서 생활했던 사람들의 신분에 걸맞게 가구 등을 배치해서 당시의 분위기를 알 수 있도록 배려해놓았다. 이전 복원한 한옥은 관훈동 민영휘 가옥, 옥인동 윤씨 가옥, 삼각동 도편수 이승업 가옥 등 당시 저명인들의 저택이었다. 한편, 인근에 위치한 한국의 집은 조선 시대 집현전 학자이자 사육신의 한 사람이었던 박팽년의 사저가 있던 곳이다. 일제강점기 때는 조선총독부 정무총감 관저로 사용했는데, 일본식 건축과 혼합돼 원형이 손상된다는 지적에 따라 양반가의 한옥에 궁중 건축을 가미해 정비한 전통 고건축물이다.

MBC의 32부작 드라마 **신들의 만찬**은 전통 궁중 음식이란 색다른 소재를 다룬 작품이다. 최고의 한식당 '아리랑'을 배경으로, 최고의 요리사를 꿈꾸는 주인공 준영(성유리 분)과 라이벌 인주(서현진 분)가 서로 경쟁하며 운명에 도전하는 과정을 담았다. 첫 회에서는 준영과 인주의 위 세대인 도희(전인화 분)와 설희(김보연 분)가 '아리랑'의 4대 후계자 자리를 놓고 경연하는 과정이 방송되었다. 기품 있는 전통 한옥의 마당에서 펼쳐진 음식 배틀은 평소에 보기 어려운 전통 의상을 비롯해 가지런하게 배치된 전통 요리 도구들과 다채로운 재료들이 어우러져 시각적인 효과를 극대화했다.

여기에 라이벌인 도희와 설희의 피 튀기는 신경전까지 곁들여져 극적인 재미를 배가시켰다. 향후 드라마 전개의 방향을 암시하는 이 배틀 장면이 촬영된 곳이 바로 필동 한국의 집이다. 추운 날씨에 진행된 촬영이라 재료들이 얼기도 하고 연기자들의 손이 굳기도 해서 촬영을 진행하는 데 어려움이 많았다는 후문이다. 조선 시대 상류 민가 양식으로 지어진 한국의 집은 사랑채, 안채, 행랑채,

신들의 만찬

별당을 갖춘 데다, 자그마한 동산에 느티나무, 단풍나무, 소나무, 엄나무, 주목, 산죽, 철쭉 등으로 가꾸어진 운치 있는 정원까지 있어서 최고의 한식당인 '아리랑'으로의 변신에 절묘하게 들어맞는 곳이기도 하다.

일제강점기를 시대 배경으로 사설탐정이란 직업을 등장시킨 영화 **그림자 살인**. 시대 배경이 전근대와 근대가 겹치는 시점이라, 이런 시대적 분위기를 효과적으로 재현하는 것 자체가 상당히 까다로운 작업이었을 것이다. 박대민 감독은 이 작품을 통해 장편 영화 데뷔를 한 셈인데, 신인 감독답지 않게 섬세하고 정교하게 시대를 재현했다. 의학도인 광수(류덕환 분)는 어느 날 길을 가다 시체를 발견한다. 그런데 신고를 하지 않고 시체를 해부할 목적으로 주워 온다. 하지만 이 시체가 내무대신의 아들인 민수영(오태경 분)임을 알게 된다.

까딱 잘못하면 살인 누명을 뒤집어쓸 수 있는 절체절명의 상황. 그는 이 문제를 해결하기 위해 홍진호(황정민 분)를 찾아간다. 진호는 주로 불륜 현장을 포착해 생계를 유지하는 일종의 사설탐정이다. 상당히 위험한 일이지만, 높은 수임료 때문에 진호는 수영의 의뢰를 받아들이고 범인을 찾기 시작한다. 이 영화 초반부에서 수영이 살해당한 장소로 나온 내무대신의 집은 남산골 한옥마을에 있는 관훈동 민영휘 가옥이다. 복원된 다섯 채의 한옥 중에서도 가장 크고 짜임새가 있어서 내무대신의 저택으로 안성맞춤이었다고 한다.

송혜교가 조선 시대의 매력적인 기생으로 변신한 영화 **황진이**는 제작 전부터 많은 화제가 되었다. 북한의 홍석중이 쓴 동명 소설을 바탕으로 황진이를 인간적인 측면에 초점을 맞춰 표현했는데, 제작 기간만 무려 4년에 제작비가 100억이 든 대작이다. 장윤현 감독은 "양반과 천민 사이에 놓인 황진이의 삼각관계를 통해 시대를 드러내 보이겠다."고 했는데, 진이(송혜교 분)는 양반인 희열(류승룡 분)과 놈이(유지태 분) 사이에서 기생이란 신분이 갖는 모순적인 존재 상황을 드러내 보인다. 이 영화는 배우들의 연기 외에도 세련된 영상미가 돋보이는데, 남산 한옥마을, 담양 소쇄원, 남원 광한루, 순천 선암사, 양평 설매재 같은 빼어난 경관을 자랑하는 곳은 물론이고 북녘땅인 금강산에서 촬영을 시도하기도 했다. 특히 남산 한옥마을은 진이와 혼담이 오가는 한양의 양반집으로 등장하기도 했다.

또한, 영화 홍보 시에 '블랙을 입은 16세기 여인'이란 문구가 등장했을 정도로 의상과 가구, 소품, 미술 등에도 큰 공을 들였다. 이 영화의 미술감독을 맡았던 정구호 디자이너는 원색의 전통적인 한복에서 탈피해 청색과 검은색을 바탕으로 현대적으로 해석한 한복을 선보였다. 그뿐만 아니라 황진이가 주로 머무는 명월관도 검정을 중심 색상으로 선택해 장롱, 소품 등을 모두 검게 칠하기도 했다. 이런 무채색의 미니멀리즘은 직·간접적으로 황진이가 처한 상황과 성격을 드러내면서 영화를 보는 또 다른 재미를 선사하기도 했다.

🚌 남산골 한옥마을

지하철 3, 4호선 충무로역 하차 후 3, 4번 출구로 나와 동국대 충무로 영상센터와 매일경제신문사 샛길로 150미터 직진한다. 중구 퇴계로34길 28 ☎ 2264-4412

📷 필동 한국의 집

영화 <미인도>(2008)의 촬영지이다. 우리나라 전통문화의 집결지로 각종 공예품과 전통 음식 및 가옥이 전시되어 있다. 조선 시대 부엌을 재현한 전시 공간부터 임금의 수라상, 궁중 나인의 옷에 이르기까지 자세히 뜯어보면 깨알 같은 재미를 얻을 수 있다. 내부로 들어서면 궁중 음식을 내놓은 화로당, 안채인 가락당, 행랑채인 해린관이 있다. 할리우드의 영화배우 패리스 힐튼이 인기 예능 프로그램인 <무한도전>의 촬영을 위해 한국을 방문하였을 때에도 이곳에서 한국 문화 체험을 했다. 중구 필동2가 80-2 ☎ 2266-9101

🥢 십원집

10년 전통 연탄초벌구이 전문점으로 십원집의 인기 메뉴는 파불고기다. 지글지글 불판 위에 스파게티 면발과 숙주, 고기, 파절이가 차례대로 올라온다. 무엇보다 고기 찍어 먹는 소스가 맛있어 '마약소스'로 불린다. 남산골 한옥마을 맞은편 골목으로 4호선 충무로역 6번 출구로 나와 쭉 직진하면 서울경제신문 건물이 보인다. 여기서 좌회전해 들어가면 맞은편 동광약국 옆에 십원집이 보인다. 중구 충무로3가 30-3 ☎ 2264-6520

#11
63빌딩

시티헌터 (2011/드라마/진혁/이민호, 박민영) 도시의 해결사가 의뢰받은 사건을 해결해나가며 겪는 에피소드
내조의 여왕 (2009/드라마/고동선/김남주, 오지호, 이혜영) 사회생활에 적응하지 못하는 남편을 내조를 통해 일으켜 세우는 유쾌한 성공기
후아유 (2002/영화/최호/조승우, 이나영) 게임 기획자와 불의의 사고로 청각 장애인이 된 수족관 다이버 사이의 가상과 현실을 넘나드는 사랑 이야기

1985년 완공된 63빌딩. 이 빌딩은 고속 성장을 하던 80년대 한국 경제를 상징하는 초고층 건물이다. 지상 60층, 지하 3층 규모에 지상높이 249m로 완공될 당시만 해도 아시아에서 최고 높이를 자랑하던 한국의 대표적인 마천루다. 현재는 타워팰리스, 하이페리온, 더샵퍼스트월드, 동북아무역타워 같은 건물에 최고층의 자리는 내준 상태이지만, 한강 변에 인접해 있다는 입지 자체만으로도 63빌딩이 갖는 상징성은 여전하다.

근대 도시의 마천루는 건물 그 자체가 하나의 미니 도시를 방불케 할 정도 고도의 집적도를 자랑하는데, 63빌딩 또한 건물 곳곳에 흥미로운 공간이 마련돼 있다. 대표적인 공간 중의 하나가 63씨월드. 이곳은 400여 종 약 2만 마리의 다양한 해양 생물을 전시해놓은 대규모 실내 수족관이다. 실제로 보기 어려운 세계 각지의 다양한 해양 생물과 물개쇼·바다표범쇼·수중발레쇼 같은 다양한 프로그램을 볼 수 있다. 실내 수족관은 그 자체로 독특한 시각적 체험을 선사하기 때문에 방송 프로그램이나 영화의 직·간접적인 배경으로 많이 활용된다.

사회악을 제거하는 데 앞장서는 도시 사냥꾼을 주인공으로 등장시켜 관심을 끈 SBS 드라마 **시티헌터**. 드라마의 종반부인 18회에서 등장한 수족관은 극적 긴장감을 극대화하는 비일상적인 공간으로 등장해 시청자의 눈길을 끌었다. 윤성(이민호 분)이 시티헌터라는 사실을 눈치챈 천재만(최정우 분)의 하수인 석두식(성창훈 분)은 나나(박민영 분)를 납치하기에 이른다. 석두식은 납치한 나나를 꽁꽁 묶어 거대한 수족관에 매달고는 버튼만 누르면 물속에 빠지도록 해놓은 상태. 두식의 전화를 받은 윤성은 나나를 구하기 위해 수족관으로 달려간다. 바로 이 장면을 촬영한 곳이 63빌딩 지하 1, 2층에 있는 63씨월드다.

절체절명의 상황에서 윤성은 두식과 격렬한 몸싸움을 벌이는데 그 과정에서 두식은 버튼을 눌러버린다. 힘겹게 두식을 제압한 윤성은 수족관에 뛰어들어

간신히 나나를 구해낸다. 나나는 윤성에게 "나요, 이윤성 씨 평생 기다릴 거예요." "나 이윤성 씨 더는 외롭게 안 둘 거예요."라고 애틋하게 말하고, 뒤돌아 가는 나나를 향해 윤성은 "조금만, 조금만 기다려줘. 이제 끝이 보여."라고 대답한다. 이 장면에서 드라마의 주제곡인 임재범의 사랑이 흐른다. 시티헌터 18회의 수족관 신은 6분 이상의 꽤 긴 장면이었기 때문에 63씨월드의 모습을 압축해서 볼 수 있다.

63씨월드가 중요한 장소로 활용된 또 다른 작품으로 후아유가 있다. 이 영화의 주인공인 서인우(이나영 분)와 지형태(조승우 분)가 일하는 공간이 63빌딩이다. 게임 기획자인 형태는 이 빌딩의 30층에 있는 사무실에서 먹고 자며 채팅 게임 사이트인 '후아유'를 개발 중이고, 수족관 다이버인 인우는 같은 빌딩 지하의 아쿠아리움에서 인어쇼를 히트시키기 위해 노력한다. 63빌딩은 그 상징성 때문에 흔히 낭만적이며 비일상적인 공간으로 표상되지만, 이 영화에선 주인공들이 애쓰고 분투하며 좌절하기도 하는 일상적인 공간으로 표현되고 있다.

후아유

빌딩의 옥상에서 서울을 내려다보며 성공에 대한 의지를 다지기 위해 고함을 쳐대는 형태의 모습이나, 매일 1층부터 30층 계단까지 뛰는 인우의 모습 등은 관광 코스의 하나로만 바라보았던 63빌딩의 느낌과는 사뭇 다르다. 같은 건물에서 일하지만, 두 주인공이 만나게 되는 계기는 오히려 형태가 시험 가동 중인 후아유란 채팅 사이트를 통해서다. 현실의 형태와 인우가 아니라 가상 공간의 ID인 별이와 멜로라는 관계로 말이다. 이런 가상과 현실의 두 갈래 길은 두 사람의 만남을 두고 극적 긴장 관계를 유지하면서 영화적 재미를 배가시킨다. 이 두 갈래 길이 합쳐지는 것은 영화의 마지막 부분이다. 인우는 자신을 속인 형태에게 화가 나서 만류하는 형태를 뿌리친다. 티격태격하며 건널목 앞에 선 두 사람. 마침 맞은편 전광판에서 후아유 광고가 나온다. 인우에게 전하는 형태의 메시지. '이제 당신에게 손을 내밉니다.' 이 광고를 보고 있던 인우의 음성이 내레이션으로 흐른다. '다음 파란불에 건너자, 둘이 같이.'

2009년에 방송된 MBC 월화 드라마 **내조의 여왕**. 명문대 출신이지만 사회생활에 적응하지 못하는 남편 온달수(오지호 분)를 내조를 통해 성공시키려는 주부 천지애(김남주 분)의 분투기를 코믹하게 다룬 드라마다. 이 작품에서도 63빌딩의 곳곳이 등장한다. 63빌딩에는 다양한 종류의 레스토랑과 카페 등이 있는데, **내조의 여왕**에서는 59층에 있는 'walking on the cloud'가 여러 차례 등장했다. 이곳은 63빌딩 내에서도 가장 고층에 위치한 레스토랑인 만큼 서울의 그 어느 곳에서도 제공하기 어려운 전망을 자랑한다. 때문에 CNN이 선정한 서울의 전망 좋은 레스토랑 Top 3에 뽑히기도 한 곳이다.

'walking on the cloud'는 크게 레스토랑과 바로 나뉜다. 레스토랑은 유럽 전원풍 분위기와 세계요리대회에서 수상한 정상급 조리진이 최정상의 음식을 제공하는데, 이곳은 천지애가 태봉(윤상현 분)에게 지화자(정수영 분)를 소개하는 소개팅 장소로 나오기도 했다. 바는 초대형 와인 셀러와 300여 종의 세계적인 와인이 구비돼 있는데, 이곳에서 온달수와 은소현(선우선 분)의 저녁 식사 장면이 촬영되었다.

찾아가기

 63빌딩

지하철 5호선 여의나루역에서 도보 10분

주변촬영지

 MBC 문화방송

문화방송의 사옥으로 MBC 방송센터가 있다. 문화방송은 1961년 설립되었으며 현재 지상파 TV와 3개 채널의 라디오, 5개 채널의 케이블, 4개의 위성, 그리고 총 7개의 DMB 채널을 가진 글로벌 미디어 그룹이다. 장진 감독의 영화 <굿모닝 프레지던트>(2009)에 나오는 '120분 토론' 장면은 MBC의 지상파 프로그램인 '100분 토론'을 패러디한 것이다. '120분 토론'은 '100분 토론'의 세트장을 활용하여 촬영했다. 또한, MBC 사옥 앞에서는 영화 <복면달호>(2007)에서 스타가 된 봉달호(차태현 분)가 몰려든 팬들을 헤집고 차에서 내려 방송국으로 들어가는 장면을 촬영했다. 이곳은 지하철 5호선 여의나루역 4번 출구나 여의도역 5번 출구로 나와서 5백 미터 정도 걸어가면 된다.
영등포구 여의도동 31   ☎ 780-0011

추천맛집

  열빈

여의도에서는 유명한 오래된 중식당. 느끼한 기름기를 없앤 담백하고 깔끔한 맛으로 인기가 높다. 지하철 5호선 여의도역으로 나와 롯데캐슬 엠파이어 건물 끼고 좌회전해서 우리은행 지나면 바로 보인다.
영등포구 여의도동 30-3   ☎ 783-3838

#12
이태원

아이리스(2009/드라마/양윤호 외/이병헌, 김태희, 정준호) 국가안전국 소속 요원들의 일과 우정, 사랑을 그린 액션 드라마
시크릿 가든(2010/드라마/신우철/하지원, 현빈, 윤상현) 까칠한 백화점 오너와 스턴트우먼이 영혼이 바뀌면서 겪는 새콤달콤한 로맨스
찬란한 유산(2009/드라마/진혁/한효주, 이승기, 문채원) 겹친 불행을 꿋꿋하게 이겨가는 여주인공 은성의 성장 스토리
미안하다 사랑한다(2004/드라마/정성효/소지섭, 임수정) 호주에 입양된 후 양부모에게서도 버림받은 한 남자의 운명적 복수극과 비극적 사랑 이야
파리의 연인(2004/드라마/신우철/박신양, 김정은, 이동건) 한 여자와 두 남자 사이의 애증이 교차하는 러브스토리

서울에서 가장 이국적인 지역 중 하나가 이태원이다. 그도 그럴 것이 이태원은 역사적인 변천 과정 자체가 이질적인 것들과의 상호침투 과정이라 할 만큼 독특한 이력을 가진 곳이다. 이태원이란 명칭의 유래를 임진왜란 때 왜군들이 이곳에 귀화하여 산 것과 연결짓는 설명도 있는 모양이다. 어느 정도 타당성이 있는 설명인지는 확인하기 어려우나 지역 자체의 특이성을 보여주는 한 단면이기도 하다. 조선 시대부터 용산 일대는 군사 관련 시설이 많았다고 하며, 일제는 1908년 용산 지역에 조선군사령부를 설립하기도 했다. 해방 이후로는 미군이 용산 기지에 자리 잡기도 했다.

이태원은 이런 용산 일대의 변화와 궤를 같이했는데, 현재와 같은 모습의 원형은 1970년대 초반 121 후송 병원이 부평에서 미8군 영내로 이전된 이후이다. 1만여 명의 미군과 관련 종사자들이 이곳으로 이전하면서 그 옆 동네인 이태원도 보세물품을 살 수 있는 쇼핑가이자 노동력과 서비스를 제공하는 인력공급지 역할을 하게 되었다. 이런 역사적 배경 탓에 이태원은 서울의 그 어느 곳에서도 찾아보기 어려운 이국적 분위기가 흘러넘친다. 80년대 아시안 게임과 올림픽을 거치면서 관광 명소로 주목받았고, 1997년에는 서울시 최초의 관광특구로 지정되기도 했다. 때문에, 이태원은 예전부터 촬영지로도 인기가 높은 곳이다.

최근에도 이태원은 여러 작품의 촬영지로 주목을 받았는데 대표적인 작품을 꼽자면 **아이리스**와 **시크릿 가든**일 것이다. **아이리스**는 KBS의 20부작 블록버스터 첩보액션 드라마로, 독특한 스토리와 드라마로서는 이례적인 스케일, 한류스타인 이병헌과 김태희에다 정준호, 김승우, 김소연, T.O.P 등 초호화 출연진이 등장해 풍성한 볼거리를 제공했다. 블록버스터 첩보액션 드라마를 표방한 만큼 총격전과 폭파 장면 등이 두드러졌는데, 특히 이태원에서는 그동안 볼 수 없었던 추격 신을 촬영해서 화제가 되었다.

아이리스의 2회에선 NSS 요원인 현준(이병헌 분)과 사우(정준호 분)가 테러 위험인물인 마카토 다카시의 동선을 쫓는 첫 미션을 수행하는 과정이 나온다. 긴급 상황이 발생해서 NSS의 위성추적 지원을 받아 현준과 사우가 다카시를 쫓는 추적 신을 이태원에서 촬영했다. 인공위성까지 활용하는 첨단 과학 장비로 무장한 NSS의 내부 모습과 이태원 뒷골목, 레스토랑, 역 주변 등에서 숨차게 타깃을 쫓는 현준과 사우의 모습을 교차 편집해서 평소의 이태원 분위기와는 사뭇 다른 박진감 있는 풍경을 선보였다. 관광 지역이라 유동 인구가 많지만, 도로는 상당히 비좁은 편이라 이런 추적 신을 이태원에서 다시 보기는 쉽지 않을 듯하다.

아이리스

촬영과 관련해서 이태원에서 가장 유명한 곳은 역시 찜질방 '이태원 랜드'일 것이다. 이곳에서 촬영된 대표적인 작품만 해도 **시크릿 가든, 찬란한 유산, 미안하다 사랑한다, 파리의 연인** 등이 있다. 전부 방영 당시에 화제가 되었고 높은 시청률을 기록한 드라마들이다. 이국적인 분위기에다 레스토랑과 바, 클럽 등이 밀집해 있고 최근에는 미술관이나 하이엔드 패션으로도 주목받기 시작한 이태원이지만 이 찜질방의 존재감은 여느 문화 공간을 압도한다.

화제의 드라마 **시크릿 가든**에서 주인공 주원(현빈 분)과 라임(하지원 분)의 영혼이 바뀐다는 극 전개의 핵심적인 설정이 현실화되는 두 공간 중 한 곳이 바로 이곳 찜질방이다. 라임이 찜질방에서 술을 마시고 잠이 들었는데, 깬 다음의 영혼은 라임이 아니라 이미 주원으로 바뀐 상태였다. 잠에서 깨보니 주위에는 낯선 여성들이 분홍색 찜질방 옷을 입고 여기저기 누워 있었다. 재벌가 자제인 주원으로서는 난생 처음 가본 공간인 데다가 여성의 몸에 자신의 영혼이 들어가 있는 상태. 하지원은 코믹하면서도 당혹스러운 장면을 재치있게 소화했다. 특히 **시크릿 가든** 6회에서 하지원은 찜질방 옷을 걸치고 찜질방 내부만이 아니라 외부의 이곳저곳을 돌아다녀서 시청자들로 하여금 미소를 머금게 했다.

한꺼번에 시련에 봉착한 은성이 역경을 딛고 성장하는 과정을 그린 28부작 주말 드라마 **찬란한 유산**. 2회에선, 집에서 쫓겨난 은성(한효주 분)이 장애가 있는 동생과 함께 하룻밤 지새울 요량으로 찜질방을 찾는 장면이 나온다. 계모에게 받은 돈 봉투를 옷장에 넣지 않고 몸에 지닌 채로 은성은 잠이 든다. 그사이에 동생은 사람들과 시비가 붙고 잠이 깬 은성은 깜짝 놀라 상황을 수습하는데, 이미 돈 봉투는 어딘가로 사라진 상태. 낙심한 은성은 동생과 함께 찜질방 앞에 잠시 멍하니 서 있는데, 아직 해도 뜨지 않은 새벽 어스름이다. 바로 이 장면을 촬영한 곳이 이태원 랜드다.

해외 입양이라는 소재에 소지섭과 임수정이 주연을 맡아 눈길을 끈 16부작 드라마 **미안하다 사랑한다**. 3회에서는 톱 가수인 윤(정경호 분)과 민주(서지영 분)의 찜질방 데이트 장면이 나온다. 윤의 코디인 은채(임수정 분)는 윤과 민주의 데이트가 사람들의 눈에 띄지 않게 하려고 애쓴다. 머리에 수건을 쓰고 주변의 시선을 피하는 세 사람. 그러나 결국 윤과 민주의 정체는 주변에 노출되고 두 사람이 빠져나갈 시간을 만들기 위해 은채는 넋 나간 사람처럼 엉엉 울기 시작한다. 상황이 수습되자 찜질방을 나온 은채는 윤과 민주가 돌아가 버린 걸 알고 헛헛한 표정을 짓는다. 이 장면과 20부작 드라마 **파리의 연인**에서 기주(박신양 분)가 머리에 수건을 두르고 달걀 한 판을 나르던 장면을 촬영한 곳도 이태원 랜드다. 이태원에 갈 일이 있으면 한 번쯤 들러보자.

주변 촬영지

이태원 UN 클럽

이태원의 유명한 힙합클럽. 그러나 최근에는 과거 올드스쿨힙합 위주의 분위기는 많이 약해진 상황이다. 과거에는 외국인들도 많았고 미국의 힙합클럽과 큰 차이가 없는 독특한 분위기가 있었다. 최근에는 힙합 외에도 일렉트로니카나 팝송, 가요 등도 들을 수가 있다. 전체적으로 자유로운 분위기는 여전한 편.
이곳은 장근석이 출연한 영화 〈이태원 살인 사건〉(2009)을 촬영한 장소로도 유명하다. 살인 사건의 용의자인 피어슨(장근석 분), 알렉스(신승환 분)가 살인을 저지르기 전, 술을 마시며 춤을 추는 장소가 바로 이곳이다. 이 영화에서 이태원 촬영은 이 춤추는 신뿐이고 살인 사건을 촬영한 곳은 생각과는 달리 홍대의 카페인 'OMAO'에서 촬영했다고 한다. 음악과 자유로운 분위기를 좋아한다면 UN 클럽은 가끔 부담 없이 들러볼 만한 곳이다. 지하철 6호선 이태원역 3번 출구로 나와 직진. 이태원 파출소 지나면 UN 클럽이 보인다.
용산구 이태원동 127-2 ☎ 797-2888

#13 광화문 광장

아이리스(2009/드라마/양윤호 외/이병헌, 김태희, 정준호) 국가안전국 소속 요원들의 일과 우정, 사랑을 그린 액션 드라마
프로포즈 대작전(2012/드라마/김우선/유승호, 박은빈) 첫사랑을 지키기 위해 과거로 돌아가 펼치는 사랑 이야기
달콤한 나의 도시(2008/드라마/박흥식/최강희, 이선균, 지현우) 세 남자를 둘러싸고 벌어지는 30대 초반 도시 여성의 사랑 이야기

광화문에서 세종로 사거리까지 이어지는 길이 557미터, 폭 34미터의 광화문 광장은 조선 시대 백성·왕·신하가 함께 어울렸다는 육조거리가 광장으로 새롭게 탄생한 것이다. 조선 시대에는 역사·정치·행정·업무가 집약된 공간이었으나, 그동안 자동차 통행 위주의 도로였기 때문에 역사적 상징성과 실제적인 기능 면에서 아쉬운 점이 많았다. 서울시는 이곳의 문제점을 보완하고 역사적 상징성과 장소적 연계성을 고려한 인간 중심의 공간으로 전환해 2009년 10월에 일반 시민에게 개방했다. 세종대왕 동상과 수변 공간, 지하로 연결된 해치 마당 등이 새로 생겼고 경복궁에서 청계천까지 역사적 장소들과의 연계가 자연스러워졌다. 그야말로 서울을 대표하는 광장에 걸맞은 모습이다.

이런 역사적 상징성을 갖는 광화문 광장을 중심으로 같은 해 11월에는 한국 드라마로는 사상 최초로 대규모 총격 장면이 촬영되기도 했다. 이병헌, 김태희 주연의 20부작 드라마 아이리스가 바로 그 주인공이다. 광화문 촬영의 포인트는 김현준(이병헌 분), 김선화(김소연 분), 최승희(김태희 분) 세 사람이 핵 테러를 막기 위해 북한 테러공작조와 총격전을 벌이는 장면이었다. 블록버스터 첩보액션 드라마를 표방했던 만큼 광화문의 총격 장면은 시가전을 방불케 하는 물량과 스케일로 큰 화제가 되었다. 아이리스 제작진은 대규모 폭파 장면과 총격 신 등을 촬영하기 위해 150여 명의 엑스트라와 80여 대의 차량, 총탄 4천 발을 투입했다.

촬영 당일 오전 7시부터 오후 7시까지 제한된 시간에 촬영

아이리스

을 끝내야 하는 조건으로 촬영 허가를 받았기 때문에 촬영 전날 서울 상암동 월 드컵경기장에서 리허설까지 했다고 한다. 촬영 당일 오전부터 비가 내렸고 촬영을 보기 위해 모여든 인파로 진행에 다소 어려움을 겪었으나 제작진과 배우들의 굳은 각오와 촬영에 적극 협조한 시민의 도움으로 무사히 촬영을 마무리했다고 한다. 아이리스의 16회 후반부와 17회의 초반부에 걸쳐 광화문 촬영 장면이 방영되었는데, TNmS(전국 멀티미디어 통합 조사)의 집계에 의하면 16회가 35.7%, 17회가 37.2%로 최종회인 20회를 제외하고는 가장 높은 시청률을 기록하기도 했다.

소설가 정이현의 동명 소설을 각색한 SBS의 16부작 드라마 달콤한 나의 도시는 도시를 살아가는 미혼 여성들의 일과 우정, 사랑과 결혼에 대한 생각을 솔직하게 담아낸 작품이다. 편집대행사의 7년차 에디터인 31살의 오은수(최강희 분)는 직업, 연애, 결혼 등의 문제로 때론 고민도 하지만 밝고 당당한 커리어 우먼이다. 그녀에게는 유희(문정희 분)와 재인(진재영 분) 같은 동갑내기 동성 친구도 있어서 언제든지 수다로 스트레스도 풀 수 있는 상황이다. 그런데 15년 지기인 재인은 선본 지 2주밖에 안 된 남자와 결혼을 할 거라고 폭탄선언을 한다.

은수는 밀쳐놓았던 삶의 근본적인 문제들에 대해 뭔가 생각을 해봐야 할 것 같은 느낌이 들면서 왠지 헛헛하다. 누군가의 따뜻한 위로가 필요한 상황이다. 이런 시점에서 은수는 판이한 스타일의 세 남자와 엮이게 된다. 은수가 좋은 이성 친구이자 팔자 좋은 백수인 유준(김영재 분)을 만나 아이스크림을 먹으며 수다를 떠는 장면이 광화문 광장 근처의 한 아이스크림 판매장에서 촬영되었다. 달콤한 나의 도시 2회에서 방영된 이 장면을 촬영한 곳은 콜드스톤 크리머리 광화문점이다. 이곳은 세종로 사거리에서 서울 역사박물관 방향으로 5분 남짓한 거리에 있다. 매장에서 나온 두 사람이 걷다가 은수가 택시를 잡으려 하자, 유준은 은수에게 프러포즈 비슷한 멘트를 날리면서 그도 세 남자의 대열에 합류한다.

프로포즈 대작전은 16부작 수목 드라마로 동명의 일본 드라마를 리메이크한 작품이다. 시간여행(타임슬립)이라는 흥미로운 소재를 삽입해 멜로 드라마에 판타지적 요소를 가미해서 눈길을 끈다. 주인공인 강백호(유승호 분)는 어린 시절부터 친구인 함이슬(박은빈 분)에게 고백 한 번 해보지 못한 채로 그녀의 결혼식에 참가한다. 더군다나 늦잠에다 국제 마라톤이 열린 탓에 도로는 심하게 밀린 상황이다. 그는 고민 끝에 택시에서 내려 집 근처에서 결혼식장까지 먼 거리를 구두에 말끔한 정장 차림으로 뛰어간다. 드라마의 시작인 1회분에 담길 내용인 탓에, 다양한 앵글의 촬영을 위해 유승호는 여의도와 광화문 일대에서 온종일 뛰다시피 했다고 한다.

그가 인도로 뛰는 장면과 마라톤에 참가한 선수들이 차도로 뛰는 장면이 방영됐는데, 흥미롭게도 카메오로 출연한 마라톤 선수 이봉주가 달리는 모습을 찾아볼 수 있다. 백호는 거의 탈진 직전에 결혼식장에 도착하고 상념이 가득한 표정으로 이슬이의 결혼식을 바라본다. 주례 선생으로 깜짝 출연한 인물은 프로야구 해설가인 하일성이다. 고풍스러운 모습의 결혼식 장소는 광화문 광장에서 그리 멀지 않은 성공회 서울성당으로 높은 천장과 스테인드글라스가 인상적이다. 이렇듯 광화문 광장과 그 주변에는 다양한 장소들이 산재해 있다. 과거에는 광화문과 세종로 사거리가 단절된 듯한 분위기였는데, 광화문 광장의 개장과 더불어서 광장을 둘러싼 공간 사이의 연계성이 높아져 걷는 즐거움이 배가 되었다. 주말 오후 햇빛을 받으며 서울의 대표적인 광장과 그 주변을 걸어보자.

주변촬영지

📷 세종로 사거리

광화문 광장의 남쪽은 세종로 사거리와 연결된다. 이곳은 서울에서 가장 상징성 있는 사거리라 해도 과언이 아니다. 2010년 영화 〈해결사〉에서도 세종로 사거리가 나온다. 이 영화는 설경구, 주진모, 오달수 등이 출연한 액션 영화다. 흥신소를 운영하는 주인공 태식(설경구 분)은 살인용의자로 누명을 쓴다. 졸지에 전국에 지명수배된 태식. 급기야는 세종로 사거리 주변 빌딩의 전광판에 그의 얼굴 사진이 뜬다. 궁지에 몰린 태식이 경찰의 눈을 피해가며 도망 다니는 장면을 이곳 세종로 사거리에서 촬영했다.

#14 종로 부암동

트리플(2009/드라마/이윤정/이정재, 윤계상, 이선균, 민효린) 피겨스케이팅 선수와 광고회사에 다니는 세 남자들의 이야기를 그린 드라마
내조의 여왕(2009/드라마/고동선/김남주, 오지호, 이혜영) 사회생활에 적응하지 못하는 남편을 내조를 통해 일으켜 세우는 유쾌한 성공기
커피프린스 1호점(2007/드라마/이윤정/공유, 윤은혜, 이선균) 바리스타를 꿈꾸는 청춘들의 사랑과 꿈을 그린 이야기

부암동은 북한산과 인왕산 자락에 자리 잡고 있기 때문에 공기도 좋고 풍광이 매우 아름답다. 현재의 부암동은 북쪽으로 평창동과 신영동, 서쪽으로 홍지동, 동쪽으로 성북동, 남쪽으로 삼청동과 인접해 있다. 지대가 높은 탓에 지하철과 연계가 잘 되지 않아 행정구역상 종로구에 속해 있으면서도 상업지구인 종로 일대와 달리 조용하고 아늑한 주택가이다. 규모가 크고 개성 있는 단독주택이나 다세대 주택들이 산재해 있고, 독특한 조형미를 자랑하는 건축물들이 곳곳에 숨어 있어 드라마나 영화 촬영지로도 주목받고 있다. 촬영지로 유명해진 카페나 레스토랑, 미술관 덕분에 부암동을 찾는 사람들이 늘었고, 도심의 시끄러운 분위기와는 다른 한적한 분위기를 즐기려는 사람들이 찾아오면서 각광받는 곳이다. 이에 따라 카페나 작업실, 레스토랑 같은 공간이 조금씩 생기고 있다.

커피프린스 1호점을 연출했던 이윤정 PD가 선보인 16부작 드라마 **트리플**은 방영 전부터 꽤 화제가 됐던 작품이다. 지상파 방송으로는 최초로 피겨스케이팅이란 특이한 소재를 다룬 데다, 이정재, 이선균, 윤계상이 캐스팅돼서 시청자들의 기대감이 컸다. 피겨스케이팅 선수와 광고업계에 종사하는 세 남자의 꿈과 사랑을 테마로 한 트렌디 드라마인 만큼 감각적이고 세련된 영상미가 돋보인 작품이다.

이윤정 PD는 공간의 이미지 구축에 상당히 공을 들이는 것으로 알려져 있는데, 이 작품에서도 주인공 신활(이정재 분)의 집이나 세 남자와 오랜 친분 관계인 강상희(김희 분)의 카페가 시청자들의 눈길을 끌었다. 특히 극 중 상희가 술을 맘껏 마시고 놀기 위해 광고회사를 때려치우고 차린 곳인 '2번 창고'는 빈티지한 분위기와 개성 있는 인테리어로 드라마 시작부터 화제가 되었다. 드라마의 시작인 1회, 광고 수주를 위한 프레젠테이션에서 경쟁자들을 물리친 신활과 그 동료들은 축하를 위해 2번 창고를 찾는다. 이곳은 실제로 부암동 권역(행정구역상으로는

(신영동)인 옛 세검정 터 근처에 있는 '송스 키친'이다. 특히 돈까스와 피자가 맛있다는 소문이 자자하다.

송스 키친에서 천주교 세검정 교회를 지나 더 들어가면 그 유명한 자하 주택이 나온다. 이곳은 꽤 오래전에 건축된 연립 주택인데 드라마 **내조의 여왕** 때문에 알려졌다. 이 작품은 MBC 20부작 월화 드라마로 평균 시청률 22%대로 좋은 성적을 거두었다. 김남주와 오지호가 부부로 호흡을 맞추었고 한류 스타인 윤상현이 출현해 좋은 연기를 보여주었다.

자하 주택은 극 중 부부인 천지애(김남주 분)와 온달수(오지호 분)의 보금자리로 나왔다. 천지애는 명문대 의대생인 온달수와 결혼에 성공하지만, 워낙 의지박약에 담력이 약한 달수는 의대 생활에 적응하지 못하고 학교를 자퇴한다. 생계를 위해 달수는 회사에 취직하곤 하나 조직 생활에 좀처럼 적응하지 못한다. 보다 못한 지애는 남편을 내조하기 위해 본격적으로 나서기 시작하고 갖가지 해프닝이 이어지기 시작한다.

특히 자하 주택 입구에 있는 자하 슈퍼 앞 평상에선 지애와 달수, 태준(윤상현 분)이 같이 소주를 마시기도 하는 등, 인상적인 장면이 많이 촬영되기도 했다. 20회에서는 주택 입구의 평상에 멍하니 앉아 있는 지애를 지나가던 태준이 발견하고 평상에 앉아 지애의 넋두리를 들으며 격려해주고, 돌아서 가던 태준에게로 달려가 지애가 감사의 포옹을 하는 장면이 방영되었다. **내조의 여왕**에서 여러 차례 등장한 한 자하 주택

내조의 여왕

앞 평상 신의 백미로 꼽힐 만한 장면이다.

이선미의 동명 소설을 각색한 **커피프린스 1호점**은 공유와 윤은혜가 주인공으로 등장했고 드라마 방영 당시만 해도 생소했던 바리스타를 등장시키는 등 트렌디한 분위기를 한껏 살린 작품이다. 동인식품의 후계자인 한결(공유 분)은 할머니의 권유로 커피프린스 1호점을 경영하게 된다. 이곳으로 독특한 종업원들이 모여드는데, 그중에는 생활을 위해 열심히 사는 남장 여자 고은찬(윤은혜 분)도 있다. 판이한 성장 배경을 가진 한결과 은찬. 그러나 이 두 사람은 시간이 흐르면서 사랑하는 관계로 발전해간다.

커피프린스 1호점의 인기 탓에 드라마의 여러 촬영지도 시청자들의 관심을 끌었는데, 그중 한 곳이 한결의 사촌 형인 최한성(이선균 분)이 사는 집이었다. 한성의 집은 아담한 정원과 함께 내려다보이는 풍광이 상당히 아름다운 곳이었기 때문이다. 바로 이곳이 부암동에 있는 '산모퉁이 카페'다. 이 카페의 조망은 부암동이 가진 공간적 특성을 바로 보여준다. 비록 서울 시내지만 북한산과 인왕산 자락이라는 부암동의 입지 때문에 빼어난 경관과 깊은 심도를 느낄 수 있다. 최근에는 해외 한류 팬들도 이곳을 많이 찾기 때문에 주말에는 될 수 있으면 피하는 것이 좋다. 이곳에서 세검정 방향으로 내려가는 길에는 환기미술관이 있다.

#15 종로 평창동

내게 거짓말을 해봐 (2011/드라마/김수룡 외/강지환, 윤은혜, 성준) 호텔 경영자와 5급 공무원 사이의 거짓말로 인한 결혼 스캔들과 사랑
시크릿 가든 (2010/드라마/신우철/하지원, 현빈, 윤상현) 까칠한 백화점 오너와 스턴트우먼이 영혼이 바뀌면서 겪는 새콤달콤한 로맨스
최고의 사랑 (2011/드라마/박홍균 외/차승원, 공효진, 윤계상) 한물간 여자 연예인과 인기 절정 남자 배우의 로맨스 이야기
마이 프린세스 (2011/드라마/권석장/송승헌, 김태희, 박예진) 기업 후계자인 남자와 평범한 여대생에서 하루아침에 공주가 된 여자의 사랑

평창동은 북악산과 북한산으로 둘러싸인 곳이다. 공기도 좋고 풍광도 좋고 무엇보다 호젓하다. 꽤 험준해 보이는 바위산을 배경으로 산을 깎아 만든 터에 고급 주택들이 들어서 있어 외지인들에게는 다소 위압감을 주기도 한다. 조선 시대에 대동법을 시행하면서 담당 기관으로 선혜청을 두었는데, 평창동은 선혜청의 창고인 평창이 있었기 때문에 붙은 이름이라고 한다. 1970년대 평창단지가 생기면서 평창동 개발이 시작됐고, 1990년대 중반부턴 산 중턱을 따라 갤러리와 미술관들이 모여들면서 고급 주택들과 갤러리가 사이 좋게 공존하는 독특한 지역이 되었다. 이런 분위기 탓인지 이 지역에는 저명한 문화예술인들이 많이 살고 있으며, 드라마 촬영지로도 인기가 높다.

16부작 월화 드라마 **내게 거짓말을 해봐**는 강지환과 윤은혜가 주연을 맡은 작품이다. 호텔을 경영하는 현기준(강지환 분)과 문화체육관광부 사무관인 공아정(윤은혜 분)이 결혼 스캔들에 말려들면서 벌어지는 해프닝을 다룬 로맨틱 코미디 드라마다. 비슷한 시기에 방영했던 **최고의 사랑**의 높은 인기 때문에 다소 피해를 보기도 했는데, 윤은혜는 적당히 망가지고 적당히 애교스럽고 적당히 털털한 공아정의 캐릭터를 매력 있게 연기했다. 극 중에서 특급 호텔의 대표이사인 만큼 현기준의 집도 고급스러웠는데 이 주택이 위치한 곳이 바로 평창동이다. 이곳은 TV 드라마에 가끔 등장하는 주택인데 평창동에서도 가장 안쪽인 평창 5길의 한국여자신학대학원과 법정사 사이에 자리 잡고 있다. KBS 주말 드라마 **사랑을 믿어요**에선 김우진(이필모 분)의 집으로 나오기도 했다.

평창동이 시청자들에게 대중적으로 알려지게 된 것은 드라마 **시크릿 가든**과 **최고의 사랑**의 인기 때문일 것이다. SBS의 20부작 드라마인 **시크릿 가든**은 남녀가 영혼이 바뀌면서 벌어지는 이야기를 담은 로맨틱 판타지로 다양한 유행어를 만들어내면서 사회적 신드롬을 일으키기도 했다. 특히 드라마 10회에서 방영된 거

시크릿 가든

품 키스 장면은 시청자들에게 강한 인상을 남겼는데 이 장면이 촬영된 곳은 평창동의 그린하우스다. 이곳은 어느새 평창동의 이정표가 돼 버린 가나아트센터에서 가까워서 쉽게 찾을 수 있다.

3층 건물의 한정식집인데, 1층은 커피숍이고 2층은 홀과 온돌방, 3층은 룸으로 돼 있어서 상견례나 돌잔치 같은 행사가 많은 곳으로 드라마 상의 낭만적인 이미지와는 다소 차이가 있다. 거품 키스 장면은 이곳 1층에서 촬영했는데, 드라마가 종영된 이후에도 주원(현빈 분)과 라임(하지원 분)의 흔적을 찾아오는 손님들의 발걸음이 줄을 잇는다고 한다. 거품 키스 장면을 촬영한 자리에는 사진도 붙여놓아 금방 눈에 들어온다.

차승원과 공효진 주연의 **최고의 사랑**도 2011년 최고의 화제작 중 하나다. **미남이시네요**로 유명한 홍정은, 홍미란 작가의 작품으로 한물간 여자 연예인과 인기 절정 남자 배우의 로맨스를 그린 드라마다. 이 작품에서도 평창동은 중요한 촬영지였다. 주인공 독고진(차승원 분)의 집과 구애정(공효진 분)의 친구인 제니(이희진 분)가 운영하던 카페 '플루토', 독고진과 구애정의 데이트 장소 등이 평창동에 있기 때문이다. 톱스타 독고진이 살던 집은 일반 주택이 아니라 '김종영 미술관'이다. 이곳은 1세대 조각가이자 근대 추상미술의 선구자인 김종영 작가의 타계 20주기를 기념하여 건립된 곳으로 단순하면서도 깊이 있는 흐름을 담고 있는 공간이다. 미술관의 본관인 불각재가 독고진의 집으로 나왔던 곳인데 외관만 이곳에서 촬영했다.

제니가 운영하던 카페 플루토의 실제 촬영지는 가나아트센터 맞은편에 있는 '카페 모네'로 빈티지한 인테리어가 친근한 느낌을 준다. 드라마 상에서 자주 보이던 단발머리 여자 벽화도 반갑게 느껴지고 야외 테라스에서 바라보는 조망이 눈을 시원스럽게 만든다. 이곳도 평창동에 자리 잡은 지 10년이 넘었는데 **최고의 사랑** 때문에 찾는 손님들이 많이 늘었다고 한다. 카페 모네에서 길을 따라 올라가면 카페 '키미'가 나온다. **최고의 사랑**에서 독고진이 구애정의 조카 땡똥과 만나 구애정에게 반지를 전해달라고 부탁하는 장면에서 등장했던 곳이다. 갤러리 카페답게 1층은 갤러리이고 2층은 카페인데 야외 테라스가 일품이다.

한류 스타 송승헌과 김태희의 캐스팅으로 화제가 됐던 **마이 프린세스**. 재벌 기업의 유일한 후계자 박해영(송승헌 분)과 짠순이 여대생에서 하루아침에 공주가 된 이설(김태희 분)의 로맨스를 그린 드라마다. 드라마 **궁**에서는 대한민국이 입헌 군주제 국가라는 가정을 전제로 이야기가 전개되었다면, **마이 프린세스**는 대한민국의 황실을 재건하려는 설정을 전제로 스토리가 전개된다. 드라마 2회에서는 해영이 이설을 자신의 집으로 데려와 스테이크를 만들어 같이 식사하는 장면이 나온다. 이설은 큰 스테이크를 썰지 않고 통째로 포크로 찍어 먹으며 "고기는 항상 옳아요. 구원받는 느낌이랄까."라는 코믹한 대사를 날린다. 이 장면이 촬영된 곳이 평창동에 위치한 고급 주택이다. 이곳은 시트콤 **지붕 뚫고 하이킥**에서 이순재 사장 집으로도 유명한 곳이다.

주변촬영지

📷 삼각산 밀알기도원 옆 계단

평창동에서 가장 깊숙한 평창 7길 근처에 위치한 기도원이다. 이 주변에서 촬영한 영화가 <조폭마누라3>(2006). 이 영화에서 아령(서기 분)을 처단하기 위해 홍콩에서 넘어온 3인조 암살단이 아령의 차를 뒤쫓는다. 아령과 기철(이범수 분)은 급히 차를 몰아 골목을 질주한다. 그러나 길은 끊어지고 가파른 언덕 아래로 계단만 보인다. 아령은 심호흡하더니 차를 몰고 긴 계단을 타고 내려가기 시작한다. 위험천만한 이 장면은 삼각산밀알기도원 옆 계단에서 촬영되었다.
  종로구 평창동 445-1 ☎ 3217-6679

📷 세검정 주택가

2010년에 개봉한 영화 <이층의 악당>(2010)은 본격 서스펜스 코미디를 표방했던 작품이다. 신경쇠약과 우울증이 있는 연주(김혜수 분)는 중학생 딸과 둘이 산다. 이 집 이 층에 불쑥 이사 온 한 남자. 그는 자신이 시인이라고 하지만 어딘가 수상하다. 이들이 살았던 주택은 상명대학교 근처의 세검정 주택가에 있다. 이 주택가의 좁은 골목길에서 창인(한석규 분)을 잡기 위해 찾아온 조직폭력배들의 차량 액션이 펼쳐지기도 했다.
  종로구 세검정로 7나길 19

#16
약현성당

제빵왕 김탁구 (2010/드라마/이정섭/윤시윤, 유진, 주원) 천부적인 후각의 소유자 김탁구가 온갖 시련을 극복하고 제빵업계에서 성공하는 이야기
내 여자친구는 구미호 (2010/드라마/부성철/이승기, 신민아, 노민우) 대학생인 대웅이 우연히 인간이 되고 싶어 하는 구미호를 만나면서 벌어지는 이야기
러브레터 (2003/드라마/오경훈/조현재, 수애, 지진희) 인간의 사랑을 신의 사랑으로 승화시키려는 한 신부의 이야기

약현성당은 1886년 '조불수호통상조약' 체결 이후에 세워진 건축물이다. 완공된 시점이 1892년으로 한국 최초의 고딕 양식 벽돌조 건물이자 한국 최초의 서양식 성당이다. 프랑스인 신부 코스트coste가 설계를 맡았고 감독은 주임 신부였던 프랑스인 두쎄Doucet가 했다. 길이 약 32m 너비 12m의 십자형 평면 구조이며 비교적 소규모의 성당이다. 약현(藥峴)이라는 지명은 옛날 이곳에 약초를 재배하는 밭이 많아서 붙여진 이름이며, 천주교 박해 기간 많은 순교자가 처형당한 서소문광장을 내려다보는 곳에 자리 잡고 있다. 입지 자체가 역사적·종교적 상징성을 갖는 곳이며 성당의 사제관 건물 뒤편에는 당시 처형당한 순교자 중 성인 44위를 기리는 서소문 순교성지 전시관이 있다.

또한, 1800년대에 세워진 근대 건축물 중 남아 있는 곳이 영국대사관(1891), 약현성당(1892), 독립문(1898), 명동성당 본당(1898), 정동교회(1898) 정도에 불과할 정도여서 건축사적 의미도 크다. 안타깝게도 1998년도의 화재 탓에 첨탑과 성당 내부가 훼손되면서 한 차례 복원 공사를 거치기도 했다. 워낙 오래된 곳인 데다 붉은색 벽돌 벽, 아담한 고딕 양식 첨탑, 호젓한 주변 산책로들이 어우러져 만드는 소박하고 따뜻하며 질박한 분위기는 다른 성당에서 찾기 어려운 모습이다. 이런 이유로 약현성당은 드라마나 영화의 촬영지로도 늘 인기가 있는 곳이기도 하다.

제빵왕 김탁구는 주인공 김탁구(윤시윤 분)가 갖은 어려움을 극복하면서 제빵 업계에서 성공해가는 과정을 그린 30부작 수목 드라마다. 주인공 탁구는 솔직함과 정직함으로 사람을 감동하게 하는 선한 매력이 있는 캐릭터로 시청자들의 많은 사랑을 받았다. 드라마 6회 때부터 30%가 넘는 시청률을 보이더니 마지막 편인 30회에서는 시청률이 50%를 넘을 만큼 큰 인기를 끌었다.

드라마의 후반부인 27회에서는 탁구의 첫사랑인 신유경(유진 분)과 탁구의 이복동생 구마준(주원 분)의 결혼식 장면이 방영되었다. 결혼은 축복받아야 마땅하겠지만, 유경과 마준의 결혼은 그렇지 못한 결혼이었다. 사랑해서 하는 결혼이라기보다 상처를 준 사람에 대한 반항이란 의미가 강하게 내포된 결혼이었기 때문이다. 이 결혼식 장면이 촬영된 곳이 약현성당이다. 주례를 맡은 신부 앞에 선 유경과 마준, 그리고 다섯 사람의 하객만이 존재하는 단출한 결혼식. "신부 신유경 양은 신랑 구마준 군을 남편으로 맞이하여 비가 오나 눈이 오나 하나님의 뜻에 따라 사랑하겠습니까?"라는 신부의 질문에 한참을 있다 대답하는 유경. 따뜻한 빛을 발산하는 약현성당의 스테인드글라스와 촛불은 스산한 결혼식과 극명하게 대비되는 모습이었다.

SBS 16부작 드라마 **내 여자친구는 구미호**는 구미호를 등장시킨 판타지 로맨틱 코미디 드라마다. 배우 지망생인 차대웅(이승기 분)이 천보사에서 500년 동안 그림 속에 갇혀 있던 구미호(신민아 분)의 봉인을 풀어주면서 생기는 이야기로, 2011년에는 일본 TBS에서 지상파로도 방영되었다. 드라마 11회에서는 대웅이 미호에게 사랑을 고백하고, 미호로부터 사람이 될 수 있다는 말을 듣는 극 전개 과정의 핵심적인 내용이 방영되었다. 이 극적인 장면을 촬영한 곳이 약현성당이다. 성당 한쪽에 서 있던 미호를 발견한 대웅이 "미호야 가지 마."라고 하자, 미호는 "내가 너랑 달라도 괜찮은 거야?"하고 물어본다. 그러자 대웅은 "안 괜찮아. 말도 안 되고 어이도 없고 미쳤다고 생각될 만큼 안 괜찮은데 널 좋아해."라고 초강력 멘트를 날린다.

약현성당 하면 역시 드라마 **러브레터**를 빼놓을 수가 없다. MBC 16부작 드라마인 이 작품에서 성직자의 고뇌를 엿볼 수 있기 때문이다. 극 중의 주인공 이우진(조현재 분)은 외삼촌인 베드로 신부의 도움으로 어린 시절의 비참한 상태에

러브레터

서 벗어나며 자신도 신부가 되기를 희망한다. 그런데 오랜 시간 우정을 이어온 여자 친구인 조은하(수애 분)는 우진을 사랑한다. 게다가 이우진의 친구인 정우진(지진희 분)은 자신이 좋아하는 조은하가 이우진을 좋아한다는 사실을 알고 냉혹하고 야비한 인물로 타락해간다. 이런 상황에서 결국 이우진은 신부가 되는 길을 선택한다. 고통 속에 있지만, 희망과 구원을 품은 아름다운 사람들의 이야기를 보여주고 싶다는 작가의 바람대로 진지하면서도 감동적인 드라마였다.

이 드라마의 1회 시작 부분에서 이우진 안드레아가 사제 서품을 받는 장면이 나오는데 이 장면을 촬영한 곳이 약현성당이다. 사제 서품식은 천주교의 7성사 중 하나인 신품성사로 사제직을 받게 되는 예식인 만큼 제빵왕 김탁구에서 보았던 결혼식 장면과는 느낌이 판이하다. 드라마의 주제 때문에 러브레터에서는 약현성당 이외에도 다른 성당들이 등장하는데 대표적인 곳은 명동성당과 풍수원성당이다. 명동성당은 일반인에게도 매우 잘 알려진 곳이지만 풍수원성당은 그렇지 않다. 풍수원성당은 극 중에서는 이우진의 외삼촌인 베드로 신부가 있는 성당으로 나온다. 이곳은 강원 횡성군 서원면에 있는 성당으로 1907년에 준공되었다. 한국인 신부가 지은 한국 최초의 성당이자 강원도 최초의 성당이고 한국에서 네 번째로 지어진 역사적인 성당이다.

🚌 약현성당

지하철 2호선, 5호선 충정로역 5번 출구로 나와 중림시장 방면으로 향한다. 시장을 따라 5분가량 걷다 보면 약현성당 표지판이 보인다.
🚗 중구 중림동 149-2　☎ 392-5018

최상급 원두를 직접 로스팅해서 판매한다. 주변이 중림시장인데, 좀 뜬금없는 장소에서 커피 맛으로 승부하는 곳이다. 연중무휴로, 세 자매가 운영하는 커피 전문점. 특히 밤에 보면 모두가 문을 닫은 시간, 어둠에 묻혀 한껏 분위기 있는 조명이 빛을 발하는 곳이다. 커피도 커피지만, 홈메이드 초코딥케익도 맛있다.
🚗 중구 중림동 61-1　☎ 070-8699-7888

#17 광진교 8번가

시티헌터(2011/드라마/진혁/이민호, 박민영) 도시의 해결사가 의뢰받은 사건을 해결해나가며 겪는 에피소드
아이리스(2009/드라마/양윤호 외/이병헌, 김태희, 정준호) 국가안전국 소속 요원들의 일과 우정, 사랑을 그린 액션 드라마
살맛납니다(2009/드라마/김대진/김유미, 이태성, 홍은희) 결혼으로 연결되는 두 집안 내, 여섯 커플의 삶과 사랑, 결혼 그리고 이혼에 대한 이야기

서울의 상징인 한강은 그 폭과 길이 때문에 수많은 다리와 늘 함께해 왔다. 현재 한강의 다리는 총 31개이며 그중 4개가 철교로 사용되고 있다. 다리 대부분이 대교이지만 광진교와 잠수교는 대교란 명칭을 쓰지 않고 있다. 잠수교는 홍수 때 수면 아래에 잠기도록 낮게 가설한 교량이기 때문이고, 광진교는 대교란 명칭에 어울릴 만한 규모가 아니기 때문이다. 그러나 광진교에는 다른 한강 다리들이 갖지 못한 여러 가지 특징이 있다. 광진교는 일제강점기인 1936년에 건설된 교량으로 한강에서 가장 오래된 다리 중 하나였다. 늘어나는 교통량을 감당하기 위해 1994년에 철거되었다가 2003년에 새롭게 개통하였다.

광진교에는 한강의 교량으로는 처음으로 자전거 전용도로와 발코니형 돌출 전망대가 설치됐다. 다시 태어난 만큼 변화하는 시대의 흐름을 적절하게 설계에 반영한 탓이다. 그뿐만 아니라 교각 하부에는 전 세계에 3개밖에 존재하지 않는 교각 하부 전망대인 광진교 8번가가 설치돼 있다. 이곳은 한강의 아름다운 경관을 조망할 수 있는 대표적인 장소 중 하나다. 유리벽이 주는 개방감이 뛰어나며 내부에는 바닥이 유리로 된 곳도 있어서 강물의 흐름을 직접 내려다볼 수 있다. 광진교 8번가는 시민의 문화 공간으로 만들어진 만큼 상업성이 배제돼 있으며 주말이면 좋은 공연과 전시가 열린다. 공연의 경우도 전부 무료로, 사전 공지된 일정에 맞춰 신청하면 추첨을 통해 관람할 수 있다.

광진교 8번가의 전체적인 모습은 화제의 드라마 아이리스에서도 찾아볼 수 있다. 블록버스터 첩보액션 드라마를 표방한 이 작품은 방영 당시 시청자들의 비상한 관심을 끌었다. 광진교 8번가에서도 드라마의 콘셉트에 맞게 감미로운 키스 신과 화려한 격투 신을 만들어냈다. 아이리스 14회, 아이리스의 킬러인 빅(T.O.P 분)은 NSS의 내부 정보를 빼내기 위해 NSS의 컴퓨터 프로그래머인 미정(쥬니 분)에게 의도적으로 접근해둔 상태. 빅이 미정을 만나기 위해 선택한 약속 장소는 한강의 광진교였다. 저녁 시간, 가로등과 자동차 헤드라이트 불빛이 어우러져 몽환적인 분위기를 자아내는 다리 위를 급하게 걷는 미정. 기다리던 빅은 미정을 뚫어지게 바라보다 갑자기 키스한다.

아이리스

같은 **아이리스** 14회에서는 광진교 8번가의 모습도 나온다. 북측 호위부 호위 팀장인 박철영(김승우 분)이 광진교 중간쯤에서 주변을 살피다가 다리 아래로 난 계단을 따라 아래로 내려간다. 호위부 작전 공작원인 선화(김소연 분)를 비밀리에 만나기 위해서다. 철영은 광진교 8번가의 내부를 가로지르며 주변을 살피더니 건물 밖 난간 한쪽에서 선화를 기다리기 시작한다. 카메라는 먼 거리에서 그가 서 있는 모습을 잡는데, 한강과 광진교 그리고 광진교 8번가의 모습이 한눈에 들어온다. 강물과 산 사이에 서 있는 것처럼 보이는 철영의 모습이 꽤 고독해 보인다. 철영은 주변의 움직임에서 심상치 않음을 느끼고 건물 안으로 들어가지만, 결국 주변에 있던 정체불명의 사람들에게 납치된다. 철영의 납치 신에서 광진교 8번가의 전체적인 모습을 살펴볼 수 있다.

이민호와 박민영이 주연을 맡은 드라마 **시티헌터**. 이 작품에서 이민호는 청와대에서 일하지만, 그와 별개로 사회악을 제거하는 데 애쓰는 해결사 역을 맡았고 박민영은 청와대 경호원인 김나나로 변신했다. 극 중 주인공인 이윤성(이민호 분)은 그동안의 드라마에서 쉽게 볼 수 없었던 캐릭터인 탓인지 시청자들의 많은 관심을 끌었고 시청률도 높은 편이었다. 드라마 **아이리스** 정도는 아니지만, 극 중에서 다양한 촬영지를 살펴볼 수 있고 타이틀인 '시티헌터'에 걸맞게 이민호의 액션 신도 자주 등장했다.

시티헌터 7회, 윤성과 식중(김상호 분)은 진표(김상중 분)의 집에서 회동을 한다. 진표는 윤성에게 집을 자주 비우는 이유가 여자 때문인지 묻는다. 당황하는 윤성에게 진표는 "사랑하지 말라고 말했다. 사랑하는 순간 우리의 계획은 틀어져 버린다."며 시티헌터로서의 윤성의 역할을 재확인시킨다. 잠시 후 벨이 울리고 모니터 화면에 서울지검 특수부 김영주(이준혁 분) 검사의 모습이 보인다. 급하게 자리를 피하는 윤성과 식중. 진표가 음료수를 가지러 간 사이에 특수부의 직원은 유리컵에서 진표의 지문을 확보한다. 극 중 진표의 집으로 나온 이곳은 광진교 8번가였다. 유리창 너머로 보이는 한강의 야경이 늘 긴장감 넘치던 집 내부와는 크게 대비되는 모습이다.

MBC 133부작 일일 드라마 **살맛납니다**. 결혼으로 연결된 두 집안 내, 여섯 커플의 사랑, 결혼, 이혼 등을 입체적으로 담아낸 작품이다. 극 중 이야기 전개의 한 축인 홍씨 집안의 민수(김유미 분)와 장씨 집안의 유진(이태성 분)은 결혼했다 이혼한 사이. 드라마 118회, 민수는 재결합에 불안해하는 모친 풍자(고두심 분)를 데리고 갈 데가 있다며 집을 나선다. 전망 좋은 카페의 피아노 앞에 앉은 유진과 그를 바라보는 풍자와 민수. 유진은 포지션의 I LOVE YOU를 부르고 노래가 끝나자 풍자에게 앞으로 잘하겠다는 약속을 한다. 유진의 노래 신은 드라마 후반부의 인상적인 한 장면이었는데, 이 장면 역시 광진교 8번가에서 촬영했다.

#18 청담동

넌 어느 별에서 왔니 (2006/드라마/표민수 외/김래원, 정려원, 박시후) 산골의 한 소녀가 서울의 부잣집 딸로 밝혀지며 겪는 사랑과 인생 이야기

그들이 사는 세상 (2008/드라마/표민수 외/송혜교, 현빈) 드라마를 만드는 남녀 PD를 둘러싼 일과 사랑 이야기

나쁜 남자 (2010/드라마/이형민/김남길, 한가인, 오연수) 뛰어난 머리와 카리스마로 자신의 운명을 바꾸어가는 한 남자의 사랑과 야망을 담은 멜로 드라마

샐러리맨 초한지 (2012/드라마/유인식/이범수, 정겨운, 정려원) 성공을 위해 치열하게 경쟁하는 샐러리맨들의 애환을 담은 이야기

청담동 앨리스 (2012/드라마/조수원/박시후, 문근영) 소비사회에서 사랑의 의미 찾기

청담동은 강남구의 북동 쪽 한강 연안에 인접한 곳으로 서쪽으로는 압구정동, 남쪽으로는 삼성동과 접하고 있으며, 북쪽으로는 한강을 경계로 성동구 성수동과 광진구 자양동을 마주하고 있다. 조선 시대 이래로 경기도에 속해 있다가 1963년에 서울시에 편입되었고, 1973년에 이르러서야 강남구에 편입된 그간의 역사적 흐름을 고려하면 청담동의 현재 모습은 한국 사회의 변화 과정을 고도로 압축해놓은 느낌이다. 갤러리아백화점이 위치한 한양아파트 사거리에서 청담사거리로 이어지는 청담동 명품거리는 이미 고도 소비사회로 깊숙이 진입한 한국 사회의 욕망의 흐름을 확실하게 보여주는 곳이다. 갤러리아 백화점을 비롯해서 루이비통, 프라다, 페라가모 같은 명품 브랜드의 플래그십 스토어(Flagship Store)가 밀집해 있기 때문이다.

플래그십 스토어는 체험마케팅의 대표적인 공간으로 브랜드의 이미지를 파는 곳이라 할 수 있다. 특히 2000년대 이후로 세계적인 패션 기업들은 뉴욕, 밀라노, 파리, 도쿄 같은 선진국의 대도시에 경쟁적으로 플래그십 스토어를 열었는데, 이런 흐름과 가장 긴밀하게 연동하여 변모하는 곳이 청담동이다.

이런 청담동의 분위기를 본격적으로 집은 작품이 **청담동 앨리스**. 주인공 차승조(박시후 분)는 33세의 어린 나이지만 세계적인 명품 유통회사 아르테미스의 최연소 한국 회장이다. 그는 청담동 판타지에 완벽하게 들어맞는 아우라를 발산한다. 드라마 도입 부분인 1회에 승조가 회사 임원들 앞에서 프레젠테이션을 하는 모습이 나온다. 마치 소비사회의 기호론을 강의하는 듯한 승조의 모습. 이 장면을 촬영한 장소는 CGV청담 씨네시티로 영화 시사회가 자주 열리는 곳이기도 하다.

MBC 16부작 드라마 **넌 어느 별에서 왔니**는 김래원과 정려원이 주연을 맡은 작품이다. 유학파 영화감독 최승희(김래원 분)와 강원도 첩첩 산골의 소녀 김복실

(정려원 분)이 서로에게 다가서는 과정을 흥미롭게 포착한 드라마다. 승희는 성장 과정의 상처 탓에 천재성이 있으나 괴팍한 성격의 소유자다. 반면 복실은 촌티가 줄줄 흐르지만 순박하고 당돌한 성격이다. 전혀 어울릴 수 없을 것 같은 두 사람이 서로 부딪치며 갈등하고 상대방을 이해하며 스스로를 발견해가는 과정을 코믹하면서도 가슴 찡하게 담아낸 작품이다.

이 드라마의 11회에서 거리에서 티격태격하던 두 사람은 포옹을 하고 승희는 밥을 사주겠다며 복실을 식당으로 데리고 간다. 스테이크를 맛있게 먹는 복실을 두고 승희는 스테이지로 올라가 피아노를 치면서 노래를 부르기 시작하고 노래가 끝나자 "복실아, 사랑한다."라고 말한다. 복실의 평생 소원이 '남자친구가 피아노를 치면서 노래를 부르고 사랑한다 누구야 라는 고백을 듣는 것'이기 때문. 로맨틱한 이 장면이 촬영된 곳은 청담동 '원스 인 어 블루문'으로 강남의 대표적인 라이브 재즈 카페 중 한 곳이다. 촬영 당시 승희가 부른 **당신은 사랑받기 위해 태어난 사람**은 김래원이 직접 고른 노래였다고 한다.

넌 어느 별에서 왔니

송혜교, 현빈이 주연을 맡은 **그들이 사는 세상**은 드라마 PD를 주인공으로 내세운 16부작 드라마다. 대본을 맡은 노희경 작가는 드라마 제작 현장의 리얼리티를 살리기 위해 촬영 현장 탐사에 상당한 공을 들였다는 후문이다. 드라마 PD가 주인공인 만큼 드라마 첫 회 시작부터 촬영장의 급박한 모습을 담았다. 드라마 속 드라마 촬영 장면을 촬영한 곳이 청담동 사거리 '느리게 걷기' 앞이다. 촬영을 위해 스태프들이 부산하게 움직이고 크레인을 비롯한 다양한 장비들 때문에 어지러우면서도 역동적인 모습이다. 스탠바이를 외친 후 얼마 지나지 않아 지오(현빈 분)는 당일 방송 테이프가 손상되었다는 사실을 확인하고 급하게 재촬영을 해야 하는 당혹스러운 상황에 부딪힌다. 느리게 걷기는 천장이 상당히 높고 좌석과 좌석 사이의 공간도 여유로운 데다 야외 테라스도 시원해서 청담동 일대에서 꽤 유명한 카페다.

SBS 17부작 드라마 **나쁜 남자**. 주인공 건욱(김남길 분)은 뛰어난 두뇌와 카리스마로 치밀하게 자신의 운명을 바꾸어가는 인물로 자신의 욕망을 위해 거침없이 질주한다. 이런 그의 행보에는 전혀 다른 성격의 세 여인과 위험한 사랑이 이어진다. 성공을 위해선 사랑 따윈 필요 없는 그도 자신과 닮은 꼴인 재인(한가인 분)에게는 신경이 쓰인다. 드라마 7회에선 미술관 관장인 신 여사(김혜옥 분)에게 면박을 당한 재인이 건물을 뛰쳐나오고 그 뒤를 건욱이 쫓아가는 장면이 나온다. 주제 파악하지 못했다고 신 여사에게 뺨까지 맞은 재인의 눈에선 눈물이 글썽거린다. 건욱은 재인을 다독거리다 엇갈린 마음에 재인에게 기습 키스를 하고, 태성(김재욱 분)은 이 모습을 멀리서 지켜보며 질투심에 사로잡힌다. 이 키스 신은 청담동 거리에서 새벽녘에 촬영했다.

대한민국 샐러리맨들의 애환과 성공 스토리를 담은 22부작 드라마 **샐러리맨 초한지**. 드라마 1회에선 술집 웨이터로 일하는 유방(이범수 분)이 술을 마시는 진호해(박상면 분)에게 취직을 부탁하는 장면이 나온다. 호해는 유방에게 개처럼 짖어보라거나 개처럼 먹어보라는 식으로 장난을 친다. 그러나 호해는 진지하게 요구대로 하는 유방을 보고 눈빛이 달라진다. 이 장면을 촬영한 곳은 한양아파트 사거리와 학동 사거리 사이에 위치한 가라오케 '그라운드'다. 일상이 지루하게 느껴질 때 가끔 청담동 거리를 걸어보자. 시선을 확 잡아끄는 그 무엇인가를 쉽게 발견할 수 있을 것이다.

#19
롯데월드

보스를 지켜라 (2011/드라마/손정현/지성, 최강희, 김재중) 초짜 여비서가 불량 재벌 2세를 보좌하며 벌어지는 좌충우돌 로맨틱 코미디
아테나: 전쟁의 여신 (2010/드라마/김영준 외/정우성, 차승원, 수애) 한국형 신형 원자로를 둘러싼 국제 테러 조직과 그들과 맞서는 NTS 요원들의 이야기
내 생애 마지막 스캔들 (2008/드라마/이태곤/정준호, 최진실) 톱스타인 남자와 그와 동창인 입주 도우미 여자 사이의 사랑과 결혼 이야기
프로포즈 대작전 (2012/드라마/김우선/유승호, 박은빈) 첫사랑을 지키기 위해 과거로 돌아가 펼치는 사랑 이야기

21세기형 첨단 생활 공간을 지향한다는 목표로 만들어진 롯데월드는, 롯데월드 어드벤처와 매직아일랜드, 민속박물관, 수영장, 실내 아이스링크 및 호텔, 백화점으로 이루어진 복합 공간이다. 특히 롯데월드 어드벤처는 세계 최대 규모의 실내 테마파크로 다양한 볼거리와 즐길 거리가 제공되기 때문에 어린이들과 외국인 관광객들에게 가장 인기 있는 곳이다. 롯데월드 어드벤처와 연결된 매직아일랜드는 석촌호수에 떠 있는 놀이섬으로 시원한 전망과 함께 자이로드롭이나 고공 파도타기 같은 최첨단 놀이기구들을 이용할 수 있다. 롯데월드는 드라마나 영화에서 유독 남녀 주인공의 데이트나 결혼식 장면의 촬영지로 인기가 높은데, 이곳이 판타지를 극대화한 스펙터클한 공간임을 고려하면 너무나 당연한 일이다.

보스를 지켜라는 초짜 여비서와 불량 재벌 2세인 보스 사이의 좌충우돌하는 에피소드를 아기자기하게 풀어낸 로맨틱 코미디 드라마다. 드라마 4회에서는, 차지헌(지성 분)과 노은설(최강희 분)이 보스와 비서라는 공식적 관계에서 남녀관계로 발전할 것인지, 아니면 노은설과 차무원(김재중 분)이 연인 관계로 발전할 것인지 궁금하게 만들었다. 롯데월드에서 즐거운 시간을 보내고 있던 지헌과 은설을 우연히 보게 된 차무원과 서나윤(왕지혜 분). 지헌을 좋아하는 나윤은 순간 질투에 사로잡혀 은설의 엉덩이에 아이스크림을 고의로 짓뭉개고 은설 또한 이에 질세라 나윤에게 같은 방식으로 대응한다. 4회의 롯데월드 촬영 신은 8분 정도로 꽤 긴 시간 동안 방영이 되었는데, 코

보스를 지켜라

믹하면서도 이후 드라마 전개의 방향을 암시하는 중요한 대목이었다.

정우성, 차승원, 수애, 이지아 등 초호화 캐스팅으로 화제가 됐던 드라마 아테나: 전쟁의 여신. SBS의 20부작 드라마로 한국에서 개발된 신형 원자로를 둘러싼 국제 테러 위협에 대처하는 NTS 요원들의 이야기를 다루었다. 이 작품은 2009년에 광화문 대규모 총격 신 등으로 숱한 화제를 뿌렸던 아이리스의 스핀오프 격 드라마다. 아이리스가 핵무기를 소재로 다루었다면 아테나: 전쟁의 여신은 신형 원자로를 소재로 다루고 있다. 아테나: 전쟁의 여신 1회는 드라마 전체의 시작인 만큼 시청자들에게 임팩트를 주기 위해 고심한 흔적이 역력하다. 극 초반의 차승원과 추성훈의 격렬한 화장실 격투 신과 중반부의 정우성과 수애가 우연히 만나게 되는 장면은 많은 시청자의 눈길을 끌었다.

특히 정우(정우성 분)가 혜인(수애 분)을 만나는 장면을 촬영한 곳이 롯데월드다. NTS의 가장 뛰어난 요원인 정우는 롯데월드에서 임무를 수행하는 중에 난간에서 떨어지는 아이를 몸을 날려 구한다. 바닥에 머리를 부딪힌 정우에게 아이들을 인솔하던 혜인이 다가와 인사를 건넨다. 혜인에게 한눈에 반한 정우. 정우는 혜인과 헤어진 후에도 그녀의 흔적을 찾아 시선을 던지며, 정우의 시선을 따라 롯데월드의 이곳저곳이 다채롭게 비춰진다. 이후 복잡하게 얽혀나갈 두 사람의 관계와는 무관하다는 듯 낭만적으로 표현된 장면이었다.

롯데월드에서 촬영한 대표적인 결혼식 장면을 담고 있는 드라마 내 생애 마지막 스캔들. 이 작품은 고 최진실과 정준호가 주연을 맡은 MBC 16부작 드라마로 30대 이상의 주부 층에게 열렬한 호응을 받았다. 연예계 톱스타 송재빈(정준호 분)이 우연히 고교 시절의 첫사랑인 전업주부 홍선희(최진실 분)를 만나고, 얼떨결에 선희가 동철의 집에 입주 도우미로 들어가면서 생기는 로맨스를 그려낸 드라마다. 톱스타와 평범한 가정주부가 일상을 공유하면서 상호 이해의 폭을 넓혀가다 서로에게 없어서는 안 될 존재임을 깨닫고 결국 결혼을 한다는 설정 자체가 주부가 된 중년 여성들의 판타지를 자극한다. 그러나 연기자들의 열연과 무겁지 않으면서도 설득력 있는 극의 흐름을 통해 판타지에 현실성을 부여하는 데 성공한 작품이다. 드라마의 최종회인 16회에서는 톱스타 송재빈의 모든 것을 버리고 원래 자신의 본래 모습인 장동화로 돌아가기로 선언한 정준호가 최진실을 껴안으면서 해피엔딩으로 마무리되었다. 두 사람의 결혼식 장면이 촬영된 롯데월드에는 정준호와 최진실의 팬들과 나들이 나온 사람들이 몰려 실제 결혼식 이상으로 떠들썩한 모습이었다고 한다.

16부작 드라마 **프로포즈 대작전**은 시간여행(타임슬립)이란 모티브를 도입해 현재와 과거를 넘나들며 이야기를 풀어가는 로맨틱 드라마다. 드라마 9회에서 놀이공원 촬영 신이 방영되었는데, 강백호(유승호 분), 권진원(이현진 분), 함이슬(박은빈 분) 사이에 형성된 애정의 삼각관계가 극 후반부를 앞두고, 더욱 팽팽한 긴장 관계를 만드는 내용이었다.

컨닥터(김태훈 분)의 도움으로 백호는 몇 차례 과거로 돌아가 자신의 실수를 만회하려 하지만 번번이 성과를 얻지 못하는 상황이다. 그런데 최대의 라이벌인 진원이 이슬과 아이스링크에서 데이트하다 키스하는 장면을 보고 타임슬립을 한다. 진원보다 한발 앞서 사랑을 고백하기 위해서다. 일행과 떨어져서 둘만의 시간을 만들어내는 데 성공한 백호는 사랑을 고백할 장소로 '풍선비행'이란 놀이기구를 선택한다. 두 사람이 놀이기구에 오르고 출발하기 직전 눈치 없는 병장이 끼어들면서 백호의 계획이 물거품 된다. 이 장면을 촬영한 곳이 바로 롯데월드로 아이스링크부터 풍선비행까지 다양한 장소와 놀이기구들이 극의 재미를 더하는 데 유용하게 활용되었다.

#20 타임스퀘어

마이더스(2011/드라마/강신효 외/장혁, 김희애, 이민정) 기업 간 인수 합병을 중심으로 돈에 대한 욕망에 사로잡힌 사람들의 모습
분홍립스틱(2010/드라마/최창욱/박은혜, 이주현) 세 명의 남자를 통해 진정한 사랑을 찾게 되는 파란만장한 한 여자의 사랑과 성공담
뱀파이어 검사(2011/드라마/김병수/연정훈, 이영아) 뱀파이어란 정체를 감추고 활동하는 특수범죄수사팀 검사의 활약상

도시는 시대의 흐름과 호흡하며 변화한다. 1980년대만 해도 서울 강남의 존재감은 미약했지만 1990년대와 2000년대를 거치며 최고의 입지로 떠올랐다. 이런 변화에 조응해 동쪽의 잠실 쪽이나 경기도인 분당까지도 많은 사람이 선호하는 지역으로 변모했다. 반면 강의 남쪽이지만 동쪽과 큰 격차를 감내해야 했던 곳이 서남부 지역이다. 특히 공장 지대로 낙인 찍혔던 영등포와 구로 일대는 마치 뉴욕의 할렘처럼 어두운 이미지가 늘 중첩돼 있었다. 그러나 도시의 발전에 따라 이곳에 자리 잡았던 대단위 공장들은 자취를 감추었고 그 자리를 대신해 대단지 아파트와 국제 규모의 상업 시설들이 들어서기 시작했다. 특히 영등포에는 서남권의 변화를 단적으로 표상하는 랜드마크가 들어섰는데, 그것이 바로 타임스퀘어다.

타임스퀘어는 백화점, 멀티플렉스, 쇼핑몰, 호텔, 레스토랑, 휴식광장, 테라스, 분수와 정원 등이 어우러진 라이프스타일센터를 표방한 곳으로, 대한민국을 대표하는 쇼핑몰로 등극한 지 오래다. 기능 우선의 근대적 쇼핑몰과 다르게 이곳은 뛰어난 개방성을 자랑한다. 옥상을 비롯해 전면부가 전부 유리로 시공돼서 안과 밖의 경계를 최대한 좁혔고 상가가 들어선 원형의 건물도 내벽이 전부 개방되어 로비와 이어지는 구조로 설계되었다. 이곳은 국내 최대 규모를 자랑하는 쇼핑몰이면서도 디테일한 곳까지 섬세하게 마감을 해서 규모와 함께 정밀한 느낌을 준다. 그런 만큼 영화나 드라마의 촬영지로도 주목을 받고 있으며, 여러 편의 작품이 이곳에서 촬영을 마쳤다.

타임스퀘어를 극 중 주 촬영 장소의 한 곳으로 설정했던 드라마 **마이더스**. 최완규 작가가 집필을 맡은 SBS 21부작 드라마로 증권가를 배경으로 기업 간 인수 합병을 다룬 작품이었다. 타임스퀘어는 드라마 상에서는 쇼핑몰인 TS Mall로 나오는데, 이 TS Mall을 경영하는 인물이 유인혜(김희애 분)의 남동생인 유명준(노민우 분)이다. 타임스퀘어는 드라마 전편에 걸쳐서 다양하게 노출되는데, 쇼핑 공간만 30만 평방미터에 달하는 곳인 만큼 극 중에서 비치는 모습 또한 다채롭다. 드라마 6회에서는 유명준이 사무실에 출근하는 장면이 나온다. 입구에 들어서서 에스컬레이터를 타고 사무실에 이르는 과정인데, 타임스퀘어의 외양에서부터 내부의 모습을 전체적으로 가늠하기 좋은 장면이었다. 명준이 정연(이민정 분)과 엇갈리면서 직원들과 나란히 에스컬레이터에 오르며 정연에게 넌지시 눈길을 보내는 모습이 인상적이었다.

또한, 드라마 14회에서는 건물 내부에 설치된 철골과 유리로 만들어진 다리에서 도현(장혁 분)과 정연, 그리고 명준이 마주치는 장면이 나온다. 유인혜에게 배신을 당해 감옥까지 갔다 온 도현은 복수를 위한 구체적인 계획을 실행하는 중인데, 공교롭게도 자신의 옛 애인인 정연과 유인혜의 동생인 명준을 만나게 된 것이다. 타임스퀘어의 메인 공간인 아트리움에 있는 이 다리는 허공을 가로지르는 형태이기 때문에, 이 세 사람의 우연한 만남을 운명적인 만남으로 전환시키는 극적 효과를 발휘하기도 했다.

드라마 4회에서는 정연이 후배 간호사와 함께 라이브 공연장에서 맥주를 마시는 장면이 나온다. 공연이 시작되자 사람들의 시선이 무대로 향하는데, 기타를 치며 노래를 부르는 사람이 다름 아닌 명준이다. 명준은 어이없어하는 정연을 붙잡고, 본인은 정연에게 늘 자존심 없는 남자로 남겠다는 말을 하며 이후 두 사람의 관계가 어떻게 변해갈지 궁금하게 만들었다. 명준이 공연을 한 곳은 타임스퀘어 내부의 M.net Pub이었다. 이 외에도 메리어트 호텔, 모모 카페, 옥상의 하늘 정원 같은 타임스퀘어의 다채로운 공간이 드라마 상에 등장했다.

MBC 150부작 일일 드라마 **분홍립스틱**. 한 여자가 세 명의 남자를 통해 진정한 사랑을 찾게 되는 이야기로, 이 작품에서 타임스퀘어는 등장인물들이 일하는 백화점으로 나왔다. 7회에서 성공을 위해서는 물불 안 가리는 박정우(이주현 분)가 혼자 옥상에 서서 생각을 정리하는 장면이 나오는데, 이곳이 타임스퀘어 옥상이다. 그리고 정우가 가은(박은혜 분)과 같이 옷을 고르는 장면을 촬영한 곳도 역시 타임스퀘어다. 이 드라마는 아침 드라마로는 이례적으로 회당 8천 달러로 대만에 수출되기도 했다.

무엇보다 타임스퀘어를 배경으로 박진감 있는 장면을 보여준 드라마는 **뱀파이어 검사**. 이 작품은 OCN의 12부작 드라마로 11주간 케이블TV 동 시간대 시청률 1위를 기록하며 인기를 끌었다. 특히 마지막 회는 평균 시청률 3.34%, 최고 시청률 4.3%를 돌파했는데, 연쇄살인범이란 누명을 쓴 뱀파이어 검사 민태연(연정훈 분)과 검은 우비의 최후 대결을 담았다.

타임스퀘어 안에서 태연과 순범(이원종 분)이 만나려고 하나 장철오(장현성 분)의 지휘를 받는 경찰특공대 요원들이 곳곳에 잠복해서 순범의 움직임을 감시한다. 노출된 태연을 경찰특공대 요원들이 뒤쫓고 주차장에서는 태연과 요원들 사이의 격투 신이 이어진다. 결국, 태연은 어깨에 총상을 입고 건물을 빠져나온다. **뱀파이어 검사**는 매회 독립된 강력 사건과 민태연 검사의 숨겨진 개인사란 서브 플롯을 연결해서 시청자들의 흥미를 끌었다. 게다가 스타일리시한 영상미, 다이내믹한 카메라 워크, 화려한 액션, 대규모 추격 신을 잘 버무려 케이블 드라마의 가능성을 한 단계 높였다는 평가를 받았다.

뱀파이어 검사

더 비비드 플라워

SBS의 일일 드라마 <호박꽃 순정>(2010)의 주요 촬영지 중의 한 곳이었던 꽃집. 이 드라마는 속정 깊은 순정(이청아 분)과 왜곡된 욕망에 사로잡혀 딸 순정을 버리고 자신의 욕심을 추구했던 준선(배종옥 분)의 인생을 그린 작품. 순정이 세 들어 있는 상가 건물주인 오영감(임현식 분)의 꽃집이 이곳이다. 드라마에서는 '오복플라워'라는 꽃집으로 설정되었다.
이곳은 지하철 2호선 문래역 5번 출구로 나오면 로데오왁쇼핑몰이 있고, 이곳으로 들어가면 찾을 수 있다. 앗쉽게도 현재 이곳은 옷가게로 바뀌었다. ☞ 영등포구 문래동3가 55-5 로데오왁쇼핑몰 132호

씨랄라 워터파크

타임스퀘어 신세계백화점에서 타임스퀘어 입구를 지나 4백 미터 정도 직진하면, 왼편에 에스케이리더스 뷰 건물이 있다. 이 건물 지하에 수영장과 스파 시설을 갖춘 '워터파크 & 찜질방 씨랄라'가 있다.
이곳에서 KBS의 일일 드라마 <웃어라 동해야>(2010)의 촬영이 있었다. 이 드라마는 미국 입양아 출신 안나(도지원 분)와 그 아들 동해(지창욱 분)가 한국으로 오면서 겪게 되는 일을 담은 작품. 극 중에서 안나와 동해가 숙소로 사용한 찜질방이 이곳 씨랄라 워터파크였다.
☞ 영등포구 문래동3가 55-16 ☎ 2628-9000

#21
홍대 로드숍 거리

매리는 외박중(2010/드라마/홍석구 외/문근영, 장근석, 김재욱) 매리, 무결, 정인의 삼각관계에서 생기는 톡톡 튀는 에피소드와 사랑
드림하이2(2012/드라마/이응복/강소라, 정진운, 지연) 아이돌을 꿈꾸는 예술고등학교 학생들의 우정과 사랑을 담은 이야기
일년에 열두남자(2012/드라마/오종록/윤진서, 고준희, 온주완) 잡지사 여기자가 열두 별자리 남자와의 연애 칼럼을 쓰며 벌어지는 이야기

홍대 주변은 서울에서 문화적으로 가장 풍성한 곳이다. 오래전부터 자리 잡은 예술가들의 작업실들이 곳곳에 분산돼 있고 콘셉트가 명확한 카페들이 해마다 늘고 있으며 곳곳에 인디 밴드들이 공연하는 클럽이 있다. 출판사도 매우 많아 유명 저자들을 비롯한 디자이너나 편집자들이 일하는 모습도 눈에 띈다. 서울의 여러 유명한 동네들이 대체로 문화를 소비하는 곳이지만 홍대 주변은 문화 소비와 함께 문화 발신 기지 역할을 함께하는 독특한 곳이기도 하다. 최근에는 임대료의 상승과 상업화 경향이 뚜렷해지고 있으며 권역 또한 서교동, 동교동, 망원동 일대로 넓어지고 있다. 이 지역의 한 축인 로드숍 거리에는 젊은 디자이너의 감각을 맛볼 수 있는 다양한 디자인의 상품들이 흘러넘친다. 규모도 작고 가격도 크게 비싸지 않기 때문에 주말에는 쇼핑하는 사람들로 늘 붐빈다.

그동안 많은 드라마나 영화들이 홍대 주변의 풍경을 담았다. 로드숍 거리와 떼려야 뗄 수 없는 작품이 바로 **매리는 외박중**. 만화가 원수연이 미디어 다음에 연재했던 동명 웹툰을 베이스로 만든 드라마로 한국보다도 일본에서 더 큰 인기를 끈 작품이다. 이 작품 한 편으로 장근석은 '욘사마'에 이어 '근짱'이란 애칭을 얻으며 단번에 한류 스타 반열에 올라섰다. 드라마의 주인공인 강무결(장근석 분)이 인디 밴드의 보컬이기 때문에 홍대 주변의 다양한 모습들이 자연스럽게 담겼다.

드라마 시작인 1회부터 홍대 로드숍 거리의 모습이 등장하는데, 번잡한 홍대 주변에서 운전을 하던 매리(문근영 분)가 실수로 무결을 치고 만다. 넘어졌던 무결은 매리에게 괜찮다며 길을 가지만

매리는 외박중

뺑소니 신고를 할지 모른다는 친구들의 말에 무결을 쫓는 매리. 거리의 인파에 파묻힌 두 사람의 모습이 주변의 풍경과 어울려 홍대 주변의 문화적 분위기를 압축해 보여준다.

최근 1, 2년 사이의 오디션 붐과도 궤도를 같이하는 학원 드라마 **드림하이2**. 2011년 괜찮은 반응을 얻었던 16부작 드라마 **드림하이**의 후속편이기도 하다. 기린예고를 무대로 스타가 되기 위해 노력하는 십 대들의 이야기를 담고 있다. 아이돌 스타들을 대거 참여시켜 화제가 되기도 했고 많은 볼거리를 제공했으나 1편에 비해 시청자들의 관심은 많지 않았다. 드라마의 주요 인물들이 스타지망생으로 나오기 때문에 음악이나 댄스와는 밀접하게 연관돼 있다. 특히 남자 주인공인 진유진(정진운 분)은 록스타가 되기를 꿈꾸면서 주위 사람들 모르게 거리에서 연주하며 지내는데, 학교에서는 문제아로 찍힌 상태지만 자신만의 음악을 하기 위해 고민하는 캐릭터다.

드라마 2회 후반부에서는 유진의 길거리 공연 장면이 나온다. 주위는 어둡고 거리에는 공연을 보기 위해 관객들이 둘러서 있는데, 유진은 3인조 밴드의 베이시스트로 아이돌 그룹인 2AM에서의 모습과는 사뭇 다른 모습을 선보였다. 이날 같이 공연한 그룹은 2011년 KBS의 오디션 프로그램인 TOP 밴드에서 우승한 톡식(toxic)이었다. 이 길거리 공연을 촬영한 곳도 홍대 주변으로 로드숍 거리와는 불과 5분 남짓한 거리다. 드라마 3회에서도 혼자 어쿠스틱 기타를 연주하면서 노래를 하는 유진의 거리 공연 장면이 나오는데, 노래가 끝나자 이미 대형 스타가 된 학교 동기 JB(제이비 분)가 10원짜리 동전을 기타 케이스에 던져 넣으면서 유진의 신경을 자극하는 내용이었다. 이 장면 또한 홍대 주변에서 촬영했다.

케이블 방송인 tvN의 16부작 **일년에 열두남자**는 평범한 잡지사 여기자가 열

두 별자리 남자와의 연애 칼럼을 쓰며 벌어지는 이야기를 소재로 한 로맨틱 코미디 드라마다. 주인공 나미루(윤진서 분)는 여성 잡지 '더블 엑스'의 피처링 에디터로 이제 막 수습 딱지를 뗀 상황이다. 선하고 예쁘지만 다소 어리숙한 구석이 있는 미루의 역할은 주로 영화 쪽에서 활동하던 윤진서가 맡았다. 미루는 얼굴 없는 섹스칼럼니스트 소피아의 칼럼을 물려받아 연재하기 시작하는데, 테마는 별자리별 남자들과의 연애담이다. 다음 호에는 물고기자리 남자와의 연애담을 써야 하는데, 단짝인 프리랜서 사진작가 단야(고준희 분)는 미루의 첫사랑이었던 장원빈(김진우 분)이 어떠냐고 추천한다. 이미 과거에 사귀었던 사람이니 새로 사람을 만나 풀어가는 것보다 수월하지 않겠느냐는 이유로 말이다.

미루는 기억의 한구석에 밀어놓았던 원빈과의 만남을 아련히 떠올리며 현재의 근황을 단야와 같이 수소문하기 시작한다. 대학 시절 교내 밴드의 보컬로 여학생들에게 인기가 있었던 원빈과는 연락이 끊긴 지 오래된 상황이기 때문이다. 미루는 그가 여전히 음악을 한다는 사실을 확인하고 홍대의 한 클럽에서 일주일간 공연을 한다는 사실도 알게 된다. 특히 그가 활동하는 밴드의 이름이 티파사란 사실을 알고서 미소 짓는다. 과거 그와의 연애 시절에 미루가 읽어주었던 책의 내용에 티파사가 나왔기 때문이다. 티파사란 단어를 듣고 그게 무슨 말이냐고 묻는 원빈. 티파사는 알제리에 있는 로마 시대 유적지라고 대답하는 미루. 드라마 4회에서는 현재와 과거가 오버랩되면서 원빈의 공연 장면들이 자주 등장하는데, 이 공연 장면들은 홍대 주변의 클럽에서 촬영한 것이다. 이처럼 드라마에 등장하는 홍대 주변의 풍경은 신세대들의 정서나 분위기를 그대로 반영하는 경우가 대부분이다. 서울의 문화 발신 기지 홍대 주변의 문화를 즐겨보자.

주변 촬영지

📷 홍대 로드숍 MOMOGIRL

2009년 방영된 드라마 〈스타일〉(2009). 이 작품은 패션업계를 배경으로 20~30대 젊은이들의 일과 사랑을 담았다. 패션 매거진 〈스타일〉의 신인 발굴 프로젝트로 디자이너를 찾아 나선 이서정(이지아 분)은 디자인에 끌려 한 패션숍을 찾는다. 까칠한 디자이너(서인영 분)는 서정이 자신의 디자인을 베끼러 왔다고 오해하고 가위로 서정의 옷을 잘라버린다. 바로 이 장면을 촬영한 곳이 바로 멀티숍 '모모걸'이다. 이곳은 온·오프라인 숍을 함께 운영하는 여성 토털 쇼핑몰이다. unique, romantic, vintage, dressy 스타일을 콘셉트로 베이직한 의류와 트렌디한 아이템을 만나볼 수 있다.
  📍 마포구 서교동 395-22   ☎ 3142-1875

📷 국대 떡볶이

어릴 적 학교 앞 떡볶이를 체인화한 '국대 떡볶이'. 지난 2009년 신사점을 시작으로 전국에 체인망을 넓혀가고 있다. 주요 메뉴는 떡볶이, 우동, 튀김, 오다리(생물 오징어 다리를 깨끗이 닦아 기름에 튀긴 간식), 순대, 아이스케이크, 어묵, 옛날 팥빙수 등이 있다. 드라마 〈매리는 외박 중〉(2010)에서 매리의 아빠, 위대한(박상면 분)이 운영하던 떡볶이 가게가 바로, 이곳 국대 떡볶이 홍대점이다.
2호선 홍대입구역 9번 출구에 나와서 직진. 홍대입구역 사거리에서 좌회전. 200미터 정도 가다 좌측에 국민은행이 보이면 골목으로 진입. 우측에 있다.
  📍 마포구 서교동 486   ☎ 322-6124

📷 상상마당

상상마당은 KT&G가 설립한 복합 문화 공간. 영화관을 비롯해 전문 디자인 숍, 갤러리, 아트 마켓, 아카데미와 카페 등이 자리 잡고 있다. 지하 1층과 2층은 라이브 홀, 지하 3층과 4층은 독립영화나 단편영화를 감상할 수 있는 독립영화상영관. 1층 아트스퀘어에는 재기 발랄한 디자인 제품과 오밀조밀한 문구류까지 눈을 즐겁게 한다. 2층 갤러리에서는 팝아트, 미디어아트, 설치 미술 등 다양한 형태의 한국 현대 미술을 전시하고 있다. 스카이라운지 6층은 카페. 홍대 주변의 전망이 한눈에 들어오는 이곳에서 정기적으로 문학 살롱이 열린다.
드라마 〈아직도 결혼하고 싶은 여자〉(2010)에서 매력 만점 연하남 하민재(김범 분)가 자신의 콘서트에서 사랑하는 여인 이신영(박진희 분)을 사람들에게 공개하는 장면이 나온다. 이 장면을 촬영한 곳이 바로 이곳 지하의 라이브 홀이다.
지하철 2호선 홍대입구역 9번 출구 하차, 주차장 골목 방면으로 직진. 럭셔리 수 노래방 지나 100여 미터 직진
  📍 마포구 서교동 367-5   ☎ 330-6200

#22 김포공항 스카이파크·메이필드 호텔

패션왕 (2012/드라마/이명우/유아인, 신세경, 이제훈) 동대문시장에서 출발해 세계적인 디자이너로 성공하는 사람들의 스토리
샐러리맨 초한지 (2012/드라마/유인식/이범수, 정겨운, 정려원) 성공을 위해 치열하게 경쟁하는 샐러리맨들의 애환을 담은 이야기
아가씨를 부탁해 (2009/드라마/지영수/윤은혜, 윤상현, 정일우) 궁전 같은 집에 사는 이기적인 여자가 집사로 들어온 남자와 얽히며 벌어지는 이야기를 담은 작품

김포공항은 2001년 3월 신공항인 인천국제공항이 개항하기 전까지 40여 년간 대한민국을 대표하는 국제 관문이었다. 현재 여객 노선은 국내선 중심이며 국외는 중국과 일본의 몇몇 도시로 연결되는 정도로, 원래 기능의 상당 부분은 인천국제공항으로 대체되었다. 그 때문에 김포공항을 관리하는 한국공항공사에서는 비게 된 공항의 여유 시설의 효율적인 활용을 골자로 하는 김포공항 종합개발계획(스카이시티 프로젝트)을 만들었다. 핵심은 완벽한 공항 기능을 유지하면서 자연 친화적인 개발을 통한 휴식·문화 공간 조성과 명소화를 통한 수익성 제고였다.

이에 따라 1단계 사업으로 기존 청사의 여유 시설을 활용하는 스카이시티몰을 건설했고 2단계 사업인 김포공항 스카이파크 조성 사업을 2011년 말에 완료해 같은 해 12월 9일에 오픈했다. 스카이파크 프로젝트의 완성에 따라 김포공항의 모습은 전과는 확연히 달라졌다. 김포공항 국제선 청사 앞에 자리 잡은 김포공항 스카이파크(롯데몰 김포공항)는 대한민국 최초의 '몰링파크(Malling Park)'란 신개념을 내세웠다. 이곳은 백화점, 대형 마트, 쇼핑몰, 레스토랑가, 복합상영관, 호텔, 테마 공원, 문화센터, 지하 광장 등이 유기적으로 연결된 복합 공간이다. 이 테마파크에는 커뮤니티광장, 씨네플라자, 레이크파크, 전통정원, 스카이힐, 하늘 숲 정원 등 6개의 콘셉트에 따른 상징적 주 공간을 배치해 도심 속 휴식 공간의 기능을 극대화했다.

SBS 월화 드라마 **패션왕**은 동대문시장에서 출발해 세계적인 디자이너로 성공하는 사람들의 이야기를 그린 드라마다. 유아인과 드라마 **뿌리 깊은 나무**의 인기로 큰 주목을 받은 신세경이 주연을 맡은 작품이다. 주요 출연진들은 2012년 2월에 패션의 본고장인 미국 뉴욕에서 2주간 촬영을 진행하기도 했고 이때 세계적인 디자이너 토리 버치가 카메오로 출현해 화제가 되었다. 이 드라마의 제작진은 김포공항 스카이파크를 촬영지로 최대한 활용했다.

패션왕 6회에서는 부띠끄 조의 사장인 조순희(장미희 분)가 정재혁(이제훈 분)의 모친인 윤향숙(이혜숙 분)의 사무실에 찾아가 재혁과 가영(신세경 분)의 관계가 심상치 않은 것 같다고 이야기하는 장면이 나온다. 이 장면을 촬영한 곳은 김포공항 스카이파크의 내부로 윤향숙의 뒤쪽으로 LOTTE MALL이란 로고가 선명하게 보인다. 또한, 4월 4일에는 스카이파크에서 정재혁과 최안나(유리 분)가 패션쇼를 준비하는 장면이 촬영되기도 했다. 그뿐만 아니라 이곳에는 4월 6일부터 2개월 동안 **패션왕**의 홍보관도 개관했다. 다양한 장면의 사진뿐만 아니라 유아인, 신세경, 이제훈, 권유리 등의 핸드프린팅과 출연 의상, 소품 등을 갖춰놓았다.

SBS 22부작 월화 드라마 **샐러리맨 초한지**는 중국 고전인 초한지를 모티브로 기업 간의 경쟁과 샐러리맨들의 애환과 성공 스토리를 담은 작품이다. 제약업계에서 선두를 다투는 천하그룹과 장초그룹의 라이벌 관계를 축으로 기업과 기업 간, 기업 내부의 세력과 세력 사이에 벌어지는 음모와 배신을 코믹하면서도 리얼하게 그려냈다. 드라마 6회 말미와 7회 초반에서는 천하그룹 주식 양수도 계약 체결식 장면이 방영되었다. 신약 개발과 관련된 프로젝트의 실패로 진시황(이덕화 분) 회장은 참담한 심정으로 장초그룹에 주식을 매도하는 자리에 나선다. 범증(이기영 분)과 항우(정겨운 분)는 두 그룹 사이에서 계략을 꾸미며 주식의 매도가를 적당히 결정한다. 진시황 회장이 계약서에 도장을 찍으려는 찰나에 유방(이범수 분)과 여치(정려원 분)가 신약을 들고 나타나 계

샐러리맨 초한지

약 체결을 저지한다. 이 장면을 촬영한 곳은 김포공항 근처 메이필드 호텔이다.

KBS 16부작 드라마 아가씨를 부탁해. 한류 스타 윤상현을 비롯해 윤은혜, 정일우, 문채원 등의 호화 캐스팅으로 드라마 시작 전부터 큰 관심을 끌었던 드라마다. 강혜나(윤은혜 분)는 최고 재벌인 강산그룹의 유일한 상속녀로 현대판 공주. 궁전 같은 초호화 저택에 사는데 자신의 집에 집사로 들어온 서동찬(윤상현 분)과 얽히기 시작하면서 조금씩 변화한다. 드라마 11회에서는 강산그룹의 창립 기념 야외 파티 장면이 방영되었다.

혜나의 친할아버지인 강 회장(이정길 분)은 감사 인사를 하면서 참가자들에게 혜나를 강산그룹의 후계자로 소개한다. 소개를 받고 인사를 하는 혜나. 잔뜩 긴장한 탓에 발음도 부정확하다. 이야기하는 도중에 테이블에 앉아 있던 사람 중 일부가 이런 강 회장의 결정에 못마땅해하면서 자리를 뜬다. 그러자 자존심 상한 혜나는 능력은 없지만, 열심히 해보고 그래도 안 되면 스스로 상속을 포기하겠다는 폭탄선언을 하며 소란스러운 분위기를 가라앉힌다. 이 장면을 촬영한 곳도 메이필드 호텔이다. 이곳은 넓은 녹지 공간이 확보된 고급 부티크 호텔로 야외 결혼식장으로도 유명하다. 최근 들어 새롭게 변모한 김포공항 일대를 천천히 돌아보자.

주변촬영지

📷 인천국제공항

2001년 개항한 대한민국 영공의 관문이자 동북아시아의 대표적인 허브 공항. 영종도와 용유도 사이를 메워 만들었으며 현재는 세계 정상급 공항으로 평가받고 있다. 영화나 드라마에서 국제선을 이용하는 공항 장면에 단골로 등장하는 편이다. 나홍진 감독의 영화 〈황해〉(2010)에서 중국 동포 면정학 역을 맡은 김윤식이 공항으로 입국하는 장면도 이곳에서 촬영했다. 대한민국의 국제공항을 휘젓고 다니는 장면이 꽤 인상적이었다. 강효진 감독의 영화 〈육혈포 강도단〉(2010)에서는 세 할머니가 은행 강도 후에 국외로 탈출하기 위해 애쓰지만 결국 출국장에서 붙잡히고 만다. 이 장면 또한 인천공항에서 촬영한 것이다.

📍 인천광역시 중구 운서동 2850　☎ 1577-2600

#23
명동

브레인 (2012/드라마/유현기 외/신하균, 정진영) 뇌를 소재로 신경외과 전문의들의 삶을 담은 메디컬 드라마
마이 프린세스 (2011/드라마/권석장/송승헌, 김태희, 박예진) 기업의 후계자인 남자와 평범한 여대생에서 하루아침에 공주가 된 여자의 사랑
시크릿 가든 (2010/드라마/신우철/하지원, 현빈, 윤상현) 까칠한 백화점 오너와 스턴트우먼이 영혼이 바뀌면서 겪는 새콤달콤한 로맨스

명동은 서울을 대표하는 상업 지구다. 명동은 일제강점기부터 상업지로 변모하기 시작했고 시대 변화에 조응해서 이런 성격은 점점 가속화하고 있다. 과거에 문화적 분위기가 강했던 시절도 있었지만, 현재는 소비 취향의 변화를 가장 현실적으로 반영하는 쇼핑의 성지라고 해도 과언이 아니다. 한류의 인기와 더불어 일본이나 중국의 관광객이 이곳을 많이 찾고 있으며, 최근의 한 조사에서도 명동은 중국인들이 서울에서 가장 선호하는 곳으로 꼽혔다. 길거리 매장에서 종합 쇼핑센터까지 상품 선택의 폭이 넓은 데다 다양한 볼거리와 즐길거리가 풍부하기 때문이다.

명동이란 이름이 주는 이미지 때문에 이곳이 꽤 넓은 지역처럼 느껴지지만, 실제 명동의 면적은 0.99제곱킬로미터에 불과하다. 이 때문만은 아니지만, 명동은 전국에서 공시지가가 가장 높은 곳이기도 하다. 특히 명동의 상가 임대료는 거침없이 상승하고 있는데, 지난 2005년 3.3제곱미터당 5천만 원을 넘어선 명동의 평균 임대료는 현재 1억 원을 돌파한 상태다. 그럼에도 브랜드의 상징성이 중요한 패션, 패스트푸드, 커피 전문점, 화장품 업체 같은 경우는 입점을 위해 대기 중인 곳도 많다. 명동의 상징성 때문에 드라마나 영화에서도 촬영의 어려움을 감내하면서도 이곳을 촬영지로 삼는 경우도 많다.

KBS가 창사 이래 최초로 제작한 의학 드라마 **브레인**. 과거 메디컬 드라마들은 러브스토리에 의학이란 소재를 양념으로 곁들인 경우가 많았다. 그러나 **브레인**의 경우는 뇌라는 독특한 소재를 전진 배치하고 사실과 허구를 절묘하게 결합해 리얼리티를 극대화했다. 일반인들은 접할 기회가 거의 없었던 '각성 수술'이나 '모야모야병' 같은 전문적인 소재들을 적절하게 스토리에 담아 시청자들의 눈길을 끌었다. 이 드라마의 주인공인 이강훈(신하균 분)은 성공에 대한 욕심이 남다른 천하대 병원 신경외과 전임의이다. 주로 영화에서만 활동하던 신하균이 실로 오랜만에 지상파 드라마에서 이강훈 역을 맡아 열연했는데, 신경외과 교수 김상철 역을 맡은 정진영과 함께 환상적인 연기 궁합을 선보여 화제가 되었다.

브레인이 메디컬 드라마이기 때문에 병원 속 다양한 공간이 자주 등장하는데 대체로는 전문적이며 차가운 느낌을 준다. 그런데 약방의 감초처럼 끼어들어 병원이란 공간의 긴장감을 풀어주는 곳이 있으니 바로 병원 내부의 커피 전문점이다. 드라마 4회에서는 천하대학교 신경외과 1년 차 전문의이자 강훈의 제자이기도 한 여봉구(권세인 분)가 이 커피 전문점에서 커피를 주문하는 장면이 나온다. 실수투성이 캐릭터인 봉구는 멍하게 서 있다가 주문을 받는 아가씨의 얼굴을 한참 동안 넋을 잃고 바라본다. 이후 두 사람 사이의 러브 라인을 예상케 하는 장면이었다. 이 아가씨는 봉구의 스승인 강훈의 여동생 이하영(김가은 분)으로, 봉구는 하영을 두고 신경외과 전공의 3년차인 양범준(곽승남 분)과 경쟁한다. 이 장면을 촬영한 곳은 명동의 드롭탑이다. 여동생이 커피 전문점에서 파트타임으로 일한다는 사실을 알게 된 강훈이 여동생에게 쏠리는 후배 전문의들의 관심을 탐탁지 않아 하며 까칠하게 반응하는 장면 또한 이곳에서 촬영했다.

또한, 명동은 서울의 다른 장소에 비해 주인공들의 거리 데이트 장면의 단골 촬영지이기도 하다. 워낙 거리를 걸으며 데이트를 즐기거나 쇼핑을 하는 사람들이 많아서 극의 리얼리티를 살리기도 좋고 작품의 간접 홍보에도 효과가 크기 때문이다. 이미 스마트폰 사용자가 2천만을 넘은 데다 와이파이 사용이 편리해서 SNS를 통한 촬영 장면의 확산이 순식간에 이루어지기도 한다. 대한민국의 황실을 재건한다는 독특한 설정의 드라마 **마이 프린세스**. 재벌 기업의 후계자인 박해영(송승헌 분)과 여대생에서 하루아침에 공주가 된 이설(김태희 분)의 로맨스를 축으로 한 작품이다. 이설이 일반인으로는 마지막인 저녁, 해영과 설은 둘만의 시간을 거리 데이트로 보내기로 한다. 두 사람은 주변 사람들의 시선을 크게 신경 쓰지 않으며 뻥튀기를 사 먹기도 하고 창가의 애완견을 구경하면서 즐거운 시간을 보낸다. 길 가던 사람들이 오락실 앞에서 두더지 잡기를 신 나게 하는 이설을 알아보고 사진을 찍으려 하자, 해영과 설은 사람들의 관심을 피해 뛰기 시작한다. 한숨을 돌리며 빌딩의 전광판을 바라보는 두 사람. 해영과 설의 스캔들 관련 뉴스가 빛을 발한다. 드라마 15회에서 방영된 인상적인 거리 데이트 장면 전부 명동에서 촬영한 것이다.

2010년 최고의 화제작 **시크릿 가든**은 드라마의 인기뿐만 아니라 주인공의 말투, 극 중 촬영지와 소품까지도 큰 화제가 되었다. 주인공인 라임(하지원 분)과 주원(현빈)의 로맨스와 함께 극 후반으로 갈수록 윤슬(김사랑 분)과 오스카(윤상현 분)의 로맨스도 시청자들의 관심을 끌었다. 특히 드라마 후반부인 19회에서는 오스카가 커피 두 잔을 들고 윤슬의 사무실 앞에서 기다리다 함께 거리 데이트를 나서는 장면이 인상적이었다. 두 사람이 손을 잡고 거리를 걷자 두 사람을 둘러싸

시크릿 가든

는 거리의 인파들. 오스카는 "저, 오스카 아냐?"라며 수군대는 사람들에게 "네, 오스카 맞아요. 연애하는 거 맞아요." 하며 능청스러운 표정으로 대답한다. 당혹스러워하며 손을 빼려는 윤슬의 손을 힘껏 부여잡는 오스카의 모습이 귀엽고 사랑스럽다. 이 장면을 촬영한 것도 명동 거리인데 워낙 많은 인파가 몰려 촬영하는 데 애를 먹었다는 후문이다. 이 외에도 다양한 작품에서 명동을 담았기 때문에 여러 작품을 찾아 비교해보는 것도 흥미로울 듯하다.

밀리오레

지하철 4호선 명동역 6번 출구와 이어져 있는 대형 의류 판매장. 퇴계로 방면의 명동 입구에 자리 잡고 있어 늘 사람들로 붐빈다. 이곳에서 영화 <마이 파더>(2007)의 첫 촬영이 이루어졌다. 주인공 제임스 파커(다니엘 헤니 분)가 아버지(김영철 분)에게 갔다가 아버지가 의심스러운 행동을 하자 유전자 검사를 맡기겠다고 결심하는 장면이다. 연말연시 분위기가 나는 번화한 밤길을 원했던 연출 의도에 따라 명동길을 택해 촬영했으나 편집 과정에서 삭제되었다고 한다. 외국 관광객을 상대하기에 부족한 명동의 숙박 시설 때문에 밀리오레는 '롯데시티호텔'로 변신할 예정이다.

중구 충무로1가 24-1번지 ☎ 2124-0001

#24
북아현동

추격자(2008/영화/나홍진/김윤석, 하정우) 연쇄살인범과 그를 쫓는 전직 형사의 숨 막히는 대결
체포왕(2011/영화/임찬익/박중훈, 이선균) 실적 때문에 경쟁하는 마포서와 서대문서를 둘러싼 코믹한 에피소드를 담은 영화
시티헌터(2011/드라마/진혁/이민호, 박민영) 도시의 해결사가 의뢰받은 사건을 해결해나가며 겪는 에피소드

북아현동은 서대문구 안산 자락에 자리 잡은 서울의 대표적인 달동네다. 아파트로 상징되는 지역 재개발 사업 탓에 옛 모습을 간직한 서민 촌은 서울에서도 쉽게 찾아보기 어려운 상황이다. 비교적 서울 시내 중심에 근접한 북아현동 같은 곳은 더더욱 그렇다. 이곳의 골목길은 금화장2길을 뼈대 삼아, 능안길, 농방길, 호반길 등으로 가지치기하는데, 비좁고 복잡하게 얽힌 데다 급경사의 계단들이 연결되어 무질서하지만 독특한 입체감을 형성하고 있다. 세월의 냄새를 물씬 풍기는 주택에서도 통일성을 찾아보기는 어렵다. 저녁에 북아현동의 골목길을 돌아다니면 누구라도 누아르 영화의 한 장면을 본 것 같은 기시감이 들 것이다.

2008년에 개봉한 영화 **추격자**는 많은 영화 애호가들에게 호평을 받았다. 단편 영화로 평단의 주목을 받아온 나홍진 감독의 장편 영화 데뷔작이었는데 신인 감독 같지 않은 탁월한 연출력을 선보였다. 실제 있었던 연쇄 살인 사건을 모티브로 한 작품이었는데, 추격자라는 제목처럼 좁은 골목에서의 추격 신이 상당한 충격을 주었다. 이 골목길 추격 신의 많은 부분을 북아현동에서 촬영했는데, 영화의 전개 과정에서 큰 비중을 차지한 장면인 만큼 걸맞는 촬영지 선택에 상당히 고심했다고 한다.

"주요 공간은 모든 종류의 주택들이 있는 곳이었으면 했다. 세상의 축소판 같은 느낌을 주고 싶었다. 아파트 단지는 애초부터 배제했다. 영화를 보는 관객이 자신들이 실제 사는 거주지의 형태를 영화에서 많이 발견했으면 하는 마음도 있었다. 그런데 전국을 돌아도 그런 블록은 없었다. 그나마 현실적으로 북아현동이 가장 비슷했고, 거기서 가장 많이 찍었다." (나홍진 감독)

나홍진 감독의 말대로라면 북아현동 골목길의 모습은 전국적으로도 찾아보기 어려운 '세상의 축소판' 같은 느낌을 주는 유일무이한 곳이다. 이곳 골목길의 꺾임과 굴곡, 가파른 돌층계 등은 추격자와 피추격자 사이의 동선을 예측하기 어렵게 만들면서 역동적인 긴박감을 만드는 데 큰 역할을 했다. 그런데 오전이나 낮에 이곳의 골목길을 걷다 보면 오히려 골목과 계단, 주택 사이의 여백에 시선이 가닿는다. 계단에 그려진 꽃 그림이나 장독대에 놓인 오밀조밀한 항아리, 대문 앞에 내놓은 작은 화분 같은 소품들이 소박하고 정겨운 느낌을 주기 때문이다.

마포 발발이 사건을 모티브로 마포서와 서대문서의 실적 경쟁을 코믹하게 그린 임찬익 감독의 영화 체포왕. 반칙의 달인이지만 검거 실력 넘버원인 마포서 팀장 황재성(박중훈 분)을 이기기 위해 서대문서로 입성한 경찰대 출신의 신임 팀장 정의찬(이선균 분). 추격자에서 전직 형사인 엄중호(김윤석 분)가 연쇄살인범 지영민(하정우 분)을 추격하는 장면이 고도의 긴장감을 주었다면, 체포왕에서 황재성과 정의찬이 용의자를 추격하는 장면은 다소 코믹하다.

체포왕 또한 추격 장면의 비중이 높아서 영화 촬영 6개월 전부터 로케이션 섭외 작업에 착수했다고 한다. 특히 영화 중반부의 주택가 추격 신은 북아현동에서 촬영했는데 추격자와는 달리 다세대 주택의 가스 배관을 타고 건물에 오르거나 건물에서 뛰어내리는 고난도의 움직임이 많았다. 이런 고난도의 추격 신 자체가 관객에게는 큰 볼거리였기 때문에 의도적으로 낮 촬영을 한 듯 보인다. 어쨌든 상당히 역동적인 장면을 비좁고 경사진 골목에서 촬영해야 하는 부담 때문에 애로 사항이 많았다는 후문이다.

사회악을 제거하는 데 앞장서는 도시 사냥꾼을 주인공으로 등장시켜 관심을 끈 SBS 20부작 드라마 시티헌터. 주인공 이윤성(이민호 분)은 표면적으로는 청와대에 근무하는 MIT 출신의 박사이지만, 실제로는 복수를 위해 단련된 인간병기

인 시티헌터이다. 윤성은 전
직 유도 선수 출신의 청와대
경호원 김나나(박민영 분)와
투닥투닥하지만, 호감을 느
끼고 있다. 드라마 5회에서
는 극 중 김나나의 집인 아
파트가 여러 차례 등장했다.

시티헌터

그런데 드라마 상에 보이는 이 아파트는 요즘 흔히 볼 수 있는 아파트와 달리, 달 랑 두 동에 바로 무너져도 이상하지 않을 정도로 낡은 건물이다. 이런 건물이 실 재하는지 의아해할 수도 있지만, 여전히 몇 가구가 사는 곳이다. 이 아파트는 금 화시범아파트로 행정구역상의 주소는 서대문구 충정로동이지만 북아현동에서 도 상당히 가깝다.

5회의 여러 아파트 촬영 장면 중에서 눈길을 끈 것은 밖으로 노출된 아파 트 계단에서의 격투 장면이다. 윤성과 나나가 대화를 하며 아파트가 있는 언덕 에 도착하자 윤성은 김치가 맛있으니 좀 달라고 조르고 나나는 못 이기는 체하 며 자신의 집으로 들어선다. 윤성은 아파트의 문밖에 서 있다 낯선 기척을 느끼 고 아파트 안쪽을 주시하기 시작한다. 뜻밖에도 아파트 안에서는 정체불명의 남 자가 칼을 쥔 채로 나나에게 다가서려 한다. 그 순간 윤성은 헛기침하며 낯선 사 내가 도망가도록 유도하고 창문을 통해 달아나는 사내의 동선을 파악하고 그와 격투를 벌이는 장면이다. 가장 높은 지대에 건설한 아파트인 만큼 아파트의 옥 상에 오르면 서울시의 모습이 한눈에 들어와 시원한 느낌이다. 금화시범 아파트 는 안전 문제와 재개발 등으로 사라질 가능성이 높은 만큼 독특한 그 모습을 사 진에 담아두는 것도 좋을 듯하다.

#25
서울 어린이대공원

위험한 상견례 (2011/영화/김진영/송새벽, 이시영, 백윤식) 전라도 청년 현준과 경상도 여인 다홍의 결혼을 둘러싼 좌충우돌의 해프닝
초능력자 (2010/영화/김민석/강동원, 고수) 괴물 같은 초인과 초능력이 통하지 않는 유일한 남자 사이의 숙명적인 대결
초감각 커플 (2008/영화/김형주/진구, 박보영) 어리바리 초능력 남자와 엉뚱하고 뻔뻔한 천재 소녀가 만나면서 생기는 해프닝

서울 어린이대공원이 자리 잡은 곳은 과거 유릉 터로 불렸던 곳으로, 1930년대에서 1960년대까지는 골프장으로 개발되었던 자리다. 당시만 해도 골프에 대한 인식이 좋지 않았던 상황이라 골프장은 이전하고, 1973년에 5월 5일 어린이날에 맞춰 어린이를 위한 공원으로 개장했다. 서울 어린이대공원이 개장할 당시만 해도 서울 시내에 이와 같은 대규모 놀이공원은 찾아보기 어려웠기 때문에 오랜 시간 동안 시민의 안식처로 사랑받았다. 총면적 59만 제곱미터의 광대한 공간의 60%가 수목과 잔디 지구로 조성된 탓에 도심 한복판의 거대한 밀림이라 해도 과언이 아닐 정도로 울창하다.

게다가 어린이공원인 만큼 어린이들을 위한 다채로운 시설들이 곳곳에 설치돼 있다. 현재는 후발 주자인 롯데월드나 서울랜드의 놀이 시설에 비해 다양성은 덜하지만, 어린이들에게 가장 인기 있는 놀이동산인 아이랜드(iLAND)를 비롯해 식물원과 동물원이 마련돼 있다. 또한, 새싹의 집에는 동화실, 영사실, 과학실, 미술실 등이 있고 근처에는 거대한 야외 음악당이 자리 잡고 있다. 이 야외 음악당에는 약 5천여 명이 동시에 앉아 공연을 감상할 수 있다. 여름에 특히 인기가 있는 어린이 수영장이 두 군데 있으며 시원한 분수대와 인공폭포도 조성되어 있다. 어린이대공원은 최근에 조성된 서울 시내의 다른 공원에서 느낄 수 없는 시간의 결을 공원 곳곳에서 느낄 수가 있다.

영화 **위험한 상견례**에서는 80년대 말의 분위기가 물씬 풍기는 어린이대공원의 모습이 나온다. 이 영화는 1980년대를 시대적 배경으로 전라도 남자인 현준(송새벽 분)과 경상도 여자인 다홍(이시영 분)의 로맨스를 코믹하게 담았다. 펜팔로 안부를 주고받던 두 사람은 강남고속버스터미널에서 첫 대면을 하고 데이트 장소인 서울 어린이대공원으로 향한다. 88열차를 타고 솜사탕을 나눠 먹으며 공원을 산책하고 분수대 앞에서 기념 촬영을 하는 두 사람의 모습은 80년대 후반에 청

위험한 상견례

춘을 보낸 사람들에게 묘한 향수를 자극한다. 장면을 따라 흐르는 음악부터 장면을 구성하는 디테일한 부분에 이르기까지 80년대의 분위기를 섬세하게 살려내고 있기 때문이다.

2012년 화제의 영화인 **건축학 개론**이 1990년대의 분위기를 맛깔나게 포착해 큰 호응을 받은 것처럼 이제 지나온 시간은 더욱 미분화되어 우리의 추억을 되살리는 소재로 주목받고 있다. **건축학 개론**에서 전람회의 노래가 자주 반복되면서 90년대를 상기시켰듯이 **위험한 상견례**에서는 영화 시작부터 80년대 후반에 데뷔해 엄청난 인기를 끌었던 가수 박남정이 자신의 대표곡인 널 그리며를 나이트클럽에서 부르는 장면이 들어 있다. 그는 전라도 지역의 나이트클럽에서 경상도 사투리를 쓰는 바람에 봉변을 당하는데, 지역감정이라는 소재를 코믹하게 다뤄 영화적 재미를 배가시킨 장면이기도 했다.

초능력자와 초능력이 통하지 않는 유일한 인물의 대결을 그린 영화 **초능력자**. 눈빛으로 타인을 조종할 수 있는 초인(강동원 분)에게 맞서는 규남(고수 분)은 폐차장에서 일한다. 그는 동료인 외국인 노동자 버바(아부다드 분)와 알(에네스 카야 분)과 함께 휴일을 즐기기 위해 서울 어린이대공원으로 향한다. 공원에서 이들 또한 현준과 다홍 커플처럼 88열차를 선택한다. 비록 성인이지만 이들은 88열차를 타고 괴성을 지르며 어린아이처럼 즐거워한다. 이어 선택한 코스는 바이킹과 유령의 집. 이들은 몇 가지 놀이 기구를 이용하는 짧은 시간 동안 영화의 다른 장면에서는 찾아볼 수 없을 만큼 다양한 표정을 선보였다. 천진난만한 동심의 표정에서 극도로 놀라 눈이 휘둥그레진 표정까지. 이렇듯 서울 어린이대공원은 천의 표정을 가능케 하는 잠재력 풍부한 촬영지 중 한 곳임이 분명하다.

초능력자가 초능력자와 초능력이 통하지 않는 인물의 대결을 축으로 한 영화였다면, 영화 **초감각 커플**은 초능력자와 천재 소녀의 로맨스를 담은 작품이다. 이 수상한 커플 또한 서울 어린이대공원을 찾는다. 사람들의 마음을 읽을 수 있는 초능력을 가진 수민(진구 분)이지만, 유독 현진(박보영 분)의 마음은 읽을 수가 없다. 게다가 현진은 IQ180의 비상한 두뇌의 소유자이기도 하다. 현진이 졸라대는 바람에 두 사람은 서울 어린이대공원으로 향하고 놀이동산과 동물원을 거쳐 공원 한쪽 벤치에서 수다를 떤다. 호기심이 많은 현진은 수민을 졸라 주변에 있는 사람 중 암벽 등반을 해본 사람을 찾아내라고 요구한다. 수민은 정신을 집중하지만 두어 번 헛다리를 짚는다. 제대로 좀 하라고 다그치는 현진. 수민은 다시 집중하는데, 암벽 등반한 사람이 아니라 난데없이 유괴범의 모습이 연상되기 시작한다. 망설이는 수민의 손을 잡아끄는 현진. 이 두 사람은 유괴범을 추적하기 시작한다.

서울 어린이대공원은 다양한 시설뿐만 아니라 여러 행사와 문화 프로그램도 충실하게 마련돼 있다. 계절별로 열리는 사계절 축제를 필두로 해서 어린이날에 열리는 꿈나무 축제와 수능 시험을 본 고3 학생들을 위한 수능 축제 등이 대표적이다. 여름방학 기간에 열리는 서울시설공단 이사장배 길거리 농구 대회도 청소년들에게 인기 있는 프로그램이다. 영화 속 여러 장면을 음미하며 가족과 함께 서울 어린이대공원에서 오붓한 시간을 가져보자.

주변촬영지

📷 세종대학교 강당(대양홀)

이준익 감독이 메가폰을 잡고 박중훈, 안성기가 출연한 영화 〈라디오 스타〉(2006). 이 영화의 첫 촬영이 세종대학교 강당에서 이루어졌다. 인기 절정의 록 가수 최곤(박중훈 분)의 콘서트 장면. 수많은 팬과 현란한 조명에 둘러싸인 최곤이 자신의 히트곡 '비와 당신'을 부르는 장면이다. 최곤의 매니저 박민수(안성기 분)는 그 모습을 흐뭇하게 지켜본다. 영화의 시작을 장식한 이 장면을 촬영한 곳이 세종대학교 내 다목적 공연장인 대양홀이다. 지하철 7호선 어린이대공원역 6번 출구로 나오면 된다.
📍 광진구 군자동 98 ☎ 3408-3114

📷 광진 정보도서관

2005년에 방영된 정지훈, 신민아 주연의 드라마 〈이 죽일 놈의 사랑〉(2005). "나, 지금 너에게 간다. 너를 사랑하면 안 되는데, 내가 사랑해야만 하는 사람은 네가 아닌데, 사랑하면 안 되는 사람을 사랑하게 만드는 이 불가항력의 사랑은 너에게 가라 한다."라고 말하는 복구 역의 정지훈.
복구와 은석(신민아 분)의 애절한 사랑이 본격적으로 시작되는 5회의 마지막과 6회의 시작을 알렸던 장면. 은석은 3층 높이의 난간에서 사진 촬영 중이다. 은석의 시선은 난간 아래 있는 복구에게서 멈춘다. 복구를 바라보던 은석은 실수로 몸이 앞으로 미끄러지면서 난간에 매달린다. 떨어질 위기에 빠진 은석의 손을 잡아채는 복구. 그 아슬아슬했던 장면을 촬영한 곳이 바로 광진 정보도서관이다. 이곳은 시설도 좋지만, 한강 변을 끼고 있어 산책로의 풍광 또한 빼어나다.
지하철 5호선 광나루역 2번 출구로 나와, 구리 방향 300미터 전방의 육교를 건너 일신아파트 정문으로 나온 후 강 쪽으로 내려오면 된다.
📍 광진구 광장동 112 ☎ 3437-5092

#26
대치동 학원가

아내의 자격 (2012/드라마/안판석/김희애, 이성재, 이태란) 사교육 문제로 갈등하는 주부와 순수한 이웃집 남자와의 로맨스
강남엄마 따라잡기 (2007/드라마/홍창욱/하희라, 유준상) 대한민국 사교육 일번지인 대치동을 무대로 벌어지는 교육 문제를 다룬 드라마

대치동은 대한민국 사교육 1번지로 입시철과 입학 시즌이면 어김없이 언론에 오르내리는 곳이다. 이곳은 강남에서도 대규모 아파트 단지가 밀집해 있는 곳이기도 한 데다 8학군에 속한 대학 진학률이 높은 고등학교가 자리를 잡고 있는 탓에 교육과 연관된 치맛바람이 가장 센 곳이기도 하다. 특히 이곳에 엄청나게 많은 학원이 밀집해 있어서 전국에서 사교육 관련 프로그램들을 가장 폭넓게 취사선택할 수 있는 일종의 사교육 특구라 해도 과언이 아닐 정도다. 상황이 이렇다 보니 대치동에서는 교육 문제를 소재로 한 드라마나 영화의 촬영이 전혀 낯설지가 않다.

종합편성채널인 JTBC의 16부작 드라마 **아내의 자격**은 입시를 둘러싼 대치동의 사교육 현황을 실감 나게 담아 종편이 제작한 드라마로서는 이례적으로 높은 시청률을 기록했다. 드라마의 주인공인 윤서래(김희애 분)는 자식 교육에 관해서는 자기 나름의 소신을 지키며 살아가는 주부다. 아이가 천식과 아토피를 앓고 있기 때문에 건강 회복에만 신경 쓰고 교육은 뒷전으로 미뤄놓은 상태다. 그

아내의 자격

런데 시누이의 딸이 국제 중학교에 합격해서 집안의 조촐한 저녁 식사 자리가 마련된 상황. 그녀의 시아버지는 서래의 교육 방식에 대해 불만을 표하고 서래의 남편 상진(장현성 분) 또한 서래의 세계관이 너무 순진하고 세상을 너무 낭만적으로 본다고 불만을 토로한다.

식사를 끝내고 나온 서래의 가족. 한강 다리 한쪽에서 서래와 상진은 격렬하게 말싸움을 한다. 방송사 중견 기자인 상진은 매체를 통해서는 경쟁 위주의 교육과 사교육에 대해 비판적인 입장을 견지해온 상황이다. 상진의 이중적인 태

도에 치를 떠는 서래. 말싸움 끝에 상진은 대치동으로 가자고 하고 결국 서래의 가족은 대치동으로 이사한다. 서래는 이사하자마자 국제 중학교 입시 전문 학원을 찾아가 상담을 받는데, 지원자가 많아 시험을 봐서 뽑는다는 말을 듣는다. 서래는 시험 신청을 하고 아들 결이는 시험을 보지만 불합격이다. 성적표를 확인한 서래는 결이가 응시생 중에서 꼴등을 했다는 사실을 확인하고 깜짝 놀란다.

이 드라마의 곳곳에서 대치동의 모습이 보인다. 서래 가족이 이사한 아파트로 나오는 대치동의 선경아파트나 스위트 아카데미 앞 버스 정류장, 양재천의 카페, 멀리 보이는 타워팰리스 등은 대치동 주민에게 익숙한 일상적인 동네 풍경이다. 이 드라마에서는 한국 사회의 문제가 집약된 사교육 문제와 다른 한 축으로 불륜이란 소재도 배치해놓고 있다. 서래는 말이 통하고 교감할 수 있는 휴머니스트 치과 의사 태오(이성재 분)와 점점 가까워지며 결국 태오와 같이 사는 길을 택하게 된다.

아내의 자격과 같이 대치동의 사교육을 둘러싼 주부들의 이야기를 다룬 드라마 **강남엄마 따라잡기**. 이 작품은 SBS의 18부작 월화 드라마로 제목부터 강남의 사교육을 문제 삼고 있다. 드라마의 주인공인 현민주(하희라 분)는 낮에는 식당일을, 밤에는 대리운전을 하며 억척으로 산다. 민주는 속썩이지 않고 공부 잘하는 아들 진우(맹세창 분)를 뒷바라지하며 힘든 생활 속에서도 늘 밝고 씩씩하게 살아간다. 그녀의 희망은 아들인 진우가 서울대에 들어가 죽은 아빠가 못 이룬 판검사가 되었으면 하는 것이다. 그러던 어느 날 민주는 아들과 함께 영어경시대회에 갔다가 우연히 고등학교 동창인 윤수미를 만난다. 두 사람은 아이들의 경시대회 참가 때문에 학부모로 따라온 상황인데, 민주의 아들과 수미의 딸은 공교롭게도 같은 학년이다.

오랜만에 만난 사이라 두 사람은 서로 상대방의 상황을 확인하기 시작하는

데, 민주는 강북에 수미는 강남에 사는 상황. 민주는 진우가 전교 1등인데, 수미의 딸인 지연(박은빈 분)이 전교 20등이란 말을 듣고 내심 자신감을 가진다. 그러나 영어경시대회 결과가 발표되고 보니, 지연은 동상을 받지만 진우는 전체 60명 중에 54등에 불과하다. 강남과 강북의 격차를 실감한 민주는 고민 끝에 진우를 강남의 학교로 전학시키기로 마음먹는다. 강남엄마 따라잡기에서도 곳곳에서 대치동의 모습을 찾아볼 수 있다. 민주가 강남으로 이사하는 아파트 옆으로 높게 솟은 타워팰리스의 모습을 찾아볼 수 있으며, 수미가 이웃의 두 사람과 운동복 차림으로 야외에서 워킹을 하던 곳은 타워팰리스에 인접한 양재천변 산책로이다.

드라마 2회에서, 극 중에서 기자로 일하다 잘리고 민주 집에서 하숙생으로 지내던 서상원(유준상 분)에게 선배 태구는 자신의 학교 기간제 교사 자리를 제안한다. 중학교 선생이란 말에 다소 심드렁한 반응을 보이던 상원에게 태구는 최강중학교가 강남 최고의 명문이란 설명을 하고 결국 상원은 이 학교의 기간제 교사가 된다. 상원은 드라마 후반부에서는 임용고시 준비를 하기로 하는데, 극 중의 최강중학교는 대치동에서 가까운 개포동의 수도전기공업고등학교에서 촬영했다.

달터마을

강남 개포동 달터 근린공원에 무허가 판자촌 마을이 붙어 있다. 달터마을로 불리는 이곳은 인근의 타워팰리스와 극단적으로 대비되는 곳이다. 분당선 구룡역 4번 출구 옆 공원 입구 근처인 이곳에서 영화 <심장이 뛴다>(2011)의 한 장면이 촬영되었다. 자신을 두고 부잣집 남자와 재혼을 한 엄마에 대한 원망이 컸던 휘도(박해일 분)가 엄마의 뇌사 판정을 계기로 엄마가 살던 강남 집의 주소를 찾아간다. 그러나 기대와 달리 그곳에는 판자촌이 있을 뿐이다. 엄마의 삶이 순탄치 않았다는 사실을 깨닫는 휘도. 그녀의 심장을 기증하겠다는 마음이 흔들리기 시작한다.

선릉공원 뒤편

한석규와 차승원의 카리스마가 충돌하는 영화 <눈에는 눈 이에는 이>(2008). 이 영화의 도입부에서 길거리에서 거액의 강도 사건을 성공시킨 범인들이 홀연히 사라지는 장면이 나온다. 이 장면을 촬영한 곳이 선릉공원 뒷길이다. 왼쪽으로는 선릉공원 담장이, 오른쪽으로는 주택가가 이어져 있는 좁은 길을 빠른 속도로 달려가는 자동차 액션 장면이 다이내믹하게 펼쳐진다. 지하철 2호선 선릉역 하차 후 10번 출구로 나와 직진하다 하나은행 골목으로 직진해서 5분 거리.

삼성동 고급 주택가

코엑스에서 청담동 방향으로 경기고등학교 뒤편에 고급 주택가가 밀집해 있다. 이 일대에 송혜교, 이나영, 손예진 등 유명 연예인의 집이 있다. 이곳에는, 단독 주택, 고급 빌라 등이 골목골목마다 줄지어 있는데, 투명한 벽으로 둘러쌓아 놓은 듯한 분위기를 풍긴다. 드라마 <미안하다, 사랑한다>(2004), 영화 <우리들의 행복한 시간>(2006) 등이 이 주변에서 촬영되기도 했다. 지하철 7호선 청담역 2, 3번 출구 옆으로 나 있는 골목이다.

#27
목동

미스 리플리(2011/드라마/최이섭/김승우, 이다해, 박유천) 거짓말의 수렁에 빠진 위기의 여자와 두 남자 사이의 사랑과 파멸을 담은 작품
동안미녀(2011/드라마/이진서 외/장나라, 최다니엘) 7살 어린 동생으로 위장해 의류 회사에 취업한 여성이 꿈과 사랑을 이루는 로맨틱 코미디
파리의 연인(2004/드라마/신우철/박신양, 김정은, 이동건) 한 여자와 두 남자 사이의 애증이 교차하는 러브스토리

목동은 서울 강서 지역의 대표적인 대규모 아파트 단지의 한 곳이다. 지대가 낮은 편이어서 장마철에는 상습 침수가 되던 지역이었으나 신시가지 아파트 조성 계획 등에 힘입어 새롭게 탈바꿈했다. 현재는 서울의 대표적인 중산층의 거주 공간이기도 하며 강남의 대치동을 뒤쫓는 사교육 2번지이기도 하다. 대략 5.34제곱킬로미터의 넓이지만 체계적인 도시 계획에 따라 조성된 곳인 만큼 인프라가 잘 갖춰진 편이다. 진학률이 높은 학교와 종합병원이나 백화점 같은 편의 시설에다 종합경기장, 야구장, 아이스링크 같은 스포츠 시설과 방송국까지 자리 잡고 있다. 대한민국의 중산층들이 선호하는 기반 시설들이 그리 넓지 않은 공간에 효율적으로 집약된 편이다.

방송국이 있고 다양한 기반 시설이 들어서 있는 만큼 목동도 드라마나 영화에서 자주 노출되는 편이다. 최근에는 주목받은 드라마 두 편에서 이곳의 야구장을 볼 수 있었다. MBC 16부작 월화 드라마 **미스 리플리**는 김승우, 이다해, 박유천 등이 나왔던 작품이다. 이 드라마는 참여정부 시절 학력 위조로 대한민국을 뒤흔들었던 '신정아 사건'을 모티브로 거짓말의 수렁에 빠진 한 여자와 이 여자를 사랑하는 두 남자 사이의 관계를 중심으로 풀어냈다.

드라마 4회에서는 야구장 데이트 장면이 등장한다. 해고 발령을 받아 우울한 희주(강혜정 분)는 꽃집에 앉아서 꽃을 구경하다 우연히 지나가던 유현(박유천 분)을 만난다. 유현은 미리(이다해 분)의 친구인 희주에게 잘 보이려고 화분을 하나 선물하면서 미리가 뭘 좋아하는지 넌지시 떠본다. 움직이는 건 다 좋아할 것 같다는 희주의 대답에, 유현은 넷이서 야구장에 가자는 제안을 한다. 그의 제안에 따라 희주와 미리, 유현과 철진(이상엽 분)의 야구장 데이트는 성사되는 듯했으나 미리와 철진이 불참하는 바람에 결국 희주와 유현 두 사람만 야구장으로 향한다. 두 사람의 야구장 데이트 장면을 촬영한 곳은 넥센 히어로즈의 홈구장인 목동 야구장이었다.

동안미녀

KBS 20부작 드라마 **동안미녀**. 34세인 주인공 소영(장나라 분)은 사랑스럽고 마음씨 고운 고졸 여성이다. 특히 실제 나이보다 상당히 어려 보이는 절대 동안의 소유자로 7살이나 어린 동생의 명의로 고급 의류회사에 위장 취업을 한다. 드라마 14회, 소영은 디자인 때문에 골머리를 앓고 있는 상황. 이런 소영에게 진욱(최다니엘 분)은 기분 전환을 위해 야구장에 가자고 제안한다. 진욱이 내세운 명분은 야구장에서 커플들을 살펴보며 로맨틱 룩에 대한 실마리를 찾아보자는 그럴듯한 내용. 두 사람은 야구장을 찾고 관중석에 앉아 지나가는 커플들의 옷차림을 보면서 수다를 떨기 시작한다. 이야기하다 갑자기 표정이 변한 소영. 뭔가 뇌리를 스치는 생각 때문에 소영은 사무실로 돌아가 스케치에 몰두하기 시작한다. 이 장면도 목동 야구장에서 촬영했는데, 이날은 넥센과 SK의 실제 경기가 있는 날이기도 했다.

신우철 PD와 김은숙 작가가 호흡을 맞췄던 20부작 드라마 **파리의 연인**. 신우철·김은숙 콤비는 이 작품의 큰 인기에 힘입어 이후 연인 시리즈 3부작을 선보였다. 2005년에는 전도연, 김주혁, 김민준 등이 출연했던 18부작 드라마 **프라하의 연인**을 공개했고, 2006년에는 이서진과 김정은이 주연을 맡은 20부작 드라마 **연인**을 만들어냈다. 연인 시리즈 3부작의 시작인 **파리의 연인**에서 박신양은 상류사회의 화려한 삶을 사는 귀족적 풍모의 재벌 2세 한기주 역을 맡았다. 그는 한국 자동차 회사의 파리 지사장으로 일하다 우연히 태영(김정은 분)을 만나게 된다. 태영은 기주와는 공통점을 찾기 어려운 가난한 영화학도지만 기주에게 끌리기 시작한다. 극 중에서 기주와는 삼촌과 조카 사이로 나오는 또 하나의 남자 수혁(이동건 분). 기주가 차갑고 냉정한 캐릭터라면 수혁은 보헤미안 스타일이다. 파리의 클럽에서 드럼을 치며 자유롭게 살던 수혁은 태영을 보고 한눈에 반해 그녀를 따라 한국에 들어온다. 한 여자를 둘러싸고 공교롭게도 삼각관계가 돼버린 기주와 수혁.

드라마 12회에서는 기주와 수혁이 일대일로 아이스하키 시합을 하는 장면이 나온다. 두 사람은 전력을 다해 빙판을 가르며 넘어지기도 하고 슛을 쏜다. 시합은 무승부로 끝이 나고 마스크를 벗고 빙판에 선 두 사람. 수혁은 자신이 가진 것도 뺏길 것도 태영 하나라면서 기주에게 태영을 포기하라고 부탁한다. 그러나 기주는 자신이 가진 것은 많지만 다른 거 다 포기하고 하나만 가지라면 태영을 갖는다며 수혁의 부탁을 거절한다.

이 장면을 촬영한 곳이 목동 아이스링크다. 이곳은 지상과 지층 두 곳에 아이스링크가 있는 국제 규격의 시설로 1989년에 개장했다. 러시아에서 연극을 공부한 박신양은 러시아 유학 시절부터 아이스하키를 하기 시작했다고 하는데, 유명한 아이스하키 마니아로 알려져 있다. 이 드라마를 집필한 김은숙 작가가 박신양에게 취미를 물었더니 아이스하키라고 대답해서 아이스하키 장면을 집어넣게 되었다고 한다. 이 시합 장면을 위해 박신양은 직접 연기를 했고 이동건은 대역을 썼다는 후문이다.

주변촬영지

📷 목동 아이스링크

2010년에 개봉한 영화 <파괴된 사나이>(2010). 이 영화의 주인공 주영수(김명민 분)는 딸을 유괴한 유괴범(엄기준 분)과 아이의 생사를 둘러싸고 거래를 해야 하는 상황에 직면한다. 이 영화의 도입부에서 부모와 스케이트를 즐기는 아이들 속에서 딸과 비슷한 아이를 쫓는 영수의 모습이 나온다. 이 장면을 촬영한 곳이 목동 아이스링크다. 이곳은 도심에 위치해 있고 다른 실내 링크와 달리 지상과 지하 두 개의 링크를 갖추고 있어 인기가 높다. 지하철 5호선 오목교역 하차 후 3번 출구로 나와 목동 운동장 방면으로 도보 10분 거리에 있다.
✉ 양천구 목동 914-8 ☎ 2643-3057

#28 동대문시장

패션왕 (2012/드라마/이명우/유아인, 신세경, 이제훈) 동대문시장에서 출발해 세계적인 디자이너로 성공하는 사람들의 스토리
동안미녀 (2011/드라마/이진서 외/장나라, 최다니엘) 어린 동생으로 위장해 의류회사에 취업한 여성이 꿈과 사랑을 이루는 로맨틱 코미디
신데렐라맨 (2009/드라마/유정준/권상우, 윤아) 굴지의 패션업계의 후계자와 동대문시장에서 옷을 만들어 파는 한 남자의 뒤바뀐 운명을 둘러싼 이야기

동대문시장이란 동대문 일대에 자리 잡고 있는 다양한 종류의 시장을 총칭해 부를 때 쓰는 이름으로 의미가 확장된 상태다. 그도 그럴 것이 동대문 일대에는 동대문종합시장, 평화시장, 동화시장 같은 시장들과 밀리오레, 두산타워, apM 같은 쇼핑몰만 더해도 20곳이 넘는다. 게다가 각 건물에 인접한 도로변에는 다양한 상품과 거리 음식을 파는 노점들이 밀집해 있어 복잡하면서도 역동적인 모습이다. 특히 종로5가와 청계천5가 사이에 있는 광장시장은 동대문시장의 모체라 할 만한 곳으로 1905년에 대한제국 한성부에서 개설 허가를 받아 탄생한 국내 최초의 근대적 시장이다. 현재는 여성복과 그릇 등을 취급하지만 이런 상품보다도 시장 내의 거리 음식이 더 유명하다.

각 시장이나 쇼핑몰마다 취급하는 주요 품목에 차이가 있기 때문에 동대문시장을 방문하기 전에는 어디서 무엇을 구매하려 하는지 사전에 체크할 필요가 있다. 평화시장은 중년 여성복 도매로 유명하고 방산시장은 비닐, 시트지, 매트, 카펫, 벽지, 장판, 각종 지류 등을 둘러볼 수 있다. 제일평화시장은 여성복과 특히 여성 속옷으로 유명하고 동평화시장은 국내 브랜드의 덤핑 의류를 취급한다. 동대문종합시장은 대표적인 원자재 시장이며 바다부속상가는 국내 유일의 단추 전문 상가이기도 하다. 광희시장은 모피와 가죽 의류를 전문적으로 취급하고 테크노는 덤핑 의류를 판매하는 등, 동대문시장은 우리가 생각하는 시장에 대한 고정관념을 뒤흔들어 놓을 만하다. 동대문시장 일대에서는 다양한 상품들이 판매되고 있지만, 전체적으로 의류와 패션의 비중이 높은 편이며 이 분야에서는 아시아 최고의 시장이라 해도 과언이 아니다. 이런 동대문시장의 특징 때문에 이곳을 배경으로 패션을 소재로 한 드라마의 제작이 줄을 잇는 것은 당연해 보인다.

유아인과 신세경이 주연을 맡은 드라마 **패션왕**. 유아인은 부모에게 버려지고 고모의 구박을 받으며 자란 영걸 역을 맡아 열연했다. 그의 꿈은 미국으로의 이민. 영걸은 꿈을 실현하기 위해 동대문에서 옷 장사를 한다. 그런데 미싱사를 구한다는 광고를 보고 영걸을 찾아온 가영(신세경 분). 그녀는 유명 디자이너인 조 마담의 집에 얹혀살았으나 방화범으로 몰려 쫓겨나고 일자리를 구하던 중이었다.

드라마 1회에서는 동대문시장 일대를 돌아다니는 가영의 모습이 방영되었다. 전국 각지로 출발하는 버스의 임시 안내판이 늘어선 모습을 통해 이곳이 전국 굴지의 도매시장임을 알 수 있다. 거대한 쇼핑몰에 둘러싸인 채로 불안한 모습으로 거리를 걷는 가영. 그러다 한 매장 앞에 붙은 미싱사 구인 전단에 시선이 꽂힌다. 숙식제공이란 문구에 가영은 동대문시장에서 조금 떨어진 작은 옷 공장을 찾아 나선다. 이 장면은 동대문시장에서 촬영한 것으로 시장 일대의 역동적인 분위기가 잘 담겨 있다. 드라마 7회에서는 영걸이 재혁(이제훈 분)에게 판 가영의 디자인을 짝퉁으로 만들어 동대문시장에 푸는 장면이 나왔다. 뒤늦게 이 소식을 접한 재혁은 극도로 분노하며 시장으로 직접 달려나간다. 시장 안의 각 매장에서는 자신이 준비 중인 신상품이 이미 만들어져 전시돼 팔리는 상황이다. 이 장면을 촬영한 곳은 동대문시장의 청평화패션몰이다.

2009년 방영된 MBC 16부작 드라마 **신데렐라맨**은 **패션왕**과 상당히 유사한 내용을 담은 작품이다. 국내 최대 패션업계의 후계자와 동대문시장에서 옷을 만들어 파는 한 남자의 이야기를 다루었다. 권상우가 일인이역을 한 데다 걸그룹 소녀시대의 윤아가 출연해서 화제가 되었다. 드라마의 설정 탓에 동대문시장은 전편에 걸쳐 자주 노출되었다. 드라마 2회에서는 동대문시장 의류 도매상의 딸인 서유진(윤아 분)이 아버지의 갑작스러운 죽음 때문에 그토록 싫어하던 동대문시장에서 밑바닥 인생을 시작해야 하는 장면이 나온다. 거리에서 우연히 만난

신데렐라맨

이모라는 사람은 유진의 상황을 듣고 시장 생리를 전혀 모르는 유진에게 답답함을 느끼며 노점을 해보라는 권유를 한다. 이런 상황을 알게 된 대산(권상우 분)은 유진을 도와 동대문시장의 한쪽 구석에서 노점을 시작한다. 동대문시장 뒷골목에서 바닥부터 커온 대산은 물건 진열이 끝나자마자 노래에 율동을 섞어가며 지나가는 사람들의 시선을 끈다. 이 장면을 촬영한 곳은 동대문시장 일대로 이곳을 둘러본 사람이면 쉽게 찾을 수 있는 곳이기도 하다.

드라마 16회의 후반부에서는, 상가번영회에서 유진에게 유학 기회를 제공하겠다는 제의를 한다. 그런데 유진은 유학 대신 동대문에 남기로 마음먹는다. 저녁 시간 대산의 집 마당에서 유진은 이런 결심을 대산에게 밝히면서 자기 대신 대산에게 유학을 권유한다. 두 사람은 키스를 하고 불빛으로 현란한 동대문시장 쪽으로 시선을 돌린다. 극의 흐름과 동대문시장의 야경이 잘 맞아떨어진 로맨틱한 장면이었다.

7살 어린 동생으로 위장 취업해서 벌어지는 에피소드를 담은 로맨틱 코미디 드라마 **동안미녀**. 주인공 소영(장나라 분)은 나이가 많지만, 의류회사의 막내로 일해야만 하는 상황. 이 작품에서 소영이 원단을 구하기 위해 뛰어다니는 모습을 종종 접할 수 있는데, 이런 장면은 모두 동대문시장을 배경으로 촬영한 것이다.

주변촬영지

📷 방산종합시장

동대문시장 옆 을지로4가역 주변에는 방산시장이 자리 잡고 있다. 이곳에는 제과제빵에 필요한 각종 재료가 모여 있기도 하다. 2005년 화제의 드라마인 <내 이름은 김삼순>. 주인공 삼순의 직업이 파티시에였던 만큼 드라마에서 방산시장을 찾아보기란 어렵지 않다. 시장 골목으로 조금만 들어가면, '내 이름은 김삼순'이란 사진과 푯말이 붙은 '의신상회'를 발견할 수 있다. 이 가게는 <내 이름은 김삼순>에서 삼순이가 베이킹 재료를 사던 곳이다. 밀가루, 설탕, 시럽, 잼 등의 다양한 제과 재료와 포장재가 갖춰져 있어 쇼핑하기 편리하다.
지하철 2호선 을지로4가역에서 내리면 가깝다. 을지로 35길과 동호로 37길 사이에 위치해 있다.
   🚗 중구 방산동 4-76 ☎ 2265-1398

📷 경동시장

영화 <키친>(2009)에서 모래(신민아 분)와 두레(주지훈 분)가 시장 데이트를 하는 장소로 경동시장이 등장한다. 두레는 이곳에서 난생처음 떡볶이를 먹는다. 경동시장은 농산물 도매와 소매의 직거래 유통을 하고 있으며 산야 채취의 특산물을 주로 취급한다. 강북에서 농산물을 골고루 갖추고 가장 싸게 파는 도매시장으로 유명하다. 지하철 1호선 제기역에서 청량리 방향으로 조금 걸으면 만날 수 있다.
   🚗 동대문구 제기동 1035 ☎ 967-8721

#29
창신동

시크릿 가든 (2010/드라마/신우철/하지원, 현빈, 윤상현) 까칠한 백화점 오너와 스턴트우먼이 영혼이 바뀌면서 겪는 새콤달콤한 로맨스
파리의 연인 (2004/드라마/신우철/박신양, 김정은, 이동건) 한 여자와 두 남자 사이의 애증이 교차하는 러브스토리
부자의 탄생 (2010/드라마/이진서/지현우, 이보영) 재벌가 상속녀와 자신을 재벌이라 믿는 한 남자가 만나 성공을 향해 달려가는 성공 스토
티끌모아 로맨스 (2011/영화/김정환/한예슬, 송중기) 청년 백수와 짠순이의 생계밀착형 로맨스를 담은 영화

창신동은 서울에 있는 몇몇 달동네 중에서도 지형 지세의 특이함 때문에 유독 눈길을 끄는 곳이다. 또한, 비교적 시내 중심부에 자리 잡고 있는 데다 인접해 있는 이화동이나 동대문이 유동 인구가 많은 편이어서 창신동까지 주말 산책 코스로도 인기가 높다. 창신동과 연계되는 지하철만 해도 동대문역, 동묘앞역, 창신역까지 다양하기 때문에 목적에 따라 선택하면 된다. 동대문역으로 나오면 창신시장 골목과 연결되는데 이곳은 매운 족발로 유명하다. 그리고 동묘역 근처에는 창신동 완구거리가 있어서 다양한 문구와 완구를 저렴한 가격으로 살 수 있다. 창신동은 예전부터 돌과 바위로 유명해서 일제강점기에는 이곳의 바위를 깨 조선총독부 건물에 사용했을 정도였다고 한다. 오밀조밀한 주택들이 상당히 경사가 가파른 언덕에 있고 심지어는 절벽처럼 보이는 절개지 위아래로 집들이 들어서 있어서 아슬아슬해 보이기조차 하다.

길이 비좁고 경사가 심하므로 드라마나 영화의 촬영에 애로 사항이 많을 듯 보이지만 이런 여건임에도 드라마나 영화 촬영지로 인기가 높다. 특히 사회적 신분 차이가 나는 남녀 간의 이야기를 다룬 로맨스의 경우나 무일푼에서 자수성가하는 성공 스토리를 담는 경우, 부의 차이 등을 극단적으로 드러낼 수 있는 곳이 필요하기 때문이다. 높은 시청률을 올렸던 대표적 로맨틱 드라마로 손꼽히는 **파리의 연인**이나 **시크릿 가든**의 경우만 봐도 극 중 여자 주인공의 집이 창신동에 있었다.

2011년에 개봉한 88만 원 세대를 소재로 만든 로맨틱 코미디 영화 **티끌모아 로맨스**. 비록 흥행에서는 좋은 성적을 내지 못했으나 주연을 맡은 송중기와 한예슬의 연기는 볼만했고 특히 두 사람이 맡은 인물의 캐릭터는 꽤 흥미로웠다. 주인공인 구홍실(한예슬 분)은 돈을 벌어야 한다는 생각과 실천으로 똘똘 뭉친 국보급 짠순이로 하는 행동 하나하나가 요즘 20대 젊은이들이 처한 현실을 코믹하지만 리얼하게 찌르고 든다.

　돈 없어 연애도 못 하는 천지웅(송중기 분)은 걱정해봐야 달라질 것 없다는 낙천적인 청년 백수로 근근이 하루하루를 때우며 살아간다. 이 두 사람은 인접해 있는 창신동의 옥탑방에 사는 처지다. 로맨틱 코미디의 공식이라 할 만한 재벌 2세 남자와 가난한 여자라는 도식을 생각해보면 출발점 자체가 다르다. 그나마 월세가 밀려 옥탑방에서 쫓겨난 지웅. 홍실은 지웅에게 임시로 자신의 옥탑방 마당을 내주고 이곳에서 텐트를 치고 자게 한다. 그러고는 두 달간은 무조건 자기 말에 따라야 한다는 조건으로 돈 버는 노하우를 알려주겠다는 제안을 한다. 영화에서 꽤 비중이 높은 이 옥탑방 신은 창신동에서 촬영한 것이다.

티끌모아 로맨스

　SBS 20부작 드라마 **파리의 연인**의 여주인공 태영(김정은 분)은 가난한 영화학도로 상류사회의 일원인 기주(박신양 분)와는 현격한 차이가 난다. 그러나 점점 태영에게 기우는 기주. 드라마 10회에서는 기주가 태영의 손을 잡고 회장실로 들어가 아버지에게 태영을 정식으로 인사시키는 장면이 나온다. 얼떨결에 일어난 상황이라 크게 당황하는 태영. 기주는 놀란 태영을 집까지 바래다주고, 태영은 기주를 다음 날 집으로 초대한다. 뭘 먹고 싶으냐는 태영의 전화에 떡볶이라고 대답하는 기주. 다음 날 태영의 집을 방문한 기주는 떡볶이를 맛있게 먹고 두 사람은 옥탑방 마당의 평상에 앉아 서울 시내를 내려다보며 커피를 마신다. 태영은 자신이 사는 동네, 사는 집이 창피하다고 말하나 기주는 거짓말하지 말라며 맞받아친다. 옥탑방 초대를 통해 비로소 두 사람은 서로의 마음을 확인하게 되는데, 극 전개상 중요한 계기가 됐던 이 장면은 창신동의 옥탑방에서 촬영한 것이다.

2011년 최고의 화제작 **시크릿 가든**. 주인공 길라임(하지원 분)이 김주원(현빈 분)이 사장인 백화점에 근무하는 친구 임아영(유인나 분)과 같이 사는 집으로 선택된 곳은 창신2동에 위치한 주택. 주원의 으리으리한 집 못지않게 라임의 집 또한 드라마 전편에 걸쳐 상당히 자주 등장했는데, 주원의 집에 비해서 라임의 집과 주변 주차장에서 촬영한 인상적인 장면이 훨씬 많았다. 드라마 11회, 라임의 집 주차장 저편으로 동대문시장 주변의 야경이 한눈에 들어온다. 라임의 집 근처 주차장에 차를 대놓고 차 안에 앉아 오랜 시간 동안 라임을 기다리는 주원. 전화해

시크릿 가든

도 받지 않자 주원은 차에서 내려 라임의 집으로 향한다. 집 쪽으로 올라오는 라임을 보고 주원은 다시 전화해보지만 라임은 전화를 끊어버린다. 주원은 라임을 막아서고는 왜 전화 안 받느냐며 자신의 속내를 가감 없이 털어놓는데, 압권은 라임에게 대놓고 매달리는 거라고 진지하게 말하는 모습이었다.

파리의 연인과 **시크릿 가든**이 여성이 꿈꾸는 신데렐라 환상을 자극하는 측면이 있었다면 두 드라마의 남성 버전이라 할 만한 작품인 **부자의 탄생**. 이 드라마는 KBS의 20부작으로 재벌인 아버지와 어머니의 하룻밤 실수로 태어난 최석봉(지현우 분)이 재벌 아버지를 찾는 과정을 통해 오히려 돈을 버는 이치와 정신을 터득해가는 내용을 담았다. 이 드라마에서도 가난한 석봉이 친구 집에 얹혀사는 곳으로 나오는 옥탑방 역시 창신동에서 촬영한 것이다. 이 석봉의 옥탑방과 **파리의 연인**에 등장한 태영의 옥탑방은 실제로는 같은 집이기도 하다.

📷 **종로3가 귀금속거리**

보석 도매상들이 운집해 있는 종로3가 귀금속 거리. 이곳은 다양한 귀금속을 일반 판매점보다 20~30% 저렴하게 살 수 있는 전국 최대 규모의 귀금속 도매거리다. 혼수 예물 준비에 바쁜 예비 신혼부부들, 외국 관광객들, 좋은 가격에 귀금속을 거래하기 위해 오가는 도, 소매 상인들로 늘 북적인다.
이곳에서 영화 <눈에는 눈, 이에는 이>(2008)의 촬영이 있었다. 이 영화에서 안토니오(이병준 분)가 안현민(차승원 분)의 전화를 받고, 건물에서 나와 현민의 지시대로 귀금속 거리의 이곳저곳을 걷는 장면이다. 이곳은 영화 <무방비 도시>(2008)에도 등장하는데, 백장미파가 한 귀부인의 가방을 터는 장면이다. 일당이 앞에서 승강이를 벌이고 그 틈을 이용해 장미(손예진 분)가 소매치기한 후 유유히 골목을 빠져나가는 장면이다.
지하철 1, 3, 5호선 종로3가역에서 내려 10, 11번 출구로 나오면 된다.

#30 가든파이브

한반도(2012/드라마/이형민/황정민, 김정은, 조성하) 가상의 통일 한반도를 배경으로 대한민국의 자원을 둘러싼 열강들의 암투와 이념을 초월한 로맨스를 그린 작품

아이리스(2009/드라마/양윤호 외/이병헌, 김태희, 정준호) 국가안전국 소속 요원들의 일과 우정, 사랑을 그린 액션 드라마

백야행(2009/영화/박신우/한석규, 손예진, 고수) 어린 시절 첫사랑을 위해 살인을 한 두 사람의 긴 사랑의 궤적을 그린 영화

가든파이브(Garden 5)는 SH공사가 송파구 문정동과 장지동 일대에 조성한 복합 쇼핑 문화 공간이다. 총넓이가 코엑스몰의 6배가 넘는 규모로 가든파이브라이프, 가든파이브웍스, 가든파이브툴, 물류단지, 활성화 단지로 크게 나뉘어 있다. 가든파이브라이프는 유통 전문 상가이고 가든파이브웍스는 아파트형 공장, 가든파이브툴은 산업용재상가이다. 특히 생활용품 판매동인 가든파이브라이프에만 5천 개가 넘는 점포가 입주해 있는데, 이곳에는 복합 공연장, 중앙광장, 옥상정원, 영화관 등이 설치돼 있다. 전국적으로 대규모 복합 쇼핑몰의 숫자가 늘고 있지만, 가든파이브는 여타의 쇼핑몰과 달리 아파트형 공장까지 입주해 있어 소비뿐만 아니라 생산 기능까지 갖춘 곳이기도 하다. 2010년 중순에 개장했지만, 청계천 상인의 이주와 관련된 문제 등 해결해야 할 사안들이 많은 것으로 알려졌다. 가든파이브는 최근 1, 2년 사이에 드라마나 영화를 통해 많이 소개된 편이다.

가든파이브의 전체적인 모습은 영화 **백야행**에서 찾아볼 수 있다. 이 작품은 일본뿐만 아니라 한국에도 상당한 독자층이 있는 소설가 히가시노 게이고의 원작을 각색한 작품이다. 박신우 감독은 이 영화로 장편 데뷔를 했는데 시각디자인을 전공한 감독답게 색과 인물의 캐릭터를 연결해 감각적이면서도 설득력 있는 화면을 만들어냈다. 제목 자체에서도 흑과 백이 대비되는 느낌이 드는데, 실제 영화에서도 미호(손예진 분)와 요한(고수 분)의 이미지를 각각 화이트와 블랙으로 대비시켜 작중 인물들의 성격과 감정을 드러내고 있다.

백야행

영화 전반부에 미호와 결혼을 앞둔 대기업 회장 차승조(박성웅 분)가 회사로 설정된 가든파이브를 방문하는 장면이 나온다. 넓은 대지 위에 거대한 건물 몇 동이 배치돼 있는데 하늘에서 내려다보이는 모습이 장관이다. 건물 옥상에 헬리콥터가 착륙하고 차승조가 내리는데, 거대한 넓이의 옥상에 잔디가 깔려 있어 잔디 구장 같은 느낌이다. 영화 중반부에서 승조와 미호가 건물 앞에 대기하고 있는 세단을 타는 장면이 있는데, 건물 앞에 서 있는 거대한 철제 조각은 푸른 색감의 유리 건물에 밀리지 않는 존재감을 발산한다. 건물과 조각 사이를 미끄러지듯 빠져나간 고급 세단은 결국 요한의 의도대로 전복되고 만다. 드라마의 클라이맥스에선 가든파이브의 내외부가 교차하다가 한곳으로 합쳐지는 장면이 나온다. 건물 내부에서 펼쳐지는 미호의 화려한 패션쇼와 건물 옥상에서 요한이 쫓기는 모습이 교차하다가 결국, 요한이 미호의 패션쇼가 열린 곳으로 떨어지는 장면이다.

한류 스타들이 대거 출연했던 아이리스는 다양한 화제를 불러모은 드라마다. 국가안전국(NSS) 소속 첩보원들의 일과 우정, 사랑을 그린 작품으로 높은 시청률을 기록했다. 드라마 상의 주요 소재가 NSS인 만큼 적절하게 NSS의 모습을 담아내는 것은 상당히 중요했다. 드라마 상의 NSS의 모습은 가든파이브툴 10층에 마련된 세트장에서 촬영했는데, 이곳에는 NSS뿐만 아니라 청와대의 대통령 집무실, 각료 회의실, 정보요원 집무 공간 등도 설치해놓았다.

특히 드라마 마지막 편인 20회는 가든파이브에서 마무리했다고 해도 과언이 아닐 정도였다. 아이리스 멤버들이 한 쇼핑몰에서 인질들을 붙잡고 협상을 요구하는 내용이었는데, 쇼핑몰로 설정된 공간이 가든파이브였다. 현준(이병헌 분)이 협상을 위해 홀로 쇼핑몰로 들어가고 사우(정준호 분)와 일대일로 협상을 한다. 협상이 마무리되고 현준이 인질 중 여자와 아이를 먼저 풀어달라는 요구를 하자, 주위의 테러범들은 현준과 사우를 둘러싼다. 순식간에 현준과 사우는 테러범들과 총격전을 벌이는 상황이 되고, 쇼핑몰 내부는 쌍방 간의 총격으로 아수라장으로 변한다. 아이리스 마지막 회인 이 대규모 총격 신에는 200여 명에 달하는 인원이 동원되었다고 한다. TNS 미디어코리아의 조사 결과에 따르면, 아이리스 20회는 전국 기준 39.9%의 시청률을 기록, 동 시간대 1위를 차지하며 대미를 장식했다.

황정민과 김정은이 주연을 맡은 18부작 드라마 한반도. 이 드라마는 가상의 통일 한반도를 배경으로 대한민국의 자원을 둘러싼 열강들의 암투와 이념을 초월한 로맨스를 그린 작품이다. 주인공 서명준(황정민 분)은 저명한 과학자로 남북 합작 메탄하이드레이트 개발팀 책임자로 일하는데, 같은 팀에서 일하는 림진재(김정은 분)와는 연인 사이다. 대통령 선거를 앞두고 재집권을 노리는 대한민국 대통령 강대현(이순재 분)은 사상 처음으로 북한 주석의 서울 방문을 성사시킨다.

드라마 2회에서는, 대통령과 주석 두 사람이 만찬장에서 화상을 통해 메탄하이드레이트 개발팀의 상황에 대해 명준에게 설명을 듣고 질문을 하는 장면이 나온다. 이와 같은 시각, 북한 강성 군부의 실력자 조국철(정성모 분)의 계획에 의해 북한의 군대가 이동하고 이런 정보는 미국을 통해 대한민국 정부로 전달된다. 각료들이 모여 대책을 논의하고 갑자기 상황이 급박하게 돌아가기 시작한다. 극 중 대통령 집무실과 만찬 장소는 가든파이브 웨딩컨벤션에 설치된 세트장에서 촬영한 것이다.

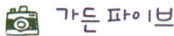

잠실에서 송파대로를 이용해 성남 방향으로 계속 직진하다가 장지역에서 우회전하면 바로 찾을 수 있다. 지하철로는 8호선 장지역 3번 출구로 나오면 된다. 버스는 간선버스 302, 303, 320, 360, 363번, 지선버스 3418, 3423, 광역버스 9403번을 타고 가든파이브 정류장에서 내리면 된다.

송파구 문정동 516(충민로 66) ☎ 2157-5000

신천애플타워

김현석 감독의 로맨스 코미디 영화 〈시라노: 연애조작단〉(2010). 이 영화에서 연애에 젬병인 현곤(송새벽 분)을 시라노 멤버들이 코치한다. 갑자기 쏟아지는 비로 난감해진 선아(류현경 분)에게 구세주처럼 나타나는 현곤. 그는 그녀에게 우산을 건네주고 자신은 커다란 첼로 케이스를 쓰고 가버린다. 이런 행동은 현곤의 연애를 위한 프로젝트의 일환이다. 이 장면은 신천역 부근 애플타워 빌딩 앞에서 촬영했다.

사실 신천역 주변은 아파트 단지로 가득 찬 곳이다. 네 개의 블록 중 세 곳이 아파트 단지이니 온통 아파트만 보이는 것 같다. 나머지 한 블록, 신천역에서 석촌호수로 가는 길 오른편에는 일반 주택과 건물들이 들어서 있는데, 이쪽으로 '먹자골목'이 형성되어 있다. 그 블록의 끝에 아시아공원 쪽으로 향해 있는 모던한 건물이 애플타워이다. 세련된 느낌의 건물과 송새벽이 연기하는 순진하고 어설픈 청년의 모습이 대비되면서 코믹하면서 애잔한 장면을 만들어냈다. 지하철 2호선 신천역 4번 출구에서 나와 맥도날드를 지나 계속 걷다, 사거리가 지나 왼쪽으로 코너를 돌면 애플타워가 보인다.

송파구 잠실동 175

#31 선유도공원

나쁜 남자(2010/드라마/이형민/김남길, 한가인, 오연수) 뛰어난 머리와 카리스마로 자신의 운명을 바꾸어가는 한 남자의 사랑과 야망
꽃보다 남자(2009/드라마/전기상/구혜선, 이민호, 김현중, 김범) 평범한 소녀가 부유층 자제가 다니는 고등학교로 전학하면서 만나게 된 재벌소년들과의 이야기
그들이 사는 세상(2008/드라마/표민수 외/송혜교, 현빈) 드라마를 만드는 남녀 PD를 둘러싼 일과 사랑 이야기

선유도공원은 한강의 12개 공원 중 하나이자 국내 최초의 환경 재생 생태 공원이기도 하다. 서울시는 선유도를 둘러싼 한강의 수질 오염 문제를 해결하고 시민에게 편안한 휴식 공간을 제공하기 위해 옛 정수장의 시설물들을 재활용하고 각종 수생 식물과 초목을 풍부하게 조성하여 공원으로 탈바꿈시켰다. 전체 면적은 선유도 일대 11만 4천 제곱미터로 공원에는 안개 분수, 환경 물놀이터, 테마 식물원, 카페, 선유교 전망데크 등이 설치돼 있고 자연 생태 체험이 가능한 초·중학생용 교육 프로그램들이 준비돼 있다. 특히 저녁이면 시원한 바람을 맞으며 한강의 야경을 감상하기 좋고 원형 극장에서는 계절별로 다양한 장르의 음악회가 열리기 때문에 데이트 장소로도 명성이 높다. 2002년에 개장한 선유도공원은 특유의 낭만적인 분위기 때문에 주로 로맨스를 다룬 드라마나 영화의 촬영지로 사랑받았다.

방송일을 하는 사람들의 일과 사랑을 담은 드라마 **그들이 사는 세상**. 주인공인 지오(현빈 분)와 준영(송혜교 분)은 드라마 PD로 같이 일하는 사이다. 주인공들의 직업 탓에 드라마 전편에 걸쳐서 촬영 현장의 에피소드가 다양하게 등장하는데 꽤 현실감이 느껴진다. 드라마 집필을 한 노희경 작가가 방송 현장을 답사하는 등 극의 리얼리티를 살리기 위해 신경을 많이 썼다고 한다.

드라마 2회에서도 시작부터 야외 촬영 장면이 나온다. 촬영을 위해 부산하게 움직이는 스태프들의 모습과 다양한 방송 장비들. PD인 지오와 준영은 대본을 들여다보기도 하고 스태프와

그들이 사는 세상

상의도 하면서 촬영을 하기 시작한다. 이날 촬영 장면은 다리 중간에서 강물로 뛰어내리는 장면. 대역인 스턴트맨은 겁을 먹고 좀처럼 뛰어내리지 못한다. 이 스턴트맨을 다양한 각도에서 잡아낸 장면들을 보면 드라마 속 드라마 촬영이란 독특한 상황을 쉽게 이해할 수 있다. 다음 일정 때문에 마냥 기다릴 수 없는 상황이라, 소녀 같은 얼굴의 준영도 망설이는 스턴트맨을 향해 빨리 뛰어내리라고 재촉한다. 결국, 스턴트맨은 강물로 뛰어들고 물속에서 대기하던 잠수부들이 스턴트맨에게 산소호흡기를 건네면서 촬영은 마무리된다. 코믹하면서도 아슬아슬한 이 장면을 촬영한 곳은 바로 선유도공원의 선유교다.

KBS 25부작 드라마 **꽃보다 남자**는 일본의 만화가 가미오 요코의 원작을 각색한 작품으로, 서민 집안의 소녀 잔디(구혜선 분)가 부유층 자제들이 다니는 고등학교로 전학해 네 명의 꽃미남 재벌 소년들과 만나면서 벌어지는 에피소드를 담았다. **꽃보다 남자**는 일본과 대만에서도 드라마로 만들어졌을 정도로, 국적을 막론하고 젊은 여성 시청자들이 보편적으로 공감할 만한 판타지를 담고 있다. 구혜선을 비롯해 이민호, 김현중, 김범 등을 주연으로 캐스팅한 데다 한채영, 이민정, 김현주 같은 연기자들이 조연으로 출연해 큰 화제가 되기도 했다.

꽃보다 남자의 21회에서는 지후(김현중 분)와 잔디(구혜선 분)가 공원에서 산책하는 장면이 나온다. 공원 여기저기에 결혼식을 앞두고 야외 사진 촬영을 하는 사람들이 보인다. 두 사람은 걷다 사람들이 많이 몰려 있는 곳을 지나게 되는데, 마침 커플 웨딩 사진 콘테스트가 진행 중이다. 당선자에게 주는 상품 중 유독 한우 고기에 잔디의 시선이 향한다. 아픈 동생에게 보내고 싶다는 생각이 들었기 때문이다. 두 사람은 이벤트에 참가하고 사진작가의 요청 때문에 키스까지 한다. 결국, 지후와 잔디 커플은 1등을 하고 제주도여행권을 받는다. 잔디가 노란 봉투를 받은 채로 계속 2등이 받은 한우 고기 세트를 바라보자 지후는 2등 팀의 선물과 바뀌 온다. 이 장면 또한 선유도공원에서 촬영한 것인데, 오밀조밀한 공원의 모습이 다양하게 담겼다.

한가인과 김남길이 호흡을 맞춘 17부작 드라마 **나쁜 남자**. 이 드라마의 두 주인공인 건욱(김남길 분)과 재인(한가인 분)은 주어진 상황을 극복하고 신분 상승을 위해 애쓰는 캐릭터다. 건욱은 어린 시절의 상처 때문에 해신그룹에 대한 복수를 꿈꾸는 인물로 이를 위해 뛰어난 두뇌와 카리스마를 발휘하며 전력 질주를 한다. 재인은 명문 대학 출신이지만 평범한 집안 때문에 자존심에 큰 상처를 입고 재벌 후계자와의 결혼을 꿈꾸기 시작한다.

드라마 1회에서는 꽃다발을 든 재인이 남자 친구의 어머니를 만나는 장면이 나온다. 남자 친구의 어머니는 재인에게 쥐뿔도 없으면서 똑똑한 머리 하나만 믿고 설치는 여자가 제일 싫다고 모욕을 준다. 그러면서 아들이 다음 달에 딴 여자랑 결혼할 거라 말한다. 극도의 모멸감을 느끼는 재인. 그녀는 남자 친구가 신부 될 사람과 야외 촬영하는 장소를 알아내고 공원으로 향한다. 재인은 공원의 이곳저곳을 살피다 행복한 얼굴로 사진 촬영을 하는 남자 친구를 발견한다. 남자 친구를 향해 거침없이 다가가는 재인. 그녀는 당혹스러운 표정을 지으며 변명을 하려는 그 남자의 뺨을 갈기고는 그의 어머니에게서 받은 돈 봉투를 던지고 돌아선다. 이 장면을 촬영한 장소 또한 선유도공원이었다. 남녀 간의 사랑을 중심에 놓은 세 드라마이지만, 드라마 상에 포착된 선유도공원의 모습은 사뭇 다른 모습이다. 어떤 모습에 더 가까울 것인지 선유도공원을 찾아 확인해보자.

한강공원 양화나루지구

국정원 직원들의 사건 사고를 코믹하고 박력 있게 다룬 영화 <7급 공무원>(2009). 한강 변에서 웨딩 사진을 찍는 듯하더니, 웨딩드레스를 치켜들고 누군가를 쫓아 달리기 시작하는 황당한 여자 수지(김하늘 분). 급기야는 쾌속정에 올라타고 엄청난 속도로 한강을 질주하며 누군가를 추적한다. 카메라는 양화나루 주변 한강 일대를 빠른 속도로 훑으며 박진감을 더한다. 수지는 웨딩드레스 차림의 첩보요원이었던 것이다.
선유도공원에서 남쪽으로 나 있는 긴 다리를 따라가다 계단으로 내려가면 곧장 연결된다.

절두산 순교지

선유도공원에서 양화대교 쪽으로 빠져나와 양화대교를 북쪽으로 건너면, 다리 아래에 양화진이 있다. 양화진은 한강을 통해서 각 지방에서 조세곡 수송선과 어물, 채소 등을 실은 배가 드나드는 곳이었다. 양화진 주변은 잠두봉과 어울려 뛰어난 경치로 많은 풍류객과 문인들이 뱃놀이를 즐기면서 시를 지었던 곳이기도 하다. 양화진의 위쪽에 있는 절두산은 원래 모양이 누에의 머리와 비슷하다고 하여 잠두봉으로 불렸다. 1866년 2월 프랑스 군함이 천주교 탄압을 문제 삼아 한강을 거슬러 양화진과 서강까지 진입하자 이에 격분한 대원군은 수많은 천주교인을 잠두봉에서 참수케 한다. 그 뒤로 머리를 잘랐다 하여 절두산(切頭山)이라는 지명을 얻게 되었다. 한국 천주교회에서는 순교 100주년을 기념하여 1967년 10월 순교 기념관을 개관하였다. 현재 절두산 성지 내에는 한국 천주교회 관련 사료와 유물. 유품 전시관, 28위의 성인 유해를 모신 유해실, 순례성당, 순교자 교육관을 비롯하여 야외 전시관이 있다.
지하철 2, 6호선 합정역 7번 출구에서 한강 쪽으로 도보 10분 소요. 자동차는 강변북로 성산대교 방향, 잠두봉 지하차도 진입 지점에서 우측 지상 절두산 진입로 이용
마포구 합정동 96-1 ☎ 3142-4434

#32
창덕궁

성균관 스캔들 (2010/드라마/김원석 외/박유천, 박민영, 송중기, 유아인) 성균관을 주 무대로 하는 조선 시대 캠퍼스 청춘 사극 드라마
옥탑방 왕세자 (2012/드라마/신윤섭/박유천, 한지민) 조선 시대 왕세자가 세자빈을 잃고 타임슬립해 21세기의 서울로 날아와 사랑을 이룬다는 러브스토리

창덕궁은 1997년에 유네스코 세계문화유산으로 등록되었다. 대한민국의 9개 세계문화유산 중 하나일 뿐 아니라 궁궐로는 유일하게 리스트에 올랐다. 경복궁이나 덕수궁 같은 조선 시대 대표적인 궁궐들을 제치고 창덕궁이 유네스코 세계문화유산으로 등록된 이유는 무엇일까. 많은 재앙을 입으면서도 여러 건물이 비교적 잘 보존된 탓도 있겠지만, 우리 민족의 감수성을 가장 잘 반영한 궁궐이란 점 또한 높은 평가를 받았기 때문이다. 중국의 궁궐이 가진 엄밀한 대칭성을 비껴가며 친자연적인 특징을 한껏 살려낸 대표적인 궁궐이 바로 창덕궁이다.

창덕궁은 1405년(태종 5년)에 완공된 데서 보이듯 태종의 의도가 궁 전체의 설계에 많이 반영되었다. 당시 정궁이었던 경복궁이 공적인 업무 공간으로서의 성격이 강했다면 창덕궁은 공적 공간의 기능에 왕의 사적 공간으로서의 기능이 더욱 강화된 탓에 조선 시대의 여러 왕에게 특별히 사랑받은 공간이기도 했다. 그러나 불행하게도 창덕궁은 임진왜란을 거치면서 크게 소실되었는데, 광해군 때에 다시 짓고 고종이 경복궁을 중건할 때까지 정궁 역할을 하기도 했다. 경복궁의 주요 건물이 좌우대칭의 일직선 상에 놓여 있는 데 반해 창덕궁은 건물들을 골짜기에 안기도록 배치하여 궁궐 건축의 비정형적 조형미를 대표하고 있다. 현재 창덕궁의 관람은 돈화문, 궐내각사, 인정전, 선정전, 희정당, 대조전, 성정각, 낙선재 등을 돌아보는 일반 관람과, 안내원의 안내를 따르고 인원을 제한해 후원을 관람하는 후원 특별 관람으로 나뉘어 있다.

조선 시대 다른 궁궐에 비해 접근이 다소 엄격한 창덕궁에서 최초로 촬영한 작품은 거장 임권택 감독의 영화 **취화선**이었다. 이 영화는 조선 시대 천재 화가로 불리는 장승업의 예술 세계에 포커스를 맞춘 작품이다. 연기파 배우 최민식은 영화 속에서 장승업의 역을 맡아 기성의 권위에서 벗어난 자유로운 예술가의 내면을 완숙하게 연기했다. 사대부 집에서 머슴살이하면서 그림에 눈을 뜨고 독자적인 방법으로 작품을 창작해내면서 천재성을 발휘하기 시작했던 장승업.

취화선은 '그림에 취한 신선'이란 제목이 말하듯이 장승업이라는 예술가의 성격을 짐작할 수 있게 한다. 장승업은 작품의 명성으로 조선 후기 화단의 총아로 주목받고 급기야는 임금의 명을 받아 궁으로 불려간다. 그러나 궁궐의 엄격한 분위기는 바람처럼 살아온 그와는 애초부터 섞일 수가 없었다. 보름달이 아름다운 어느 밤, 그는 임금이 처소를 옮기는 틈을 타서 내시들을 따돌리고 궁궐 밖으로 도망친다. 이미 그는 그림을 그린다면 누구나 꿈꿀 만한 임금의 부름조차도 가볍게 내던지는 달관의 경지에 도달했던 것이다. 이 궁궐에서 도망치는 장면은 창덕궁의 후원인 부용지 일대에서 촬영했다. **취화선**은 빼어난 한국적 영상미의 향연이라 해도 과언이 아닐 정도로 아름다운 풍광을 담고 있다. 이 영화로 임권택 감독은 2002년 제55회 칸 국제 영화제에서 감독상을 받기도 했다.

2010년 수많은 폐인을 양산하며 인기몰이를 한 드라마 **성균관 스캔들**. 정은궐의 소설인 **성균관 유생들의 나날**을 원작으로 한 이 작품은 조선 시대 성균관을 주 무대로 성균관 유생들의 우정과 사랑을 담았다. 특히 네 명의 주인공인 이선준(박유천 분), 김윤희(박민영 분), 구용하(송중기 분), 문재신(유아인 분)의 각기 다른 개성이 극의 재미를 배가시켰고 비교적 넓은 시청자층을 티브이 앞으로 불러모았다. 이후 정통 사극과는 궤를 달리하는 퓨전 사극의 인기에 불을 댕긴 작품이기도 하다. 극의 주요 무대인 성균관은 실제로는 전주 향교와 창덕궁을 활용해 촬영했다.

SBS 20부작 드라마 **옥탑방 왕세자**는 **성균관 스캔들**에 이어 박유천이 주연을 맡은 퓨전 사극이다. 이 작품에서 박유천은 이각과 용태용 역을 동시에 소화하며 열연했다. 조선 시대의 왕세자인 이각이 세자빈을 잃고 신하들과 함께 현대

옥탑방 왕세자

의 서울로 날아와 과거의 여인과 사랑을 하게 되는 이야기다. 300년이란 시간과 한양과 서울이란 공간을 넘나든다는 재미있는 설정과 함께 시공간의 차이 때문에 발생하는 다양한 에피소드를 재치있게 엮어 많은 시청자들의 사랑을 받았다. 이 작품에서 박유천은 21세기에 떨어진 조선 시대 왕세자 역할을 매우 설득력 있게 표현해 보였다. 실제로 많은 시청자가 그의 연기에 폭소를 터트리곤 했는데 그건 그의 연기에 많은 사람이 공감했기 때문이다.

옥탑방 왕세자 2회, 왕세자 이각과 그의 수행원들인 송만보, 도치산, 우용술이 최초로 타임슬립한 공간은 박하(한지민 분)가 사는 옥탑방이었다. 박하는 1톤 트럭을 직접 몰며 생계를 유지하는 젊은 여성이다. 왕세자 일행은 박하의 옥탑방에서 바라본 서울시의 야경에 혼비백산하더니 박하에게 궁으로 돌아가겠다고 말한다. 박하 또한 황당해하며 이들을 트럭에 태워 궁으로 향한다. 경복궁으로 가겠다는 박하의 말에 이각은 경복궁이 화재로 소실된 것을 모르느냐며 창덕궁으로 가자고 한다. 결국, 트럭은 창덕궁 앞에 멈추고 이각 일행은 창덕궁의 문을 두드리기 시작한다. 이윽고 경찰차가 등장하더니 촬영 끝났으면 빨리 돌아가라고 재촉하기 시작하고 이각 일행은 쫓기듯이 움직이기 시작한다. 서울의 4대

궁과 종묘를 모두 둘러볼 수 있는 한 달짜리 통합 관람 티켓이 단돈 만 원이므로 창덕궁 외에 다른 곳도 같이 들러보자.

📷 익선동 한옥 골목과 돈의동 쪽방촌

종로3가역과 종묘 안쪽에 있는 익선동에는 오래된 골목이 많이 남아 있다. 이곳에는 서민이 살던 한옥 단층 집들이 모여 있는 작은 한옥 골목도 있다. 가회동이나 북촌의 한옥에 비하면 허름하고 정비도 잘 안 된 곳이지만, 꾸민 느낌이 없어 소박하고 친근한 느낌이다. 이 골목의 현재 주소명은 수표로인데 임권택 감독의 영화 〈취화선〉(2002)에서 궁에 들어간 장승업이 '수표리에 채색을 맡아 사는 데가 있다'라며 도망간 바로 그 장소기도 하다.

한옥 골목을 지나 더 깊숙이 들어가면 쪽방촌이 나온다. 돈의동 쪽방촌은 약 3,300제곱미터 정도 규모에 90채의 건물이 780여 개의 쪽방으로 나뉘어 있다. 1920년대 돈의동 사탄시장에서 땔감과 숯 장사치들이 드나들다가, 한국전쟁 이후에는 사창가가 형성되었다. 1970년대에 들어 일용직 근로자나 노숙자들이 하루 방세를 주고 머물면서 쪽방촌이란 이름이 붙었다. 이곳은 보일러실이나 화장실이 골목으로 나와 있고, 2층에 베란다 대용의 선반이 달린 등의 건물이 많다.

#33 서울역

49일(2011/드라마/조영광 외/이요원, 조현재, 배수빈) 교통사고로 혼수상태에 빠진 한 여인이 49일 안에 살아남기 위해 고군분투하는 이야
적도의 남자(2012/드라마/김용수 외/엄태웅, 이보영, 이준혁) 뜨거운 욕망을 가진 네 남녀의 사랑 이야기를 다룬 정통 멜로 드라마

서울역은 대한민국 철도 교통의 중심지다. 1900년도에 경성역으로 영업을 시작했으니 이미 한 세기를 훌쩍 넘긴 철도 역사의 살아 있는 증거이기도 하다. 서울역의 상징인 서울역사는 1925년에 준공되었는데 일제강점기의 건축물 중에서도 보존 상태가 상당히 우수한 편이다. 서울역사는 대리석과 붉은 벽돌이 조화를 이룬 르네상스식 건물로 돔 양식의 지붕 또한 빼어난 아름다움을 자랑하며 사적 제284호로 지정된 상태다. 준공 당시만 해도 조선총독부, 조선은행(현 한국은행)과 함께 서양식 건축 양식을 도입한 공공 건물로 시민의 큰 관심거리였다고 한다.

철도 교통의 새로운 시대를 알리는 2004년 KTX의 개통과 더불어 기존의 서울역사는 새로운 민자 역사에 자리를 물려주었다. 대신 역사적 상징인 서울역사는 3년간의 공사를 거친 끝에 '문화역서울 284'로 재탄생했다. 서울역사의 사적번호에서 이름을 딴 이곳은 역사를 준공 당시의 모습으로 복원하여 역사적·공간적 잠재력을 극대화한 복합 문화 공간으로 재탄생한 것이다. 이곳에서는 2012년 6월 15일까지 '오래된 미래'라는 주제로 개관전을 진행했고, 건축과 시각디자인, 공연예술을 아우른 기획전과 서울역사 건축 복원 과정에서 나온 부자재와 영상을 보여주는 상설전도 함께 열고 있다.

KBS 20부작 수목 드라마 **적도의 남자**. 친구 사이의 돈독한 우정이 친구의 배신 때문에 처절한 복수를 향해 치닫는 과정을 담은 작품으로, 판타지 붐이 이어지는 2012년 상반기에 우직한 스타일로 의외의 반향을 불러일으켰다. 특히 주인공 선우(이현우/엄태웅 분) 역을 맡은 엄태웅을 비롯해 연기자들의 연기력에 대한 시청자들의 반응이 뜨거웠다.

선우는 학창 시절 사고만 치는 문제아였지만 유독 친구인 장일(시완/이준혁 분)과는 돈독한 우정을 나눈다. 주먹과 깡다구로 날리던 선우는 장일이 부딪히는 문제들을 알아서 막아주거나 해결해주는 한편, 늘 전교 1등을 하는 수재 장일을 만나면서 꿈을 갖게 된다. 그러나 이 두 사람을 둘러싼 가족 관계가 복잡하게 얽히면서 장일은 자신의 아버지를 위해 선우를 죽이려 한다. 선우는 가까스로 생명은 건지나 시력을 잃게 된다. 선우는 문태주(성호빈 분)의 도움으로 미국으로 가고 그곳에서 수술을 통해 시력을 되찾은 후 회사의 대표로 한국에 되돌아오게 된다. 그리고 드디어 장일에게 복수의 칼을 빼든다.

드라마 3화, 수미(박세영/임정은 분)는 서울 가는 기차에서 우연히 장일의 옆자리에 앉게 된다. 수미는 장일을 좋아하지만 장일은 늘 싸늘하게 반응할 뿐이다. 수미는 서울역사 앞에서 지갑을 소매치기당했다는 사실을 알고 당황한다. 마침 앞을 지나는 장일에게 사정을 이야기하고 돈을 빌려달라고 부탁한다. 장일은 빌려줄 돈이 없다고 대답하면서 오히려 자신이 서울에 가는지 어떻게 알았는지 물어본다. 수미는 황당해하면서 자신을 이렇게 대한 것을 후회할 날이 있을 거라 경고한다. 이 장면을 촬영한 곳은 서울역인데, 극 중 시대 상황에 맞게 새로 지은 민자 역사가 아니라 기존 역사를 배경으로 하고 있다.

스케줄러라는 독특한 캐릭터를 등장시켰던 SBS 20부작 드라마 49일. 신지현(남규리 분)은 교통사고를 당한 후 영혼과 몸이 분리된다. 지현은 스케줄러(정일우 분)에게 49일 안에 자신을 진심으로 사랑하는 세 사람의 눈물 세 방울을 얻으면 살아날 수 있다는 말을 듣는다. 대신 스케줄러는 지켜야만 하는 규칙 세 가지를 제시한다. 그것은 송이경(이요원 분)의 몸을 빌려 써야 하며, 돈은 직접 벌어야 하고, 12시 안에 송이경의 집에 돌아와 그녀에게 몸을 돌려줘야 한

49일

다는 것. 지현은 살기 위해 애를 쓰지만, 세 가지 규칙을 지키기가 쉽지 않다.

드라마 17회, 이경은 부산으로 가기 위해 서울역에서 기차를 탄다. 지현이 죽기 직전 그녀의 약혼자였던 민호(배수빈 분) 또한 이경에게 확인할 것이 있어서 서울역으로 향한다. 출발 직전의 기차 차창을 살피던 민호는 창가에 이경이 앉아 있는 것을 확인하고 기차에 오른다. 마침 서울역에 도착한 지현도 민호의 모습을 보고 기차에 탄다. 기차가 출발하고 민호는 이경의 맞은편 자리에 앉아 자신을 소개하고 이경에게 도움을 청한다. 이런 민호의 부탁에 자신이 왜 귀신에게 몸을 내줘야 하느냐며 반문하는 이경. 그 순간 민호 옆에 앉은 지현은 눈물을 흘리며 잘못했다는 말을 하고, 열흘만 신세 지게 해달라고 부탁한다. 드라마 후반부의 징검다리 역할을 했던 이 장면을 촬영한 곳은 서울역인데, 적도의 남자와는 달리 민자 역사와 플랫폼, KTX의 내·외관을 중심으로 포커스를 맞췄다.

박찬욱 감독의 복수 시리즈 삼부작의 하나인 친절한 금자씨. 스무 살에 죄를 짓고 감옥에 들어갔다가 13년 만에 출소한 주인공 이금자(이영애 분). 추운 겨울인데도 얇은 원피스에 검은 선글라스를 쓴 금자의 모습이 주변의 모습과는 사뭇 동떨어져 보인다. 출소한 금자가 서울로 들어온 입구 서울역. 이곳은 폐쇄된 공간에서 열린 공간으로 나가는 입구이자 복수를 시작하는 스타트라인이기도 했다.

주변 촬영지

서울역 광장

영화 <우리들의 행복한 시간>(2006)은 자살 미수자인 여자와 사형수인 남자의 상호 공감과 이해에 관한 이야기다. 깊은 내면 연기가 필요한 두 배역을 이나영과 강동원이 맡아 좋은 연기를 보여주었다. 이 영화에서 과거의 한 장면에 배경이 되었던 서울역 광장. 강동원이 동생과 함께 스크린 전광판의 노래하는 소녀를 바라보는 장면이다. 서울역 광장은 몇몇 드라마 장면을 제외하면 메인 촬영 장소로 등장한 사례가 생각보다 적은 편이다. 그러나 몇 년 동안의 신축 공사가 끝나고 복합 문화 공간으로 변신한 이후로 점점 영화와 드라마 촬영이 많아지는 추세다.

#34
W호텔

내게 거짓말을 해봐(2011/김수룡 외/강지환, 윤은혜, 성준) 호텔 경영자와 5급 공무원 사이의 거짓말로 인한 결혼 스캔들과 사랑
아테나: 전쟁의 여신(2010/드라마/김영준 외/정우성, 차승원, 수애) 한국형 원자로를 둘러싼 국제 테러 조직과 그들에 맞서는 NTS 요원들
백만장자와 결혼하기(2005/드라마/강신효/김현주, 고수, 윤상현) 가짜 백만장자의 사랑을 얻기 위해 여성 출연자 7명이 경쟁하는 리얼리티 프로그램을 소재로 한 드라마
게임의 여왕(2006/드라마/오세강/주진모, 이보영) 아버지의 복수를 결심한 한 남자가 원수의 딸과 사랑에 빠지면서 겪는 갈등을 담은 작품

서울의 대표적인 핫플레이스 중 한 곳인 W서울워커힐 호텔은 서울의 동쪽 끝인 아차산 자락에 자리 잡고 있다. 시내 중심과는 달리 탁 트인 시야 때문에 서울의 그 어떤 호텔보다도 뛰어난 전망을 자랑한다. W호텔은 2004년에 워커힐 호텔의 소유주인 SK가 세계 최고 수준의 호텔을 표방하며 워커힐 바로 옆에 건설했다. 대한민국 최초의 6성급 호텔이며 스타일을 강조한 첨단 부티크 호텔이기도 하다. 호텔의 분위기에 걸맞게 외국산 자동차의 론칭쇼나 명품 브랜드의 신상품 론칭 파티, 패션쇼나 유명 연예인의 결혼식 장소로도 자주 활용되는 곳이다. 14층 규모에 객실 수가 253개로 큰 편은 아니지만 독특한 디자인과 감각적인 인테리어로 트렌드를 선도하는 대표적인 호텔로 손꼽힌다. 이 때문에 호텔을 배경으로 한 드라마에 반복해서 등장하기도 했다.

아버지의 원수로부터 호텔을 되찾기 위해 인생을 거는 한 남자의 인생 굴곡을 담은 드라마 **게임의 여왕**. 이 작품은 SBS 20부작으로 주진모가 주인공 이신전 역을 맡았다. 신전은 어린 나이에 아버지를 잃는다. 아버지가 강재호(한진희 분)의 계략에 빠져 자살한 탓이다. 그런데 강재호는 그 계략에 신전의 어머니를 끌어들여 아버지의 호텔을 빼앗고 결국 그의 가정까지 파괴해버린 것이다. 신전은 복수의 칼날을 갈며 미국의 투자회사에서 트레이더로 일하다 한국 지사의 대표가 돼 서울로 돌아온다. 그는 자금 압박에 시달리는 강재호의 호텔에 투자 제의를 하면서 복수를 위한 구체적인 작업을 시작한다.

드라마 2회에서는 신전의 비전 한국 지사장 취임식 장면이 나온다. 긴 리무진이 화려한 외관을 자랑하는 호텔 앞에 멈추고 신전이 내린다. 사람들과 인사를 나누며 신전은 취임식장으로 향하고 그곳에서 강재호 회장을 만난다. 자신이 아군인지 적군인지는 때가 되면 확실히 알 거라는 의미심장한 말을 건네며 강재호와 인사를 나누는 신전. 재호는 신전에게 자신의 딸인 강은설(이보영 분)을 소개한다. 이 장면을 촬영한 곳이 W서울워커힐 호텔이다. 빼앗긴 호텔을 다시 찾는 것이 극 전개의 큰 줄기인 만큼 드라마 전편에 걸쳐 이 호텔의 다양한 모습이 나온다.

주인공이 호텔 사장인 드라마 **내게 거짓말을 해봐**. SBS 16부작인 이 드라마는 호텔을 경영하는 귀족남과 5급 공무원이 결혼 스캔들에 휘말리며 벌어지는 이야기를 코믹하게 그려낸 작품이다. 주인공 현기준(강지환 분)은 월드 호텔의 사장으로 뭐 하나 빠질 것 없는 미혼남이다. 드라마 1회에서는 공아정(윤은혜 분)이 병원비를 갚기 위해 기준의 호텔로 찾아간 장면이 나왔다. 호텔 커피숍에 앉아 근처에서 미팅 중인 기준을 기다리는 아정. 아정은 기준이 무슨 이야기를 하는지 궁금해하며 의자를 뒤로 젖히다가 뒤로 넘어지면서 토마토 주스를 쏟는다. 민망한 나머지 기절한 체하는 아정. 점점 소란스러워지자 옆자리에 있던 기준은 아정을 안고 객실로 데려가 침대에 던지고 소변이 급했던 아정은 바로 화장실로 뛰어간다. 윤은혜의 코믹한 연기가 재미있었던 이 장면을 W서울워커힐 호텔에서 촬영했다. 모던하면서도 절제된 느낌의 커피숍이나 객실 내부의 인테리어가 윤은혜의 얼굴 표정과 잘 어울리는 모습이다.

두 드라마가 호텔의 외관과 내부의 여러 곳을 다양한 모습으로 담았다면 이 호텔의 겨울 시즌의 명물인 야외 스케이트장을 잡아낸 드라마도 있다. SBS 16부작 드라마 **백만장자와 결혼하기**는 TV 쇼 〈백만장자와 결혼하기〉를 제작하며 벌어지는 이야기를 담은 작품이다. 예능국 PD인 유진하(윤상현 분)는 〈백만장자와 결혼하기〉란 프로의 연출을 맡으면서 김영훈(고수 분)을 캐스팅한다. 영훈은 아르바이트로 근근이 생계를 유지하는 상황인데, TV 쇼에서 가짜 백만장자 역할을 해달라는 방송국의 제안을 받고 방송에 출연한다. 그런데 공교롭게도 자신의 첫

사랑인 은영(김현주 분)이 상대 역할로 같은 프로그램에 나온 것이다. 드라마가 진행되면서 이 세 사람의 관계는 삼각관계의 양상으로 발전하기 시작한다.

드라마 8회에서는 호텔의 조명이 하얀 아이스링크 위에서 산란하며 낭만적인 크리스마스 시즌 분위기를 만드는 가운데 영훈과 은영은 스케이트를 타려고 한다. 은영이 스케이트를 제대로 신도록 세심하게 애쓰는 영훈. 두 사람은 손을 잡고 링크를 돌기 시작하는데, 마음이 편치 않은 은영은 혼자 가겠다며 링크를 나서다가 넘어진다. 영훈의 도움을 거절하고 나서는 은영. 영훈은 은영이 바닥에 떨어뜨린 휴대전화를 집어 든다. 링크장을 나오는 은영을 기다리는 진하. 링크장 앞에서 세 사람이 마주치고 진하는 이제부터 은영은 자신이 데려가겠다고 영훈에게 말한다. 영훈은 그건 절대로 안 된다며 당당하게 맞선다.

SBS 20부작 드라마 **아테나: 전쟁의 여신**. 드라마 1회의 전반부부터 강력한 액션 신을 배치해 시청자들의 많은 관심을 끌었다. 이 드라마의 카메오로 출연한 추성훈은 호텔의 공연 상황을 체크한 후 계단과 에스컬레이터를 거쳐 화장실로 향한다. 에스컬레이터를 내려가는 추성훈과 올라가는 차승원의 모습이 팽팽한 긴장감을 느끼게 한다. 휴대전화의 이미지를 체크한 차승원은 추성훈을 따라가며 화장실 입구에 출입금지 안내판을 돌려세운다. 그리고 이어지는 화장실 격투 신은 실전을 능가할 정도의 유례없이 격렬한 모습으로 호평을 받았다. 추성훈이 격투 직전까지 움직이는 모습은 W서울워커힐 호텔에서 촬영한 것이며 격투 장면은 7천만 원을 들여 만든 별도의 세트장에서 찍었다고 한다.

아테나: 전쟁의 여신

#35 신사동

파스타(2010/드라마/권석장/공효진, 이선균) 이탈리안 레스토랑을 배경으로 요리사를 꿈꾸는 여성의 성공담을 담은 작품
닥터 챔프(2010/드라마/박형기/김소연, 엄태웅, 정겨운) 태릉선수촌을 배경으로 국가대표 담당 주치의를 주인공으로 내세운 스포츠 메디컬 드라마

가수 주현미가 신사동 그 사람을 발표한 것이 1988년 즈음이니 벌써 25년의 세월이 흘렀다. 당시 신사동의 분위기는 성인가요 가사에 오르내려도 크게 어색함이 없을 정도였는데, 현재의 신사동은 성인가요의 분위기와는 어울릴 수 없을 만큼 크게 변모했다. 그런데 이런 변화는 몇몇 중소 화랑들이 옹기종기 모여 있던 좁은 골목인 가로수길에서 시작되었다. 아무래도 화랑들이 자리를 잡고 있다 보니 예술가의 작업실들도 생겨나고, 뒤를 이어 카페, 레스토랑, 디자이너 공방, 스튜디오 등이 속속 생겨났다. 지금은 이런 분위기에 가속도가 붙어 서울 안에서도 권리금이 가장 비싼 핵심 상권으로 변모했고 세로수길까지 생겨났다. 앞으로 어떤 모습으로 다시 변화할지 모르겠지만, 서울 강남 안에서는 가장 운치 있고 이국적인 모습 때문에 많은 사람이 찾는 곳이다.

신사동은 인근 압구정동이나 청담동처럼 강남을 상징하는 대표적인 곳이지만, 실제 강남구에 편입된 시점은 1975년으로 생각만큼 오래된 것은 아니다. 이런 신사동의 변화만 놓고 봐도 서울의 변화가 얼마나 역동적인지 알 수 있다. 신사동은 교통의 요지로 강남의 관문 역할을 하지만, 생각보다 상가 지역의 비율이 4%대로 낮은 편이며 주거 지역이 대부분을 차지한다. 그리고 단독 주택의 비율도 높은 편이다. 신사동 가로수길 문화를 대중화하는 데는 드라마나 영화 같은 대중문화의 역할도 큰 편이다. 특히 신사동에서 주로 촬영했던 드라마 **파스타**는 개성 있는 인물들과 세련된 영상을 통해, 먹는다는 일상의 행위가 고도의 문화적 취향임을 설득력 있게 펼쳐 보였다.

MBC 20부작인 이 작품에서 이선균은 극 중 버럭 셰프인 최현욱 역을 맡아 실감 나는 연기를 선보여서 드라마 종영 이후에도 선균 폐인들이 많이 양산되기도 했다. 전체적인 극의 흐름은 드라마의 여주공인 서유경(공효진 분)이 이탈리안 레스토랑의 주방 보조 요리사에서 메인 요리사로 성장하는 과정에 맞춰졌는데, 일반인은 거의 알 수 없었던 인생의 작은 축소판 같은 주방 안에서 벌어지는

파스타

다채로운 에피소드들이 시청자의 눈길을 끌었다. **파스타** 1회, 드라마 시작인 만큼 극 전체를 통해 레스토랑 '라스페라'가 자주 등장했다. 이탈리안 레스토랑의 주방은 어떤 구조인지, 어떤 방식으로 재료를 활용해 음식을 조리하는지, 팀원들 간에 어떤 식으로 역할 분담이 되는지 생생하게 엿볼 수 있다. 1회 전반부에서는 시청자를 위해 주방 내부의 일사불란한 모습을 맛보기로 배치해놓았다.

정신없이 일하던 유경은 레스토랑의 영업시간이 끝나고 나서야 커다란 쓰레기봉투에 기대 잠시 한숨을 돌린다. 유경이 내부 정리를 마치자 갑자기 나타난 주방 선배들이 케이크를 들이밀며 축하를 해준다. 주방 보조 3년 만에 유경의 밑으로 신입 보조가 들어올 예정이어서 그녀도 직접 음식을 만들어볼 기회가 생긴 것이다. 아무도 없는 주방에서 프라이팬을 움직이며 행복해하는 유경의 표정이 사랑스럽게 보인다. 이 레스토랑 신을 촬영한 곳은 신사동에 있는 이탈리안 레스토랑 '보나세라'로 드라마 촬영 전에도 신사동 일대에서는 유명한 곳이었다. 도산공원 근처여서 식사 후에 가볍게 산책하기에도 좋다.

SBS 16부작 드라마 **닥터 챔프**는 태릉선수촌을 배경으로 국가대표 담당 주치의의 눈을 통해 바라본 스포츠의 세계를 다루는 휴먼 스포츠 메디컬 드라마다. 연기파 탤런트 엄태웅은 극과 극을 오가는 성격인 태릉선수촌 의무실장인 이도욱 역을 맡아 뛰어난 연기력을 선보였다. 연우(김소연 분)는 이런 도욱의 카리스마에 호감을 느껴 선수촌 의무실 생활에 적응해보려고 애를 쓰는 정형외과 전문의. 그러나 스포츠에 완전히 문외한인 연우에게 태릉선수촌 국가대표 주치의란 직함은 가볍지만은 않다.

　　닥터 챔프 3, 4회. 연우는 이전에 근무하던 병원에서 서 교수(조민기 분)의 의료사고를 발설했다가 쫓겨난 데다 다른 병원의 취직 길도 막혀버린 상황. 어쩔 수 없이 태릉선수촌 국가대표 주치의로 지망해 근무가 결정됐지만, 태릉선수촌과 이전에 근무한 병원 사이의 양해각서 체결 때문에 서 교수를 다시 만나게 된다. 서 교수는 도욱에게 연우의 사직을 양해각서 체결에 추가 조항으로 넣어달라고 한다. 양해각서 체결 당일, 병원장과 서 교수, 연우가 앉은 자리에서 도욱은 오히려 서 교수를 해임해달라고 병원장에게 요구한다. 그렇지 않으면 의료사고 문제를 언론에 공개하겠다며 서류 봉투를 만지작거린다. 병원장은 도욱의 요구를 받아들이고 서 교수는 자리를 박차고 나가버린다.

　　이 장면은 연우가 당면한 문제를 도욱의 도움으로 푸는 극 중 결정적 순간이기도 했다. 이 장면은 지하철 3호선 신사역 인근 더리버사이드 호텔의 'GARDEN HALL'에서 촬영했다. 가든홀은 250명을 수용할 수 있는 웨딩홀로 한강 변의 풍경을 볼 수 있도록 설계되어 드라마 촬영지나 제작발표회 공간으로도 자주 활용되는 곳이다. 비즈니스의 중심인 강남에서 도심의 복잡함과 여유 없는 생활로 힘들 때 교통이 편리한 신사동의 가로수길을 찾아보자. 개성 있는 디자인에 눈길을 주며 걷다 보면 어느새 상쾌해진 자신을 만날 수 있다.

📷 논현동 99-1번지

씨네시티 맞은편 골목인 논현동 99-1번지는 영화 <황해>(2010) 때문에 주목받았다. 주인공 구남(하정우 분)의 타깃이었던 인물의 집이 이곳으로 설정돼 있었기 때문이다. 때문에 구남은 서울에 도착해서 이 건물과 주변을 먼저 살펴본다. 그리고 살인 계획을 세운 후 임무를 실행하기 위해 건물을 다시 찾는다. 그러나 자신의 목표물이 다른 사람에 의해 살해당하는 것을 목격한다. 순식간에 일어난 영문 모를 살인과 신고를 받고 들이닥치는 경찰. 사건 현장에서 얼굴이 노출된 구남은 살인자라는 누명을 쓴 채 경찰의 추적을 피해 다급히 도망친다. 이후 계속되는 구남의 목숨을 건 질주가 시작된다. 영화 속에 등장하는 이 건물 주변 사거리의 파리바게뜨는 현재도 운영되고 있다. 99-1번지 1층에는 어도라는 일식집이 있다.
지하철 7호선 강남구청역 하차 후 3번 출구로 나와 파리바게뜨 골목으로 800미터 직진. 오스테리아마티네가 사거리에서 좌회전하면 어도 간판이 보인다.

📷 학동 주택가

TV 시트콤을 영화로 재탄생시킨 <못말리는 결혼>(2007)은 다른 가정환경 속에서 좌충우돌하며 사랑을 찾아가는 로맨틱 코미디다. 전통 계승을 몸소 실천하는 풍수지리가 지만(임채무 분)의 외동딸 은호(유진 분)와 강남의 큰손 말년(김수미 분)의 외아들 기백(하석진 분)이 운명 같은 사랑에 빠진다. 그러나 두 사람은 달라도 너무 다른 두 집안의 결혼 허락을 받아야 하는 벽에 부딪히고 만다. 학동 공원 주변의 주택가에는 <못말리는 결혼>에서 나왔던 말년과 기백의 집을 찾아볼 수 있다.
지하철 7호선 학동역 7번 출구로 나와 직진 후 시우통상 골목으로 좌회전. 그리고 곧장 직진하면 나온다.

📷 논현동 주택가(87번지)

'과장', '부장'이라는 직급 대신, '형님' 소리를 듣는 남다른 직업을 가졌지만, 가족 사랑만은 남다르지 않은 대한민국 가장 강인구(송강호 분). 영화 <우아한 세계>(2006)에는 조폭이 등장하지만, 다소 독특한 조폭이다. 인구는 조직 일에 열심이지만, 아빠 역할에도 또한 열심이다. 가족들과 함께 살기 위해 엄청난 희생을 치르고 전원주택을 얻게 되어 기뻐하던 인구. 그러나 아내(박지영 분)와 딸과 아들이 있는 외국으로 떠난다. 우아한 전원주택에 홀로 남아 라면을 먹으며, 외국에 있는 가족들이 보내온 동영상을 보고 있는 인구의 모습에 이 시대 가장들의 쓸쓸함이 투영돼 있다. 영화에서 인구가 가족과 행복하게 살기 위해 마련한 전원주택은 논현1동 주택가에 위치해 있다.

#36
한강 유람선

웃어라 동해야(2010/드라마/김명욱 외/지창욱, 도지원) 미국으로 입양된 한국인 미혼모 엄마와 그의 아들 동해가 펼치는 휴먼 스토리
연애시대(2008/드라마/한지승/감우성, 손예진, 공형진, 이진욱) 헤어지고 시작된 아주 특별한 러브스토리
내 여자친구는 구미호(2010/드라마/부성철/이승기, 신민아, 노민우) 대학생인 대웅이 우연히 인간이 되고 싶어 하는 구미호를 만나면서 벌어지는 이야기

높은 빌딩과 계속 들어서는 아파트 탓에 서울 시내에서 자연과 접하면서 탁 트인 시야를 확보하기란 그리 간단치가 않다. 이럴 때 가장 적은 비용과 시간으로 해결할 방법은 역시 한강으로 가는 것. 잠시 짬을 내 강변 공원 산책로를 걷다 보면 시원한 경관뿐만 아니라 선선한 바람과 향긋한 냄새로 오감이 깨어난다. 기회가 된다면, 한강에서 강변 쪽으로 한 번쯤 시선을 던져보는 것도 좋을 듯하다. 현재 한강 변에는 8곳이나 되는 선착장이 골고루 분산돼 있어 큰맘 먹지 않고도 한강과 만날 수가 있다. 이용 가능한 유람선의 코스와 시간대도 다양한 만큼 상황에 맞게 기분 전환을 하거나 특별한 분위기를 연출할 수가 있다. 연인이 있다면 특히 유람선을 타고 한강의 야경 속으로 스며드는 경험은 꼭 필요할 듯. 여러 드라마와 영화에서는 환상을 극대화하는 유람선의 분위기를 살려 인상적인 선상 촬영 장면을 만들어내기도 했다.

SBS 16부작 드라마 **연애시대**. 이 작품은 일본의 저명한 드라마 작가이자 소설가인 노자와 히사시가 1998년에 발표한 동명의 소설을 토대로 만들었다. 제목이 상징하듯 남녀 간의 러브스토리이긴 하나 흔히 생각하듯 사랑의 완결인 결혼이 아니라 오히려 이혼하고 시작된 사랑이란 측면에 초점을 맞춘 독특한 내용이었다. 2000년대 이후로 한국 사회에서도 이혼의 비율이 빠르게 증가하는 만큼 이 드라마에서 보여준 두 주인공의 과장 없는 모습에 많은 시청자가 공감을 표했다.

책을 좋아하며 대형 서점에서 일하는 동진(감우성 분)은 서점에 책을 사러 온 은호(손예진 분)에게 반하고 둘은 결혼에 골인한다. 일상의 오랜 추억을 공유하는 사이지만 아이의 죽음이란 상처를 안고 헤어진 두 사람. 이들은 이혼했지만, 완전히 헤어지지 못하고 보고 돌아서는 과정을 반복한다. 드라마 15회에서는 두 사람의 이런 어정쩡한 관계를 새롭게 변화시키는 동진의 결혼식 장면이 나온다. 결혼식에 참석한 은호는 그때서야 비로소 아이가 사산된 날 동진의 행적을 알게 되고 피로연에서 그 유명한 노영심의 thank you를 눈물을 흘리며 부르는 장면이다. 이 부분은 한강의 유람선에서 촬영한 드라마 장면 중 많은 드라마 팬들이 손꼽는 최고의 명장면이기도 하다.

이승기와 신민아가 호흡을 맞춘 로맨틱 코미디 드라마 **내 여자친구는 구미호**. 이 작품은 한국인에게 친숙한 공포의 캐릭터인 구미호를 현대적으로 재해석했는데 대본을 집필한 홍 자매 특유의 코믹한 느낌이 물씬 풍긴다. 주인공 차대웅(이승기 분)은 철없는 연극영화과 학생인데 우연히 절에서 구미호(신민아 분)를 만나고 겁에 질려 그림에 갇혀 있던 구미호의 봉인을 풀게 된다. 한편 목숨이 위태로운 상황에서 구미호의 구슬 덕택에 위기를 넘긴 대웅. 하지만 그 대가로 구미호와 떨어질 수 없는 상황에 처한다. 이 작품에서도 한강 유람선 장면이 등장하는데, 이전의 로맨스 작품에 등장했던 유람선 장면과는 분위기가 사뭇 다르다.

드라마 4회에서는 대웅이 구미호를 따돌리려는 장면이 나온다. 한강 유람선에 승선한 대웅과 미호. 미호가 선상에서 꼬치를 먹고 있는 사이에 대웅은 유람선 밖으로 달려가고 이윽고 유람선은 출발한다. 미호는 유람선에서 멀어지는 대웅을 부르지만, 그는 뒤도 돌아보지 않고 달려간다. 미호는 대웅의 구슬과 멀어지자 기운이 빠져 주저앉고 점점 여우의 모습으로 변해간다. 이런 미호의 모습에 놀란 꼬마 때문에 미호는 화장실로 숨어들고 유람선의 직원들은 강제로 화장실의 문을 열려고 한다. 갑자기 내리는 비 때문에 생각을 고쳐먹고 다시 유람선으로 달려가는 대웅. 그는 선착장에 도착한 유람선으로 뛰어들어 미호를 데리

내 여자친구는 구미호

고 나오며 깊은 포옹을 한다.

　2010년 KBS 일일 드라마 **웃어라 동해야**는 미국으로 입양된 한국인 미혼모 엄마와 그의 아들 동해가 한국으로 돌아와 친부를 찾는 과정에서 진정한 사랑을 찾는다는 내용을 담은 작품이다. 쇼트트랙 선수인 동해(지창욱 분)는 성장 과정 때문에 한국을 싫어하나 유학생인 새와(박정아 분)와 6년이란 긴 시간을 사귀면서 생각이 변하기 시작한다.

　드라마 4회에서는 새와에게 청혼하기 위해 한국에 온 동해가 한강 유람선에서 새와와 데이트하는 장면이 나온다. 잠시 그녀가 화장실 간 사이에 어머니가 병원에 있다는 전화를 받고 황급히 유람선을 빠져나가는 동해. 새와는 그런 동해의 모습을 보며 황당해한다. **웃어라 동해야**는 159부작의 긴 드라마인데, 극 중에서 동해는 새와에게 배신을 당하는 등 많은 어려움을 겪지만 꿋꿋하게 일어선다. 이처럼 한강 유람선은 드라마와 영화의 주요 촬영장으로 활용되고 있는데, 최근에는 예전보다 훨씬 개성 있고 다양한 장면들이 생산되고 있다.

📷 한강 유람선

한강 유람선은 1986년 내국인은 물론 외국 관광객들에게 한강과 서울의 모습을 널리 알리고, 휴식 공간을 제공할 목적으로 취항을 시작했다. 선착장은 난지, 양화, 여의도, 잠실, 상암, 서울숲, 잠두봉, 선유도 등 8곳에 있으며, 자연재해나 기상 악화로 인한 결항을 제외하고는 연중 운항한다. 코스는 출발 지점으로 돌아오는 회항 코스와 다른 선착장에 내리는 편도 코스로 나뉜다. 회항 코스는 여의도-양화-여의도, 양화-한강대교-양화, 잠실-한남대교-잠실 코스와 여의도 주변을 돌면서 유람선 안에서 다양한 라이브 공연을 하는 라이브 코스 등 5개 코스가 있다. 편도 코스는 여의도-잠실, 잠실-여의도 2개 코스이며, 라이브 코스(1만 6,000원, 1시간 30분)를 제외하고 회항 및 편도 코스 요금은 모두 11,000원(초등학생 이하 반값)이고, 소요 시간은 1시간이다. 운항 횟수는 날짜마다 조금씩 다르기는 하지만, 하루 평균 25회 안팎이다.
☎ 3271-6900

#37
경복궁

뿌리 깊은 나무(2011/드라마/장태유 외/한석규, 장혁, 신세경) 세종 시대 훈민정음 반포 전 7일간 경복궁에서 벌어지는 집현전 학사 연쇄 살인 사건을 다룬 대체 역사 드라마
해를 품은 달(2012/드라마/김도훈 외/한가인, 김수현, 정일우) 조선 시대 가상의 왕 이훤과 비밀에 싸인 무녀 월의 사랑을 그린 작품

경복궁은 태조 이성계가 1395년에 창건했고, 1592년 임진왜란으로 소실되었다가 고종 때인 1867년 중건되었다. 경복궁은 조선 시대 제일의 법궁으로 궁궐 안은 크게 정무 시설, 왕족의 생활 공간, 휴식을 위한 후원으로 나뉘는데 일제강점기에 건물 대부분이 철거당하는 수모를 겪기도 했다. 1990년부터 현재에 이르기까지 지속적인 복원 사업이 전개되고 있어서 점차 예전 모습을 되찾는 중이다. 광화문-홍례문-근정문-근정전-사정전-강녕전-교태전을 잇는 중심 부분은 궁궐의 핵심 공간이기도 하며 조선 시대 한양의 상징적 뼈대이기도 했다. 이와 같은 경복궁의 상징성은 600년이 훌쩍 지나버린 21세기 대한민국의 수도 서울에도 여전히 의미있게 이어지고 있다.

2010년 하반기에서 2012년 상반기에 걸쳐 안방극장에서는 퓨전 사극 붐이 이어졌다. 이런 붐은 2010년 성균관 스캔들, 2011년 공주의 남자와 뿌리 깊은 나무, 2012년 해를 품은 달로 연결되었다. 이 작품들은 TNmS 기준으로 각각 13.7%, 23.8%, 23.6%, 42.3%의 최고 시청률을 기록할 정도로 높은 관심을 끌었다. 이런 퓨전 사극의 인기 때문에 드라마의 배경이 된 촬영지에 대해서도 관심이 뜨거웠다. 이들 드라마 중에서도 특히 뿌리 깊은 나무와 해를 품은 달에서는 인상적인 경복궁 촬영 신이 다채롭게 등장했다. 두 드라마 모두 조선 시대가 배경인 데다 주인공이 왕이었기 때문에 경복궁은 피할 수 없는 선택이었다.

2011년 화제의 드라마 뿌리 깊은 나무. 이 작품은 2006년 출간된 이정명의 동명 소설을 드라마화한 것으로 조선 시대 세종의 훈민정음 반포와 관련해 궁궐 내부에서 발생하는 집현전 학사 연쇄 살인 사건이 주요 모티브가 되고 있다. 이 작품은 역사적 소재들을 빌려 오긴 했지만, 원작자의 소설적 상상력이 주를 이루는 픽션이다. 그런데도 드라마의 인기 탓인지 역사적 사실에 맞지 않는다거나 특정 역사적 인물을 편중되게 표현했다는 등의 논란이 끊임없이 이어지기도 했다. **뿌리 깊은 나무**는 문화체육관광부로부터 허가를 받아 경복궁에서 4회 촬영할 기회를 확보했는데, 경복궁에서의 드라마 촬영은 **뿌리 깊은 나무**가 최초였다.

   이 드라마 4회의 한 장면. 아버지 태종의 임종을 지켜보는 청년 세종(송중기 분). 죽음을 앞에 둔 태종은 아직도 생각에 변화가 없느냐고 세종에게 묻고 훗날 자신의 무덤을 찾아와 어리석음을 고백하며 울게 될 것이라는 말을 한다. 결단코 그런 일은 없을 것이라고 단호하게 말하는 세종. 태종은 이렇게 대답한 세종의 멱살을 잡고 해내라는 말을 남기고 세상을 하직한다. 강력한 카리스마를 가진 부친을 저세상으로 보내고 세종은 향원정 쪽으로 발걸음을 옮긴다.

   다리 위에서 멈춰 선 채로 상념에 잠긴 세종. '이방원이 없는 천하'라는 내면의 목소리가 흐르고 세종의 눈에선 한 방울의 눈물이 떨어진다. 연못에 비친 세종의 모습을 잡은 카메라는 다시 다리 위의 세종에게로 향하고 이윽고 중년의 세종(한석규 분)이 모습을 드러낸다. 이 장면은 경복궁에서 실제로 촬영한 장면이

뿌리깊은 나무

기도 하며 미니 시리즈 **호텔**(1995) 이후 16년 만에 드라마에 복귀한 한석규의 첫 모습이기도 했다. 한석규는 태종과는 다른 길을 가기 위해 고투하는 청년 세종을 설득력 있게 연기한 송중기의 배턴을 이어받아야 하는 부담스러운 상황이었다. 하례가 시작된다는 주위의 말에 뜻밖에도 '지랄'이란 욕을 꺼내며 한석규의 세종이 첫 등장을 했다. 이 향원정 일대에서의 촬영 장면은 드라마가 마무리되는 24회의 끝 부분에서도 등장한다. 여기는 '너무도 낯선 곳'이라는 내면의 목소리와 함께.

MBC 20부작 수목 드라마 **해를 품은 달**은 베스트셀러 작가 정은궐의 동명 소설을 각색한 드라마로 2012년 상반기 최고의 화제작이다. 조선 시대 가상의 왕 이훤과 비밀에 싸인 무녀 월의 애절한 사랑을 뼈대로 삼았는데, 왕과 무녀의 로맨스라는 설정 자체가 대단히 흥미롭다. 특히 드라마 시작 초기에 아역 배우들의 명품 연기가 시청자들의 시선을 사로잡으며 호평을 받았다. 훤(여진구/김수현 분)은 연우(김유정/한가인 분)가 세자빈에 간택되자 자신의 사랑이 결실을 맺는 것으로 생각했다. 그런데 연우는 갑작스럽게 죽고 외척 가문의 보경이 대신 세자빈의 자리에 오른다.

드라마 6회에서는 비가 내리는 가운데 어린 훤에서 청년 훤으로 전환하는 장면이 나온다. 청년 훤은 향원정으로 향하는 다리 위에서 상념에 잠겨 있다. 철없는 왕세자에서 한 나라의 국사를 책임지는 당당한 임금으로 훌쩍 커버린 모습이다. 차갑고 시니컬하며 포커페이스다. 신하가 다가와 경연 시간임을 알리지만 훤은 묵묵부답이다. 신하는 거듭 반복해 알리나 훤은 엉뚱하게도 말이 너무 많다고 핀잔을 준다. 경연 대신 신료들을 밖으로 불러내라고 명하면서 격구나 한 판 해야겠다고 천연덕스럽게 덧붙인다. 이 장면 역시 경복궁에서 촬영한 것으로 김수현이 이 드라마에 처음 등장하는 장면이기도 했다. 김수현은 뛰어난 연기를 선보이며 연기 불안에 대한 우려의 시선을 말끔히 날려버렸고 최고 40%가 넘는 시청률을 이끌어내며 이 드라마를 통해 히어로로 부상했다.

📷 국립 고궁 박물관

2005년 덕수궁 궁중유물전시관을 대대적으로 확대 개편하여, 경복궁 내에 국립 고궁 박물관을 새롭게 개관하였다. 이곳에는 기존 왕실 소장품을 비롯해 4대 궁에 분산되어 있었던 조선 왕조 궁중 유물들을 약 4만여 점 보관 전시하고 있다. 종묘 안 왕의 재실을 재현해놓고 세종, 영조, 정조의 유물을 전시한 곳, 일본을 통해 반환받은 영친왕비의 원삼과 영친왕의 용포, 순종 황제의 어차, 그 외에도 기록 문서와 그림, 왕실의 물품 등이 전시되어 있다. 특히 세계기록유산으로 등재된 종묘증축의 궤도 전시 중이다. 영화 <신기전>(2008) 같은 사극 팬이라면 당대의 생활사를 엿볼 기회가 될 것이다. 천방지축 여대생이 대한제국 후손으로 하루아침에 공주가 된다는 내용의 드라마 <마이 프린세스>(2011)가 이곳에서 촬영되기도 했다.

🚗 종로구 세종로 1-57 ☎ 3701-7500

#38
반포

지고는 못살아(2011/드라마/이재동/최지우, 윤상현) 변호사 부부의 이혼 과정에서 발생하는 에피소드를 그린 드라마
꽃보다 남자(2009/드라마/전기상/구혜선, 이민호, 김현중, 김범) 평범한 소녀가 부유층 자제가 다니는 고등학교로 전학하면서 만나게 된 재벌 소년들과의 이야기
브레인(2012/드라마/유현기 외/신하균, 정진영) 뇌를 소재로 신경외과 전문의들의 삶을 담은 메디컬 드라마
종합병원2(2009/드라마/노도철/김정은, 차태현, 이재룡) 종합병원에서 일하는 의사들을 둘러싼 휴먼 드라마

서울시가 발표한 '2011 서울 서베이 도시정책지표'에서 25개 자치구 중 행복지수 1위를 차지한 곳이 서초구였다. 서초구는 자신의 건강 상태, 재정 상태, 주위 친지·친구와의 관계, 가정 생활, 사회생활 등을 묻는 세부 항목에서 가장 높은 점수를 받았다. 서초구는 내곡동, 반포동, 원지동, 잠원동, 서초동 등 여러 동을 포함하는데, 드라마나 영화의 촬영지로 자주 노출되는 곳은 역시 반포다. 반포는 한강과 인접해 있고 센트럴시티가 위치한 교통의 허브이기도 하며 병원, 도서관, 백화점 같은 기반 시설들의 정비가 잘돼 있는 강남의 대표적인 중산층의 주거 단지이기도 하다.

MBC 18부작 드라마 지고는 못살아. 주인공 최지우와 윤상현이 변호사로 나오는 드라마답게 반포의 모습을 찾아볼 수 있다. 반포와 가까운 서초동에 대법원과 서울고등법원이 있기 때문에 반포에 거주하는 법조인들의 수는 실제로 상당히 많다. 드라마 15회, 형우(윤상현 분)와 은재(최지우 분)가 자전거 데이트를 하는 장면이 나온다. 형우는 같은 취미를 가질 때가 됐다면서 은재에게 자전거 타는 법을 가르쳐주려 하나 자전거를 탈 줄 아는 은재. 형우는 자전거 한 대를 더 빌려오고 두 사람은 반포한강공원을 자전거를 타고 돌기 시작한다. 세빛둥둥섬을 비롯해 아기자기한 공원의 모습과 한강의 풍경이 두 사람의 표정만큼이나 정겨워 보인다. 반포한강공원은 반포대교 교량 양쪽에 설치된 달빛무지개분수로도 잘 알려졌는데, 이 분수는 2008년도에 세계에서 가장 긴 교량 분수로 기네스북에 등재되기도 했다.

이 달빛무지개분수 장면이 인상적이었던 드라마 꽃보다 남자의 23회, 야경이 환상적인 한강 변을 잔디(구혜선 분)와 지후(김현중 분)가 걷는다. 모든 것을 갖춘 지후는 매사에 늘 무심한 편이다. 이런 지후가 잔디에게 "무언가 지키고 싶은 게

생길 줄 몰랐어. 그런데 널 만난 후로 자꾸 하나씩 생기더라. 할아버지, 진료소, 재단 그리고 너."라며 고백한다. 지후의 말이 끝날 시점에 달빛무지개분수에서 물이 쏟아지기 시작한다. 조명을 받으며 움직이는 분수의 모습이 몽환적인 파스텔화처럼 보인다. '선배는 언제나 나한테 햇살 같은 사람이었다'는 잔디의 말이 내레이션으로 흐른다.

KBS 20부작 **브레인**은 신경외과 전문의들의 이야기를 다룬 메디컬 드라마로 시청자들의 많은 호응을 받은 작품이다. 신경외과 전임 의사인 이강훈(신하균 분)은 최고 명문인 천하대 의대를 졸업하고 최고의 성적으로 수련의를 거친 인텔리다. 그렇지만 가난한 집안과 무능한 부모에 대한 콤플렉스를 앞만 보고 달려가는 야망과 줄기찬 노력으로 극복해가는 인물이다. 그가 비인기 전공인 신경외과를 선택한 이유도 자신이 속한 대학병원 내에서 줄을 잘 잡을 수 있기 때문이었다. 이런 강훈의 판단은 적절한 것이었는지 최연소 조교수 임용을 앞두고 있다. 그러나 출세의 첫 관문인 조교수 임용에서 탈락하는 쓰라림을 맛보는 강훈. 더군다나 자신이 노리던 그 자리를 의대 동기 서준석(조동혁 분)이 차지했다. 준석은 강훈과는 달리 모든 것을 가지고 태어난 엄친아였다.

브레인 4회, 조교수 임용에 탈락한 강훈은 그 이유를 납득할 수 없어 자신의 임용을 반대했을 것 같은 김상철(정진영 분) 교수 연구실로 찾아가지만, 문은 닫혀있다. 답답한 마음에 병원 밖으로 나선 강훈은 준석이 제자들에게 둘러싸여 축하받는 모습을 본다. 준석에게 천천히 다가가는 강훈. 병원 건물을 배경으로 마주 선 두 사람의 모습이 옛날 서부 영화의 결투 장면을 방불케 한다. 폭발하기 직전의 분노를 담아내는 신하균의 표정 연기가 일품인 장면이었다. 이 장면을 촬영한 곳은 반포에 위치한 서울성모병원이었다.

MBC 17부작 메디컬 드라마 **종합병원2**는 1994년에 방영을 시작한 **종합병원**의 흐름과 이어지는 일종의 시즌제 드라마다. 과거 **종합병원**에 출연했던 김도훈(이재룡 분)이 스태프 의사로 나오

종합병원 2

고 황지만(심양홍 분), 정도영(조경환 분), 마상미(김소이 분) 같은 인물이 등장해 두 드라마의 내적 연계성을 높이고 있다. 극 중 주인공인 정하윤(김정은 분)은 법대를 나와 사법고시 합격 후 실전 경험이 있는 의료 소송 전문 변호사가 되기 위해 레지던트로 변신한 독특한 인물이다. 반면 주인공 최진상(차태현 분)은 의대의 유명한 사고뭉치 레지던트다.

종합병원2 1회, 사고뭉치인 진상의 모습이 코믹하게 보인다. 무균 돼지에게 바이탈 체크를 하라는 요구를 받고 투덜거리며 실험실로 간 진상. 그런데 실험실로 들어선 진상을 피해 무균 돼지는 실험실 밖으로 나가고 진상은 무균 돼지를 잡기 위해 쫓아간다. 건물 밖으로 나간 돼지는 급기야 건물 뒤쪽의 산으로 기어오르고 진상 또한 돼지를 쫓아 산으로 향한다. 그러나 돼지를 놓치고 마는 진상. 실험실 전체가 난리가 나고 한바탕 소란에 휩싸인다. **브레인**이 시작부터 병원의 리얼리티를 살려 긴박감 있게 이야기를 풀어간 반면 **종합병원2**는 로맨틱 코미디로 인기 있는 차태현을 내세워 시작부터 코믹하게 이야기를 전개했다. **종합병원2**의 무대인 성의 대학병원 또한 반포의 서울성모병원을 촬영지로 활용한 것이다.

#39
JW 메리어트 호텔 서울

그들이 사는 세상 (2008/드라마/표민수 외/송혜교, 현빈) 드라마를 만드는 남녀 PD를 둘러싼 일과 사랑 이야기
꽃보다 남자 (2009/드라마/전기상/구혜선, 이민호, 김현중, 김범) 평범한 소녀가 부유층 자제가 다니는 고등학교로 전학하면서 만나게 된 재벌 소년들과의 이야기
가문의 영광 (2008/드라마/박영수/윤정희, 박시후) 멸문한 종가를 다시 일으켜 세운 집념의 노인을 중심으로 전개되는 휴먼 스토리

서울 그 어느 호텔보다 접근성이 좋은 곳이 JW 메리어트 호텔 서울이다. 이곳은 대한민국 교통의 핵이라 해도 과언이 아닐 반포 센트럴시티의 일부를 구성하고 있다. 센트럴시티는 김포와 인천의 공항과 연계되는 지하철 9호선과 지하철 3, 7호선이 환승될 뿐만 아니라 전국을 연결하는 고속버스터미널까지 입점해 있다. JW 메리어트 호텔 서울은 세계적인 호텔 체인 업체인 메리어트가 위탁 운영을 맡고 있다. 메리어트는 전 세계 70개국에서 3,000여 개의 숙박 사업을 운영하는 호텔 기업으로 본사는 미국 워싱턴에 있다. JW 메리어트 호텔 서울은 실용적 럭셔리를 표방하는 특1급 호텔로 2000년 9월에 개관했다. 서울의 어디서든 접근이 쉽고 1,300여 명을 수용할 수 있는 그랜드볼룸이 있어서 드라마나 영화의 제작발표회, 패션쇼, 각종 시상식 등이 자주 열리는 곳이기도 하다.

현빈과 송혜교가 드라마 PD로 등장했던 드라마 **그들이 사는 세상**. 숨 가쁘게 돌아가는 드라마 제작 현장을 실감 나게 그린 작품인데, 이 드라마의 제작발표회가 실제로 JW 메리어트 호텔 그랜드볼룸에서 열리기도 했다. 16부작 드라마인데, 거의 매회 드라마 촬영 장면이 나오기 때문에 드라마 속의 드라마란 입체감을 느끼기에 부족함이 없었다. 드라마 8회에서는 드라마 상의 새로운 드라마인 **천지연**이란 작품의 제작발표회가 열리는 장면이 나온다. 이기적이지만 최고의 시청률을 올리는 규호(엄기준 분)가 연출을 맡은 작품인데, 제작발표회 직전에 출연자들에게 기자들 질문에 어떻게 대답할 것인지 지침을 주

그들이 사는 세상

는 모습이 보인다. 스태프 중 일부는 기자들에게 보도 자료를 돌리고 사회자의 호명에 따라 연출자와 연기자들이 플래시 세례를 받으며 무대로 오르는 장면 등은 TV의 '연예가 중계' 등에서 익숙하게 보았던 모습이기도 하다. 이 장면을 JW 메리어트 호텔의 그랜드볼룸에서 촬영했다.

그들이 사는 세상 3회에는 촬영 장소 확인차 준영(송혜교 분)과 민희(다인 분)가 호텔 안에서 대화를 나누는 장면이 있다. 민희는 호텔이 여러 드라마에서 너무 자주 나온 장소라며 투덜거린다. 준영은 민희에게 핀잔을 주며 커피숍 근처를 지나다 여자와 대화를 하는 준기(이준혁 분)와 시선이 마주친다. 준기는 그녀의 전 남자 친구. 이 장면은 JW 메리어트 호텔의 익스체인지 바에서 촬영했다. 이 외에도 이 호텔의 스위트룸에서 지오(현빈 분)와 준영이 하룻밤을 보내며 대화를 나누던 장면도 인상깊다.

F4 신드롬을 몰고 왔던 드라마 **꽃보다 남자**. 평범한 여고생 금잔디(구혜선 분)가 귀족계 학교인 신화고등학교로 전학 가 꽃미남 그룹 4명과 벌이는 좌충우돌 스토리를 담은 작품이다. F4의 대표적인 꽃미남인 윤지후(김현중 분)는 전직 대통령의 손자이지만 어린 시절 교통사고로 부모를 잃고 홀로 살아남았다. 이 사고의 충격으로 유년기에는 자폐 성향을 보였으나 첫사랑 서현(한채영 분) 때문에 어려움을 극복했다.

드라마 3회, 서현의 생일 파티가 열린다. 그녀는 부모의 도움을 받지 않고 홀로서기를 위해 파리로 돌아갈 것이며 다시 돌아오지 않겠다고 말한다. 그러고는 객실로 올라간다. 지후는 침대에 앉아 어린 시절 서현에게 받은 마리오네트를 조종하고 서현은 그 모습을 바라본다. 지후는 서현에게 자신이 어떤 존재인지 질문하며 마리오네트를 거칠게 내던진다. 자신을 달래는 서현에게 "나도 남자야. 너란 여자를 죽도록 안고 싶다."는 말과 함께 서현을 안고 키스한다. 이 장면은 JW 메리어트 호텔의 프레지덴셜 스위트룸에서 촬영했는데, 김현중은 키스 촬영 후에 "TV에서만 보던 인형 같은 한채영 씨가 앞에 있고, 키스까지 하니 더욱 떨렸다."고 촬영 소감을 밝히기도 했다.

SBS 54부작 주말 드라마 **가문의 영광**. 트렌디한 드라마들이 주류를 이루는 현실에서 **가문의 영광**은 멀리 물러서 있는 느낌이다. 가족들이 많이 보는 주말 드라마의 속성을 고려한 것이겠지만 종가, 족보, 종택, 종친 같은 소재들은 상당히 낯선 느낌이 든다. 드라마의 중심을 잡아주는 인물인 하만기(신구 분)는 몰락한 명문 가문의 후예로 낡은 족보 외에는 아무것도 가진 것이 없는 인물이다. 그러나 그는 족보에 집약된 가문의 역사와 선대의 행적 등을 통해 자기 정체성을 깨닫는다. 그리고 영민한 두뇌와 부지런한 성품으로 회사를 일구고 잃었던 종택도 되찾고 흩어졌던 종친까지 찾아 모은다. 드라마 시작 부분에서는 하만기의 손자들이 벌이는 불륜 같은 해프닝이 이어지지만, 횟수가 거듭될수록 가족 간의 사랑을 따뜻하게 담아내 시청자들의 호평을 받았다. 이 드라마에서도 JW 메리어트 호텔의 로비와 객실, 연회장 등 호텔 곳곳에서 촬영이 진행되었다.

#40
남산공원 케이블카

지고는 못살아(2011/드라마/이재동/최지우, 윤상현) 변호사 부부의 이혼 과정에서 발생하는 에피소드를 그린 드라마
꽃보다 남자(2009/드라마/전기상/구혜선, 이민호, 김현중, 김범) 평범한 소녀가 부유층 자제가 다니는 고등학교로 전학하면서 만나게 된 재벌 소년들과의 이야기
메리대구 공방전(2007/드라마/고동선/이하나, 지현우, 이민우) 뮤지컬 배우 지망생 메리와 무명 무협소설가인 대구의 코믹한 연애담

서울을 대표하는 공원 중 한 곳은 남산공원이다. 새로 조성된 거대한 공원들이 많아져서 예전의 명성만큼은 못하지만, 역사가 오래된 데다 서울 시내의 중심에 있는 거대한 공원이란 점에서 여전히 인기는 높은 편이다. 남산공원은 규모가 크고 다양한 볼거리가 많아서 하루에 다 돌아보기는 어렵다. 이럴 때 가장 편리한 방법의 하나가 남산 케이블카를 이용해 팔각정 주변을 즐기는 코스다. 서울시의 크고 작은 다양한 공원 중에 케이블카를 이용해 서울시의 야경을 즐길 수 있는 곳은 남산공원 말고는 없기 때문이다. 유일무이함이 주는 색다른 낭만을 적은 시간과 비교적 저렴한 비용으로 해결할 수 있기 때문에 연인과의 데이트에 특히 추천할 만한 코스다. 남산 케이블카는 세대를 초월한 연애의 대표적 아이콘이기 때문에 드라마나 영화에서도 자주 등장하는 편이다.

최근 몇 년 사이에 방영된 드라마 중에서 가장 인상 깊었던 남산 케이블카 촬영 신이 등장했던 작품은 역시 **꽃보다 남자**일 것이다. KBS 25부작 월화 드라마로 평범한 여고생 금잔디(구혜선 분)와 꽃미남 그룹 4명 사이에 벌어지는 다양한 에피소드를 담은 작품. 잔디는 F4의 멤버 중에서도 유독 구준표(이민호 분)에게는 까칠하게 대했다. 신화그룹의 후계자로 워낙 유아독존적인 성격이기 때문이다. 그러나 준표는 자신의 누나와 비슷한 느낌의 잔디에게 점점 빠져든다.

드라마 4회, 준표는 학교 식당에서 잔디에게 토요일 4시 남산타워 앞이라 말하며 1분도 늦으면 안 된다고 일방적으로 통고한다.

꽃보다 남자

잔디가 대답할 겨를도 없이 사라지는 준표. 어머니의 일을 돕다 통고받은 시각을 훨씬 넘긴 시간, 잔디는 망설이다 남산으로 향한다. 이미 어두워진 데다 눈까지 내린다. 잔디는 남산 N타워 주변을 살피다 눈을 맞으며 앉아 있는 준표를 발견한다. 잔디는 준표를 일으켜 세우고 자판기 커피를 뽑은 후 서울 시내가 한눈에 내려다보이는 케이블카 승차장 근처로 데려간다. 그사이에 두 사람은 건물 안에 갇히고 결국 케이블카 안에서 밤을 새운다.

　　MBC 18부작 수목 드라마 **지고는 못살아**. 한류 스타인 최지우와 윤상현이 주인공을 맡은 작품이다. 일본 드라마인 **사사키 부부의 인의 없는 싸움**을 토대로 재구성한 작품. 주인공인 은재(최지우 분)와 형우(윤상현 분)는 변호사로 활동하지만 일에 대한 관점이나 풀어가는 방식은 상당히 대조적이다. 마음씨가 너무 착해 무료 변호를 마다하지 않는 형우와 경제적 여유를 찾고 싶은 은재. 짧은 연애 후에 두 사람은 초고속으로 결혼하지만 일에 대한 생각의 차이만큼이나 일상생활에서도 차이가 크다는 사실을 확인한다. 이런 성격 상의 차이 때문에 두 사람은 이혼을 생각하지만, 이런 결정을 앞두고 두 사람의 생각도 엇갈리면서 여러 가지 해프닝이 생기기 시작한다.

　　드라마 17회에서는 은재와 형우의 남산 데이트 장면이 나온다. 드라마의 종반 부분이라 여러 가지 해프닝을 겪으면서 서로 다시 이해하게 된 두 사람. 퇴근길에 전화 통화하다 날씨가 좋다는 은재의 말에 바로 출발할 테니 남산에서 만나자고 하는 형우. 은재가 케이블카를 타고 남산 N타워로 향하는 장면에서 잡은 서울 시내의 풍경이 아름답다. 그러나 형우는 케이블카에서 휴대전화를 빠트리고 은재를 기다리게 한다. 7분여에 달하는 두 사람의 남산 케이블카 신은 케이블카를 이용해 팔각정 주변을 즐기는 코스의 정수를 압축해서 탁월한 영상에 담았다. N타워의 모습과 주변 사랑의 자물쇠 풍경, 팔각정 주변과 늦

가을의 분위기가 물씬 풍기는 단풍의 모습까지. 이런 아름다운 모습과는 달리, 회사에서 온 전화 때문에 형우는 은재와의 데이트를 그만두고 회사로 돌아가야 했다.

보잘것없는 삼류 인생인 20대의 남녀 두 사람을 주인공으로 내세웠던 **메리 대구 공방전**. MBC 16부작인 이 드라마는 인터넷 소설인 **한심 남녀 공방전**을 바탕으로 한 작품이다. 재벌이나 전문직, 혹은 연예인을 주인공으로 내세우는 많은 트렌디 드라마와는 다르게 실제 20대들이 공감할 만한 인물들을 주인공으로 내세워서 젊은 시청자들의 호평을 받았다. 주인공 황메리(이하나 분)는 대학을 간신히 졸업하고 회사에 취직했으나 해고당한 백수 신분이다. 그러나 밝고 긍정적인 성격에다 꿈이 있다. 메리의 꿈은 뮤지컬 배우가 되는 것. 오디션에 도전해서 계속 떨어지지만 포기하지 않는다. 돈이 없어 의식주를 각종 경품, 샘플, 사은품 등으로 해결하며 근근이 버티지만 이런 상황에 크게 개의치 않는 낙천적인 모습이다.

대구(지현우 분)는 강인한 체력을 자랑하는 무명의 무협소설가다. 가난하기는 메리와 마찬가지로 기회가 있을 때 많이 먹어두는 타입. 사법고시 1차 시험에 합격한 적도 있지만, 친구의 자살 이후 그에 대한 죄책감과 아등바등하는 자신의 모습에 환멸을 느낀 후 무협소설가로 변신한 인물이다. 독특한 캐릭터를 가진 두 주인공의 연애담을 엮은 작품인데, 이들의 모습은 승자독식 구조가 계속 강화되는 현실 속에서 인생을 개척해가야 하는 청춘들이 처한 상황을 코믹하게 반영하고 있다. 드라마 9회, 메리가 아르바이트하는 황제슈퍼가 나온다. 슈퍼 앞에서 강냉이 봉지를 마이크 삼아 노래 연습을 하는 메리. 그 모습을 지켜보다 한마디 하는 풍운도사의 모습이 능글맞다. 이 장면은 남산 케이블카 옆의 슈퍼에서 촬영했다.

#41 라마다 서울

스파이 명월(2011/드라마/황인혁 외/한예슬, 문정혁) 북한의 미녀 스파이 명월이 남한의 스타 강우를 만나면서 벌어지는 좌충우돌 로맨스
내사랑 내곁에(2011/드라마/한정환/이소연, 이재윤, 온주완) 따뜻한 세상을 만들어가는 리틀맘의 고군분투기를 그린 드라마
신기생뎐(2011/드라마/손문권 외/임수향, 성훈, 한혜린) 유일한 전통 기생 요릿집인 부용각을 둘러싸고 벌어지는 사랑과 애환을 그린 드라

라마다 서울은 2004년에 재개관한 호텔로 지상 12층 규모에 243개 객실을 갖춘 특2급 호텔이다. 규모는 그리 크지 않으나 선정릉에 인접해 있어 수려한 경관을 자랑하고, 밀도가 높은 삼성동이지만 산책과 조깅을 즐길 수 있을 정도로 입지가 좋은 편이다. 또한, 코엑스와 잠실과도 가까워서 비즈니스에 편리한 환경이다. 2004년 재개관하면서 라마다 호텔로 변신했으니 비교적 역사는 짧은 편이지만 드라마에서는 상당히 자주 노출되는 편이다. 특히 결혼식 장면의 촬영이 자주 화제가 되었다.

문정혁과 한예슬의 출연으로 방영 전부터 화제가 됐던 드라마 **스파이 명월**. KBS의 18부작 드라마로 북한의 미녀 스파이 명월이 한류 스타 강우를 만나면서 벌어지는 여러 가지 로맨스를 담은 작품이다. 최근 1, 2년 사이에 퓨전 사극들이 주목을 받는 가운데 남과 북을 소재로 한 작품들도 이어졌다. 2012년 상반기의 **한반도**와 **더킹 투하츠** 같은 드라마가 대표적인데, 이 두 작품보다 앞서 선을 보인 것이 2011년의 **스파이 명월**이었다. 한류의 인기가 높다지만 명월(한예슬 분)이 북한 한류단속반 소속 요원이란 설정은 꽤 코믹하다. 북한 여자와 남한 남자와의 로맨스이기 때문에 확연한 문화 차이를 전제하고 있는 데다 극 중 명월은 호기심이 강하고 행동이 앞서는 성격이어서 극의 전개 과정에 대해 많은 시청자가 궁금해했다.

드라마 4회의 브랜드 론칭 파티 장면. 호텔 앞으로 고급 세단들이 밀려들고 갤럭시 호텔의 주 회장(이덕화 분)이 차에서 내려 파티장으로 향한다. 파티장에서 강우(문정혁 분)는 주 회장의 손녀이자 자신을 좋아하는 인아(장희진 분)와 이야기를 나누고 있다. 강우는 주 회장과 인사를 나누고 파티가 진행된다. 이윽고 등장하는 명월. 파티복으로 완벽하게 갈아입은 상태지만 웨이터와 충돌하고 작은 소동이 일어난다. 자신에게 향하는 시선을 부담스러워하며 강우에게 다가가는 명월.

스파이 명월

주위의 한 남자가 명월에게 춤을 추자고 하자 근무 중이라며 거절한다. 사내가 계속 집적거리자 강우가 나서서 정리하고 강우와 명월은 춤을 추기 시작한다. 명월의 우아한 모습에 사람들의 시선이 집중되고 인아는 질투심에 어쩔 줄 모른다. 이 장면을 촬영한 곳은 라마다 서울의 신의 정원이다.

SBS 50부작 주말 드라마 **내사랑 내곁에**. 극 중 주인공인 도미솔(이송연 분)은 미혼모란 자신의 현실을 인정하고 상황을 적극적으로 개척해나가는 스타일이다. 반면 원인 제공을 한 고석빈(온주완 분)은 어린 데다 나약한 탓에 뒤로 주춤 물러나 도피유학을 떠났다 돌아온다. 김사경 작가는 시청자들이 리틀맘의 현실을 이해하고 그들을 따뜻하게 받아들이고 다시 삶을 계획하고 선택하는 데 도움을 주었으면 하는 바람으로 드라마를 집필했다고 한다. 그래서인지 극 중 미솔의 모습은 밝고 긍정적이다.

내사랑 내곁에 30, 31회에서는 미솔의 어머니인 봉선아(김미숙 분)와 석빈의 큰아버지이자 진송실업의 사장인 고진국(최재성 분)의 결혼식 장면이 나온다. 선아와 진국은 과부와 홀아비 처지로 동병상련의 공감대가 있는 상황. 극 중에서는 중년의 사랑이라는 또 다른 드라마적 재미를 주는 인물들이기도 하다. 두 사람은 결혼을 탐탁지 않게 생각하는 사람들의 반대를 무릅쓰고 결국 결혼식을 눈앞에 둔다. 그러나 미솔은 회사에서 밤샘하고 결혼식장으로 향하기 위해 회사 문을 나서다 괴한에 의해 납치당한다. 신부 입장을 위해 대기하던 선아의 휴대 전화로 미솔이 묶여 감금된 사진과 함께 결혼식을 중단하고 김포로 오라는 문자가 도착한다. 한복을 입은 채로 호텔 밖으로 뛰어나가는 선아. 영문을 모른 채로 식장 안에서 신부 입장을 기다리던 하객들도 당혹스러워한다. 꽤 오랜 시간에 걸쳐 방영된 이 결혼식 관련 장면 또한 라마다 서울에서 촬영했다.

    드라마 방영 동안 많은 논란이 있었던 SBS 52부작 주말 드라마 **신기생뎐**. 작가의 원래 의도는 최고이자 유일한 전통 기생 요릿집인 부용각을 둘러싸고 벌어지는 인물들 간의 이야기를 담고자 한 듯하다. 그러나 최고의 기생 요릿집이란 다소 자극적인 소재는 여느 로맨스 드라마에 등장하는 연애를 위한 배경 역할을 하다가 드라마의 횟수가 거듭될수록 존재감이 희박해진다. 극 중 주인공인 단사란(임수향 분)은 대학의 무용학과 졸업생으로 미모와 재능은 있으나 집안이 어렵다. 계모인 지화자(이숙 분)는 남편이자 사란의 아버지인 단철수(김주영 분)를 꼬드겨 사란이 기생집으로 들어가도록 종용하고 결국 사란은 부용각으로 들어간다.

    드라마 40회의 수향과 다모(성훈 분)의 결혼식 장면. 다모는 결국 아버지의 반대를 무릅쓰고 수향과의 결혼을 밀어붙인다. 극렬하게 반대하던 다모의 아버지 아수라(임혁 분)도 결혼식장에 모습을 드러냈다. 아버지가 식장에 왔다는 소식에 수라에게 고맙다고 인사하는 다모. 수라는 식만 참석하는 거라며 애써 감정을 자제한다. 결국, 무사히 결혼식을 마치는 수향과 다모. 20여 분 가까이 방영된 두 사람의 결혼식 장면을 촬영한 곳도 라마다 서울의 신의 정원이었다. **신기생뎐**은 이후 빙의 장면 등을 둘러싼 막장 논란 등이 이어졌지만, 마지막 회는 24%라는 높은 시청률을 올리며 마무리되었다.

#42 운현궁

아내의 유혹(2008/드라마/오세강/장서희, 변우민) 남편에게 버림받은 현모양처가 무서운 요부로 변신해 남편을 파멸에 이르게 하는 복수극
결혼합시다(2005/드라마/최이섭/강성연, 윤다훈, 배수빈) 30대 중반의 여성을 중심으로 펼쳐지는 연애와 결혼을 둘러싼 이야기
궁(2006/드라마/황인뢰/윤은혜, 주지훈) 황태자와 평범한 여고생의 사랑과 변화의 이야기

운현궁은 조선 시대의 다른 궁에 비해 극적인 역사적 상상력을 불러일으킨다. 운현궁과 떼려야 뗄 수 없는 흥선대원군의 시대는 전근대에서 근대로 전환되는 역사적 대격변기였고 그런 만큼 극도의 혼란스러움이 동반됐던 시대였기 때문이다. 흥선대원군의 생전에만 해도 병인양요, 신미양요, 임오군란, 동학농민운동, 청일전쟁, 명성황후 시해 등 크고 굵직한 역사적 사건들이 줄을 이었다. 흥선대원군은 이런 극단적인 변화 과정에서 정치적 실권을 행사했던 만큼 그의 실존적 고뇌 또한 만만치 않았을 것이다. 운현궁은 이런 인물이 거주했던 공간인 만큼 당대 조선의 그 어떤 곳보다도 역동적이면서도 긴장감이 감도는 곳이었을 것이다. 흥선대원군은 고종이 친정을 선포하자 운현궁으로 은퇴하기도 했고, 청나라 톈진에 4년간 유폐 후, 운현궁에 칩거하면서 재기의 기회를 노리기도 했다.

현재의 운현궁은 운치 있고 소박하며 한적한 도심 속의 휴식처로 기능하고 있다. 입구에 들어서 수직사를 지나면 노안당이 나온다. 바로 이곳이 대원군이 머물렀던 사랑채다. 보존 상태가 좋은 편이어서 조선 후기 양반 가옥의 모습을 볼 수 있다. 노안당 편액은 추사 김정희의 글씨를 집자해서 만들었다고 하니 당대 명필의 체취를 느낄 수가 있다. 노락당이 바로 이어지는데 이곳은 운현궁의 중심이며 고종과 명성황후 민씨가 가례를 올린 곳이기도 하다. 더 안쪽으로는 이로당이 있는데 이곳은 흥선대원군의 부인인 민씨가 살림을 하던 곳으로 작은 마당이 마루로 둘러싸여 있는 모습이 개방적이면서도 폐쇄적인 독특한 분위기를 자아낸다.

운현궁도 드라마나 영화의 배경으로 여러 차례 등장했는데 드라마에서는 유독 전통 혼례 장면이 많이 보인다. MBC 51부작 주말 드라마 **결혼합시다**. 드라마 19회에서는 주인공 나영(강성연 분)과 재원(윤다훈 분)의 결혼식 장면이 나온다.

결혼합시다

　이미 혼기를 훨씬 넘긴 두 사람인데 재원이 철이 없는 반면 나영은 똑 부러진 성격의 소유자다. 결혼 자금이 넉넉지 않아 엄동설한에 야외에서 전통 혼례를 하지만 두 사람은 너무나 좋아한다.
　그러나 결혼식에 참석한 두 사람의 모친들 사이에서는 상당한 신경전이 전개된다. 그도 그럴 것이 나영의 모친(박정수 분)과 재원의 모친(정영숙 분)은 과거에 나영의 부친(김용건 분)을 두고 연적 관계였는데 여전히 앙금이 남아 있는 상태다. 나영의 모친은 혼례를 준비 중인 딸에게 계속 투덜거리며 표정도 복잡미묘하다. 전통 혼례라 귀여운 실수를 연발하는 재원. 그러나 두 사람은 무사히 혼례를 마친다. 두 사람의 앞날을 축복이라도 하는 듯 갑자기 눈이 내리기 시작한다. 운현궁의 운치 있는 마당과 두 사람의 한복이 하얀 눈발과 대비되며 기억에 남을 만한 결혼식 장면을 연출했다.

　2008년 막장 드라마 논란을 일으켰던 SBS 129부작 일일 드라마 **아내의 유혹**. 현모양처였던 여자가 남편에게 버림받고 무서운 요부가 되어 예전의 남편을 다시 유혹해 파멸시키는 내용을 담았다. 드라마 15회에서는 주인공 은재(장서희 분)의 오빠인 강재(최준용 분)와 은재의 시고모인 정하늘(오영실 분)의 결혼식 장면을 담았다. 극 중에서 코믹한 이미지로 약방의 감초 역할을 하는 하늘은 식을 앞두고 긴장한 나머지 주전자에 담긴 술을 물처럼 마신다. 전통 혼례가 시작되고 중요한 혼례 절차마다 졸기 시작해서 하객의 가슴을 졸이게 한다. 그러나 혼례는 잘 마무리되고 두 사람은 너무나 행복해한다. 전통 혼례 장면 사이사이로 보이는 봄날의 운현궁 모습이 꽤 운치 있어 보인다.

운현궁의 모습을 시청자에게 가장 인상 깊게 보여주었던 드라마 **궁**. 박소희 작가의 동명 만화를 바탕으로 한 작품으로 대한민국이 1945년에 입헌군주국 체제를 채택하여 황제가 존재한다는 가정을 전제로 한다. 주인공 신채경(윤은혜 분)은 예술고등학교에 다니는 명랑하고 평범한 여고생이다. 이 학교에는 황태자인 이신(주지훈 분)도 다니는데 그는 민효린(송지효 분)과 사귀는 사이다. 그런데 오래전에 결정한 어른들 사이의 약속으로 채경은 이신과 결혼을 해야 할 상황. 채경은 이런 상황을 순순히 받아들인다. 이런 결정 탓에 채경은 황실의 문화를 습득하느라 진땀을 흘린다.

궁의 3회. 채경은 신과의 혼례를 앞두고 다양한 궁중 예절을 배우기 위해 운현궁으로 들어간다. 채경은 명성황후가 이곳에서 궁중 법도 교육을 받은 유서 깊은 곳이라는 설명을 듣는다. 설명이 끝나자 두 사람이 나눠 들고 온 엄청난 양의 교재들. 앞으로 공부해야 할 내용이란 이야기에 당혹스러워하는 채경. 가까스로 예절 교육을 끝내고 나자 예식에 대해 설명을 해보라는 주문을 받는데, 손목에 깨알같이 적어놓은 내용을 보고 대답하는 채경. 황가의 혼례답게 절차는 까다롭고 복잡하다. 이윽고 혼례식이 거행되는데 메인 장소는 운현궁이다. 앞의 두 드라마에서 보였던 전통 혼례와는 규모, 인원, 진행 과정의 복잡함 등에서 차원을 달리한다. 복장, 옷의 장식, 혼례용품 등의 색감과 형태 등이 운현궁이란 공간과 공명하면서 쉽게 찾아볼 수 없는 우아하고 세련되며 장식미가 넘치는 멋진 장면을 만들어냈다.

주변촬영지

 운현궁 덕성여대 평생교육원

운현궁 하면 노락당과 이로당만 떠올리기 쉽다. 하지만 실제 흥선대원군의 사적으로 지정된 것은 운현궁과 양관(서양식 건물)을 합친 것이다. 이 양관은 대원군의 손자인 이준의 저택으로 1912년 무렵에 건립되었고 현재는 덕성여대 평생교육원으로 사용되고 있는 건물이다. 〈궁〉(2006), 〈마이더스〉(2011), 〈더킹 투하츠〉(2012) 같은 드라마의 촬영지이기도 하다.

종로구 운니동 114 ☎ 765-1846

#43 서울 성곽길

더킹 투하츠(2012/드라마/이재규/하지원, 이승기) 북한 특수부대 여자 장교와 천방지축인 남한 왕자가 사랑을 키워가는 코믹 멜로 드라마
여인의 향기(2011/드라마/박형기/김선아, 이동욱, 엄기준) 시한부 판정을 받은 여행사 말단 여직원의 진정한 행복을 찾아가는 이야기
찬란한 유산(2009/드라마/진혁/한효주, 이승기, 문채원) 겹친 불행을 꿋꿋하게 이겨나가는 여주인공 은성의 성장 스토리

조선을 개국한 태조 이성계는 한양에 도읍을 정하고 1395년에 도성축조도감을 설치해 한양 둘레에 성곽을 쌓을 준비 작업에 착수했다. 정도전은 현재의 북악산, 인왕산, 남산, 낙산을 연결하는 성터를 결정했고 다음 해인 1396년부터 본격적으로 총 둘레 길이가 18킬로미터에 달하는 성곽 구축 작업이 시작되었다. 그리고 이 과정 안에는 사대문인 동의 흥인지문, 서의 돈의문, 남의 숭례문, 북의 숙청문과 사소문인 동북의 홍화문, 동남의 광희문, 서북의 창의문, 서남의 소덕문 등을 건설하는 작업도 포함돼 있었다. 1년여의 작업 끝에 성곽은 완성되었고 이후 세종 때 개축되고 숙종 때의 수축 과정을 거쳤다.

조선 시대와 운명을 같이해 온 성곽은 일제강점기에 들어서 큰 변화를 겪는다. 일제가 근대도시 건설이란 명분을 내세워 성문과 성벽을 무너뜨렸기 때문이다. 그 때문에 현재는 삼청동과 장충동 일대에만 성벽이 남아 있고 문도 일부만 남아 있는 상태다. 이 성곽을 현재는 서울 성곽이라 부르며 일부 구간은 성곽길을 따라 걸을 수 있게 해놓은 상태다. 비록 일부 구간이긴 하지만 산과 산을 잇는 능선을 따라 걷는 것이기 때문에 서울 시내를 한눈에 내려다볼 수 있고 자연을 접할 수 있어 가벼운 걷기나 데이트 코스로 인기가 높다. 서울시는 2014년을 목표로 서울 성곽의 복원 작업을 진행 중인 상황이다. 서울 성곽길은 드라마에서도 여러 차례 등장했는데 그 표정이 상당히 다양하다.

SBS 28부작 주말 드라마 **찬란한 유산**. 자기 앞에 닥친 고난을 꿋꿋하게 이겨 나가는 주인공 은성(한효주 분)의 모습에 많은 시청자가 공감했던 작품이다. **찬란한 유산** 2회, 계모 때문에 집에서 쫓겨난 은성과 은우(연준석 분) 남매는 갈 곳이 마땅치 않아 찜질방에서 하룻밤을 보내지만 서번트 증후군이 있는 은우 때문에 시비가 붙고 설상가상으로 은성은 계모에게서 받은 돈 봉투까지 잃어버린다. 어떻게 살아가야 할지 앞길이 막막한 은성.

새벽에 찜질방에서 쫓겨나다시피 한 두 사람이 찾은 곳은 서울 성곽길이였다. 푸른색 톤의 화면에 잡힌 동트기 전 서울의 고요한 모습과 성곽 위에 올라선 은성의 모습이 묘한 긴장 관계를 만든다. 은성은 은우를 성곽 위로 끌어 올리고 두 사람은 바람을 맞으며 위태롭게 서 있다. 은성이 은우에게 "날아서 엄마 아빠 보러 가자."고 하자 은우는 "엄마 아빠 보러 가자."고 웃으며 대답하고 뛰어내리려고 한다. 그 순간 깜짝 놀라 성곽에 주저앉는 두 사람. 은성은 은우에게 미안하다면서 동생을 감싸고 크게 울기 시작한다.

찬란한 유산

삼순이 열풍을 몰고 왔던 김선아가 주인공을 맡은 드라마 **여인의 향기**. SBS의 16부작인 이 작품에서 김선아는 여행사 말단 직원으로 힘겹게 살아가는 여주인공 연재 역을 맡았다. 학력, 외모, 집안 뭐 하나 내세울 게 없는 평균 미달의 그녀는 회사에서 잘리지 않기 위해 인내심으로 버티는 중이다. 그런 그녀는 교통사고로 병원을 찾았다가 담낭암 말기 판정을 받고 6개월 시한부 인생을 선고받는다. 회사에 사표를 내고 통장의 잔고를 확인한 후 그녀는 오키나와로 난생처음 해외 여행을 떠난다. 그곳에서 연재를 가이드인 줄로 착각한 지욱(이동욱 분)과 만나 즐거운 시간을 보낸다.

드라마 4회. 갑작스러운 복통 때문에 병원을 찾은 연재. 치료를 받고 집으로 돌아와 보험증서, 통장 잔고 등을 체크하다 꼭 하고 싶은 20가지가 담긴 버킷리스트를 작성하기 시작한다. 버킷리스트의 앞 번호에는 '탱고 배우기', '갖고 싶고 먹고 싶고 입고 싶은 것 참지 않기' 같은 항목이 채워진다. 뒤 번호의 목록을 채우기 전에 연재가 서울 성곽길을 산책하는 장면이 나온다. 그녀는 성곽을 등지고 시내를 내려다보며 상념에 잠겼다가 저녁에 다시 버킷리스트를 작성한다. 19번 '이 모든 것들을 사랑하는 사람과 함께 하기', 20번 '사랑하는 사람 품에서 눈 감기'로 연재의 버킷리스트는 완성된다. 이 장면에서 성곽길은 죽음을 앞둔 주인공이 생각을 가다듬는 차분한 사색의 장소이기도 했다.

이승기와 하지원이 주연을 맡아 방영 전부터 관심이 높았던 드라마 **더킹 투 하츠**. MBC 20부작 드라마로 입헌군주제라는 독특한 설정에다 북한 특수부대 여자 장교와 왕위 계승을 앞둔 남한 왕자와의 러브스토리란 파격적인 스토리를 담은 작품이다. 극 중 재하(이승기 분)와 항아(하지원 분)의 러브스토리와 함께 또 하나의 러브스토리가 시청자들의 관심을 끌었다. 그 주인공은 재하의 여동생인 재신(이윤지 분)과 왕실근위중대장인 시경(조정석 분). 실용음악을 공부하는 자유분방한 성격의 재신과 육사 출신으로 원칙에 충실한 군인인 시경은 뭔가 언밸런스한 느낌을 준다. 그렇지만 좌충우돌하며 조금씩 서로를 이해한다.

드라마 7회. 친구들과 회식 중인 재신은 경호원들 때문에 혼자 먼저 일어난다. 음식점 앞에서 재신은 시경에게 근처의 성곽까지 달리자고 하곤 먼저 뛰기 시작한다. 당황한 표정으로 재신을 따라 뛰기 시작하는 시경. 두 사람은 성곽에 도착하고 재신과 시경은 담장 위에 걸터앉는다. 성곽을 따라 이어진 조명과 서울 시내의 야경이 시너지를 내며 로맨틱한 분위기를 돋운다. 이윽고 하늘에선 별똥별이 떨어지고 재신은 시경에게 빨리 소원을 빌라고 재촉한다. 무슨 소원을 빌었느냐는 재신의 질문에 국가안보라고 대답하는 시경. 그 말에 박장대소를 하자 시경은 기분이 상한다. 시경의 기분을 풀어주기 위해 재신은 노래를 부르기 시작한다. 수채화 같은 이 장면 또한 서울 성곽길에서 촬영했다.

#44
경희궁

옥탑방 왕세자 (2012/드라마/신윤섭/박유천, 한지민) 조선 시대 왕세자가 세자빈을 잃고 타임슬립해 21세기의 서울로 날아와 사랑을 이룬다는 러브스토리
황진이 (2006/드라마/김철규 외/하지원, 왕빛나, 김재원) 조선 중종 때의 기생 황진이의 삶을 재구성한 퓨전 사극

서울의 여러 궁이 경복궁을 기준으로 동쪽에 자리 잡고 있는 데 반해 경희궁은 서쪽에 홀로 떨어져 있다. 경희궁은 광해군 때 창건되었고 본래 이름은 경덕궁이었다. 그러나 궁을 창건한 주체인 광해군은 인조반정에 의해 왕위에서 물러나야 했고 오히려 인조가 이곳에서 정사를 보게 된 것은 역사의 아이러니다. 인조 이후, 숙종이 이 궁에서 태어나 승하했고 영조 또한 이곳에서 승하했다. 정조는 이곳에서 즉위하기도 했으니 조선 시대 중기 이후로 궁으로서 중요한 역할을 했던 곳이다. 다른 조선 시대의 궁에 비해 늦게 창건이 된 만큼 원래 규모는 상당했으나 1829년의 화재로 궁내 주요 전각의 절반 정도가 소실되었다가 1831년에 중건되기도 했다. 흥선대원군 때에는 경복궁을 중건하면서 경희궁에 있던 건물을 많이 옮겨 갔고, 특히 일제강점기에는 일본인을 위한 학교인 경성중학교가 들어서면서 경희궁에 남아 있던 중요한 전각들이 대부분 헐렸으며 면적도 절반으로 축소되었다.

 1988년에 들어서야 경희궁 복원 작업이 시작되어 현재의 모습으로 변모한 것이다. 경희궁의 입구인 흥화문을 들어서면 정면에 숭정문이 보이고 길 왼쪽에는 서울시립미술관이, 오른쪽에는 서울역사박물관이 자리 잡고 있다. 숭정문을 들어서면 숭정전이 나온다. 이곳은 경희궁의 정전으로 국왕이 신하들과 조회를 하거나, 궁중 연회, 사신 접대 등 공식 행사가 진행됐던 곳인데 현재의 숭정전은 발굴된 자료나 재료를 이용해 복원한 것이다. 숭정전 뒤쪽으로 경희궁의 편전인 자정전이 있다. 이곳은 국왕이 신하들과 회의를 하거나 경연을 여는 등 공무를 수행하던 곳이다. 이곳 또한 훼손이 심해서 발굴을 통해 복원했다. 경희궁은 서울의 다른 궁에 비해 덜 알려졌지만 소담스럽고 호젓한 분위기 때문에 친근감을 준다. 드라마 상에서도 경희궁을 배경으로 인상 깊은 장면을 남긴 작품들이 있다. 대표적인 작품을 꼽자면 **옥탑방 왕세자**와 **황진이**.

SBS 20부작 드라마 **옥탑방 왕세자**는 조선 시대 한양과 21세기 서울을 넘나드는 시공을 초월한 로맨스를 그린 작품이다. 한류 스타인 JYJ의 박유천은 극 중에서 왕세자 이각과 용태용의 1인 2역을 맡아 좋은 연기를 선보였다. 이각은 숨진 세자빈이 살해된 것으로 생각하고 세 명의 부하와 함께 목격자를 찾기 위해 길을 나선다. 그러다가 자객에게 쫓기는 상황이 발생하는데 갑자기 일식이 생기면서 네 사람은 낭떠러지로 사라지고 서울 박하(한지민 분)의 옥탑방에 도착하게 된다. 이각과 그의 부하들은 300년이란 시간과 한양과 서울이란 공간의 차이 때문에 모든 것이 낯설고 두렵지만, 시청자는 그들의 일거수일투족에서 신선하고 코믹한 재미를 맛볼 수 있었다.

　　드라마 1회의 왕세자 이각(최원홍 분)과 세자빈 화용(김소현 분)의 혼례 장면. 신랑 신부가 전부 어린 나이이기 때문에 혼례 장면에서는 아역 배우들이 등장했다. 숭정문이 비스듬히 열리는가 싶더니 공중에는 다섯 색깔의 천으로 만든 줄이 숭정문에서 숭정전 앞까지 길게 이어져 있다. 숭정전 좌우로는 붉은 옷을 입은 신하들이 의관을 갖추고 질서 정연하게 서 있다. 이윽고 혼례의 당사자들인 이각과 화용이 화려한 예복을 입고 등장한다. 만면에 미소를 머금은 화용의 얼굴과 그녀의 동생인 부용(전민서 분)의 얼굴이 대비된다. 원래 정해진 세자빈은 부용이었으나 욕심 많은 화용은 인두로 동생의 얼굴에 흉을 만들고 동생 대신 혼례를 치르는 자리. 이렇게 엇갈린 이각과 부용의 운명은 먼 길을 돌아 21세기 서울에서 새로운 러브스토리로 이어진다. 경희궁에서 촬영한 혼례 장면은 과거 이곳의 정전이었던 숭정전에서 어떤 방식으로 공식적인 행사들이 진행되었는지 유추해볼 수 있는 장면이기도 했다.

　　늘 특색 있는 주인공 역할을 선택하는 하지원이 조선 시대 최고의 기생이었던 황진이로 변신했던 드라마 **황진이**. KBS 24부작 드라마였던 이 작품에서 황진이의 첫사랑인 김은호 역으로 장근석이 등장한다. 한류 스타 근짱으로 등극하기 몇 년 전에 찍은 작품이지만 사랑에 빠진 소년의 모습을 아주 매력 있게 보여주었다. 신분의 벽에 가로막힌 두 사람의 사랑은 비록 은호의 죽음으로 끝이 나지만.

황진이

드라마 19회, 중종 치세 20년을 경축하는 궁중 진연이 열린다. 이 자리의 하이라이트는 진이와 부용(왕빛나 분)이 각기 선보일 학무와 명고무. 두 사람은 임금 앞에서 춤을 춰야 하는 만큼 곱게 단장을 한다. 큰 행사를 준비하느라 숭정전 앞은 분주하다. 준비가 끝나고 부용과 진이는 숭정문으로 입장하는데 진이는 상념 때문에 숭정문을 넘지 못하고 행수 매향(김보연 분)의 말을 듣고서야 간신히 문턱을 넘어 숭정전으로 향한다. 임금이 자리를 잡고 나자 드디어 진연이 시작된다. 부용이 먼저 명고무를 선보이고 화려한 옷과 춤사위가 숭정전의 그윽한 분위기와 잘 어울린다. 춤을 추는 부용의 모습을 흡족하게 바라보는 중종. 다음은 진이의 학무 차례. 중종은 학무의 무보를 열심히 들여다보고 이윽고 진이의 학무가 이어진다. 그러나 상념에 사로잡힌 진이는 학무를 추다 기절을 하고 만다. 높은 위치에서 부감으로 잡은 진이의 모습과 숭정전의 모습은 한 폭의 동양화 같은 느낌이다.

'엣지 있게~'란 유행어를 만들어낸 드라마 〈스타일〉(2009). 드라마 속 주인공 우진(류시원 분)이 운영하던 'About 쌤'의 촬영 장소가 퓨전 한식 레스토랑 '콩두이야기'다. 이곳은 서울역사박물관 1층에 자리하고 있다. '콩으로 빚은 예술'이란 홍보 문구에서 드러나듯 메인 메뉴는 콩으로 만들어졌다. 식사뿐만 아니라 간단한 먹거리와 음료도 제공한다. 테라스로 나가면 고궁 느낌의 정원을 감상하며 식사할 수 있다. 전통 한식보다는 세계화된 한식을 맛볼 수 있다.

종로구 신문로2가 2-1 ☎ 722-7002

역대 대통령들의 발자취와 수도 서울의 발전사를 한눈에 볼 수 있는 공간. 청와대를 방문하는 내외국인들이 서울의 과거, 현재, 미래를 공유할 수 있는 역사기념관이다. 세계문화유산과 문화적 자산에 관한 정보를 아울러 얻을 수 있다. 1층은 대한민국관, 하이서울관 등이 있고 2층은 역대 대통령들의 사진이 전시된 대통령관, G20 회담 테이블이 있는 휴게실 등으로 구성되어 있다. 편의 시설로는 기념품 판매점과 찻집이 있는데 간단한 식사와 차를 제공한다. 이곳 찻집에서 영화 〈굿모닝 프레지던트〉(2009)를 촬영하기도 했다.
지하철 3호선 경복궁역 하차 후, 4번 출구로 나와 출구 반대편 방향으로 직진하면 된다. 도보 12분 정도 소요된다.

종로구 효자동 150 ☎ 723-0300

#45 연세대학교

미스 리플리(2011/드라마/최이섭/김승우, 이다해, 박유천) 거짓말의 수렁에 빠진 위기의 여자와 두 남자 사이의 사랑과 파멸을 담은 작품
지고는 못살아(2011/드라마/이재동/최지우, 윤상현) 변호사 부부의 이혼 과정에서 발생하는 에피소드를 그린 드라마
내게 거짓말을 해봐(2011/드라마/김수룡 외/강지환, 윤은혜, 성준) 호텔 경영자와 5급 공무원의 거짓말로 인한 결혼 스캔들과 사랑
아름다운 그대에게(2012/드라마/전기상/설리, 민호) 남자 체고에 위장전학 온 남장 미소녀를 둘러싼 이야기

울 최고의 대학 밀집 지역인 신촌 일대는 늘 활력이 넘친다. 연세대학교, 서강대학교, 이화여자대학교가 위치한 데다 홍익대학교 또한 지하철 한 정거장 거리다. 특히 연세대학교 캠퍼스는 그 규모와 멋스러움으로 명성이 자자하다. 연세대학교는 1885년 앨런이 고종의 명으로 설립한 제중원을 모체로 하고 1957년에 연희대학교와 세브란스의과대학이 통합하여 탄생한 만큼 대한민국 고등교육의 역사와 궤를 같이해 왔다. 특히 연세대학교 캠퍼스는 근대 영미식 대학 캠퍼스를 기준으로 하여 설계된 데다 역사가 오래되었기 때문에 고풍스러우면서도 세련된 멋이 공존한다.

　　이런 분위기는 사적 276호로 지정된 언더우드관과 이 건물 양옆에 자리 잡고 있는 스팀슨관과 아펜젤러관 부근에서 극에 달한다. 언더우드관은 스팀슨관과 아펜젤러관에 이어 건설된 연세대학교의 고딕식 석조 건물로 담쟁이덩굴이 건물 전면을 가득 덮고 있어서 아름다운 경관을 선사한다. 교문에서 일직선으로 훤하게 열린 백양로의 끝 부분에 자리 잡고 있기 때문에 캠퍼스 전체의 시각적·상징적 구심점처럼 느껴진다. 1925년에 완공된 건물이지만 보존 상태가 좋은 편이기 때문에 언더우드관 근처에서 몇 편의 영화 촬영이 진행되기도 했다. 영화 **엽기적인 그녀**(2001), **마들렌**(2002), **동갑내기 과외하기**(2007) 등에서 연세대학교 캠퍼스의 낭만적인 모습을 엿볼 수가 있다. 특히 전지현의 '나 잡아봐라 하이힐 신'은 오래도록 영화 애호가들 사이에서 회자되었다. 캠퍼스 안쪽만이 아니라 연세대학교 인근에도 인상적인 장면을 촬영한 곳이 곳곳에 숨어 있다.

　　최지우와 윤상현이 변호사 부부로 변신했던 18부작 드라마 **지고는 못살아**. 이혼 후에 상대방을 더 잘 이해하게 되는 두 사람의 에피소드를 담은 작품이다. 드라마 9회, 주인공 형우(윤상현 분)는 교통사고와 연관된 사건을 의뢰받는다. 그러나 이 사건 때문에 과거의 트라우마로 괴로워한다. 형우는 동생인 형주(이상엽 분)가 미국에서 귀국하자 반가운 마음에 드라이브를 나선다. 형우는 조수석에서 졸고 있는 형주를 깨우다 앞차의 추돌 사고를 피하지 못해 차가 전복되는 대형 사고를 당한다. 의식이 회복된 형우, 머리엔 붕대가 감겨 있고 얼굴은 온통 상처 투성이에 한쪽 팔은 깁스를 한 상태다. 형주가 사망했다는 사실을 알고 장례식장으로 뛰어드는 형우. 동생의 영정 사진을 보며 오열하는 모습이 시청자들의 눈물샘을 자극했다. 이 장면은 연세대학교 캠퍼스에 있는 세브란스 병원의 장례식장에서 촬영했다.

지고는 못살아

김승우, 이다해, 박유천 등이 나왔던 16부작 드라마 **미스 리플리**. 작품의 제목인 '리플리'는 허구의 세계를 진실이라 믿고 거짓된 말과 행동을 반복하는 반사회적 인격장애인 리플리 증후군에서 빌려 온 것으로 보인다. 이 용어는 소설가 패트리샤 하이스미스가 1955년에 발표한 소설 재능 있는 리플리 씨의 주인공 이름에서 유래한 것이다. 이 작품은 주인공 리플리가 자신이 살해한 친구로 신분을 속이고 인생을 살아가는 내용을 담았다. **미스 리플리**는 참여정부 시절 사회를 떠들썩하게 했던 신정아 스캔들을 모티브로 거짓말의 수렁에 빠진 한 여자와 이 여자를 사랑하는 두 남자 사이의 관계를 중심으로 풀어냈다.

미스 리플리 1회에서 장미리(이다해 분)와 유타카(박유천 분)가 우연히 만나게 되는 장면이 나온다. 어린 시절 버림받아 고아원에서 자란 미리는 양아버지의 노름빛을 청산하고 한국으로 돌아가기 위해 일본 후쿠오카 외곽의 한 유흥가에서 악착같이 일한다. 미리는 히라야마의 손아귀에서 간신히 빠져나와 한국으로 돌아오고 임시 거처를 알아본다. 정보지 광고를 보고 고시원을 찾아가는 미리. 고시원의 복도를 따라가던 미리는 방에서 나오던 유타카와 부딪치고 선반 위의 식판이 떨어지면서 미리의 옷에 음식물이 묻는다. 자신의 옷에 묻은 음식물을 닦으려 하는 유타카의 모습을 보며 미리는 황당해한다. 극 중 청일고시원은 두 사람의 관계가 형성되는 실마리를 제공하는 곳이다. 이곳은 연세대학교 캠퍼스 의과대학 신관 맞은편 명물거리 안쪽에 있는 영재하숙으로 드라마 분위기에 맞게 변형시켜 촬영한 것이다.

　SBS 16부작 드라마 **내게 거짓말을 해봐**. 이 작품도 **미스 리플리**와 비슷하게 거짓말이 드라마 전개의 시발점이 되고 있지만 두 작품의 분위기는 전혀 다르다. **내게 거짓말을 해봐**에선, 거짓말 때문에 현기준(강지환 분)과 공아정(윤은혜 분)이 결혼 스캔들에 말려들긴 하지만 티격태격하면서 두 사람은 서로 사랑하는 관계로 발전한다.
　드라마 15회, 문화관광부에서 파면을 당할 위기를 무사히 넘기고 복직을 하게 된 아정. 이 일을 계기로 자신을 도와준 기준에게 고마움을 느낀다. 아정과 기준은 아정의 부친과 심 여사의 파티를 준비한다. 아정의 부친은 아내와 사별한 후 심 여사와 재혼하려 했으나 아정의 반대로 포기하고 오랜 시간 친구로 지내왔다. 심 여사를 짝사랑했던 석봉(권해효 분)은 슬픔을 누르고 두 사람을 위해 음식을 준비하고 아정과 기준, 아정 아빠와 심 여사, 상희, 자두, 석봉은 한자리에 모여 파티를 한다. 이 파티 장면은 연세대학교 캠퍼스 가장 서쪽에 있는 연세대 재활학교 골목에 자리 잡고 있는 카페 마리아 칼라스에서 촬영했다. 유럽의 가정집 분위기가 물씬 풍기는 곳으로 신촌의 대학생들에게는 꽤 알려진 곳이다.

동명의 일본 만화 원작을 드라마화한 **아름다운 그대에게**. 이 작품은 높이뛰기 선수인 강태준(민호 분)을 만나기 위해 남자 체육고등학교에 위장 전학을 한 여학생 구재희(설리 분)의 이야기다. 같은 학교의 남학생 차은결(이현우 분)은 재희의 이런 상황을 모른 채, 재희에게 끌리는 자신의 감정 때문에 혼란스러워한다. 드라마 6회에선, 은결이 자신의 이런 감정을 다잡고자 어린 시절 여자 친구인 홍다해(남지현 분)와 영화관에서 데이트하는 장면이 나온다. 이 장면을 촬영한 곳은 경의선 신촌역 안에 위치한 메가박스 신촌점이다.

주변 촬영지

 신촌 명물거리

영화 <야수>(2006)와 <사랑을 놓치다>(2006)에서 주인공들이 한잔하는 장소로 나오는 판자집. 명물거리 중간 오거리에서 이대 방향으로 쭉 올라가면 보인다. 이곳은 맛도 맛이지만 가게의 분위기가 좋다. 주 메뉴는 국물맛 좋은 버섯전골. 영화의 주인공처럼 분위기를 잡을 수 있는 소탈한 곳이다.
신촌역 7번 출구로 나와서 외환은행 신촌점 뒤편 언덕에 있는 서서갈비도 아주 유명하다. 이곳은 상호처럼 서서 먹는 갈비집이다. 영화 <뜨거운 것이 좋아>(2007)에서 세 여자가 함께 고기를 뜯는 장면. 드라마 <로맨스 타운>(2011)에서 정겨운과 성유리의 신경전이 돋보이던 장면 등이 이곳에서 촬영되었다.
▶판자집 　 서대문구 창천동 46-6 　☎ 312-0044
▶서서갈비 　 마포구 노고산동 106-8 　☎ 707-3886

봉원사와 주변 주택가

연세대학교 정문으로 나와 금화터널 방향으로 올라가다 보면 쉽게 봉원사를 찾을 수 있다. 신라 진성여왕 때 창건되었고 고려 공민왕 때 중창을 한 봉원사는 그 이후에도 중창, 소실, 재건을 반복한 역사를 간직하고 있다. 특히 봉원사는 중요무형문화재인 영산재의 맥이 이어져 내려오는 곳으로도 유명하다. 봉원사 올라가는 길의 주택 단지에는 의외로 건축미가 뛰어난 건물들이 많다. 드라마 <여름향기>(2003)에 나왔던 손예진의 집과 드라마 <최고의 사랑>(2011)에 나온 구애정의 집이 모두 봉원사 아래 주택에서 촬영되었다.

#46 서울시립대학교

마이 프린세스 (2011/드라마/권석장/송승헌, 김태희, 박예진) 기업 후계자인 남자와 평범한 여대생에서 하루아침에 공주가 된 여자의 사랑
아직도 결혼하고 싶은 여자 (2010/드라마/김민식/박진희, 엄지원, 이필모) 30대 중반 싱글 여성들의 결혼 스토리를 담은 드라마
하이킥! 짧은 다리의 역습 (2011/드라마/김병욱/안내상, 윤유선, 윤계상) 사업 부도로 처남 집에 얹혀살게 된 한 가정의 이야기를 그린 시트콤

서울시의 대표적인 공립대학인 서울시립대학교는 학교의 특성 때문에 유난히 공무원으로 활약하는 동문이 많은 대학이다. 전통적으로 세무학과, 도시행정학과, 환경공학부의 평판도가 높은 편이며 2008년에 개교 90주년을 맞이했을 만큼 비교적 오랜 전통을 가진 학교다. 캠퍼스의 규모는 크지 않지만, 짜임새 있고 유려한 디자인 때문에 오래전부터 드라마나 영화 촬영지로 주목을 받았다. 서울시립대학교는 1990년대 드라마였던 **내일은 사랑**(1992)이나 **우리가 정말 사랑했을까**(1999) 같은 드라마에서부터 최근의 **하이킥! 짧은 다리의 역습**에 이르기까지 다양한 작품에서 연기자와 계절의 변화에 따라 변화무쌍한 모습을 선보였다.

MBC 16부작 드라마 **아직도 결혼하고 싶은 여자**는 30대 중반 싱글 여성들의 연애와 결혼에 관한 이야기를 담은 작품이다. 2004년 방영된 김인영 작가의 **결혼하고 싶은 여자**의 연장선에 있는 드라마이기도 하다. 주인공인 이신영(박진희 분)은 방송사 보도국 소속의 기자로 30대 중반의 나이. 미혼이며 애인은 없으나 늘 자신 있게 일에 매진하는 골드미스다. 그러나 결혼과 직업의 지속성에 대한 불안감 등에서 완전히 자유로울 수는 없는 상황이다. 신영과 동갑내기 친구인 다정(엄지원 분)과 부기(왕빛나 분) 또한 전문직 여성이지만 연애와 결혼에 대한 생각은 서로가 판이하다.

드라마 2회에서 신영과 민재(김범 분)가 만나는 장면이 나온다. 취재를 위해 학교를 찾은 신영은 건물에서 나는 기타 소리 때문에 방해를 받는다. 생각다 못한 신영은 기타 소리의 진원지를 찾아내고 연습 중인 민재의 기타 줄을 끊고 도망친다. 민재는 신영을 따라가지만 결국 놓치고 만다. 얼마 후 신영은 선배 기자의 사정 때문에 대타로 대학 강의를 하는데, 그 수업은 민재가 듣는 수업이었다. 강의실에서 다시 만나게 된 두 사람은 쉬는 시간에 가시 돋친 설전을 한다. 수업이 끝나고 꺼지라는 신영의 말에 제보는 하고 꺼지겠다는 민재. 기삿거리란 말에 태도가 누그러진 신영은 민재의 말에 귀 기울이기 시작한다. 이후 애정 관계로 발전할 두 사람의 까칠한 모습을 촬영한 곳은 서울시립대학교의 한 강의실이었다.

송승헌과 김태희가 주연을 맡은 MBC 16부작 드라마 **마이 프린세스**. 대한민국의 황실을 재건한다는 드라마적 상상력이 재미를 더했던 작품이다. 극 중 주인공인 이설(김태희 분)은 평범한 대학생에서 갑자기 공주로 신분이 바뀌고 이에 따라 다양한 에피소드가 이어진다. 이설과 로맨스라인을 만드는 해영(송승헌 분)은 재벌 기업의 후계자이면서 외교관이기도 하다. 드라마의 마지막 편이었던 16회에는 공주로 신분이 바뀐 설이 학교에서 수업을 받는 장면이 코믹하게 담겨 있다.

길게 뻗은 대학 캠퍼스의 길을 따라 자전거를 타고 달리는 설의 모습이 빨간 자전거 색깔만큼이나 경쾌하다. 공주의 신변 보호를 위해 전력 질주하는 경호원들의 모습이 코믹하게 대비된다. 수업을 받기 위해 설이 강의동 앞에 멈춰 서자 주위의 학생들은 설을 에워싸고 일제히 사진을 찍기 시작한다. 당황한 경호원들이 설을 보호하려 들자 강의실로 뛰어 들어가는 이설. 맨 앞줄에 앉아 수업을 준비한다. 이윽고 오윤주(박예진 분)가 들어와 강의를 소개한다. 은근히 설을 자극하기 시작하는 윤주. 수업이 끝나고 설은 "이젠 절 상대하기가 좀 버겁죠."라며 윤주에게 한 방 날린다. 이 장면을 촬영한 곳도 서울시립대학교 캠퍼스였는데 설이 자전거를 타고 캠퍼스를 신 나게 휘젓고 다닌 탓에 캠퍼스 곳곳의 모습이 다채롭게 영상으로 포착되었다.

MBC를 대표하는 시트콤인 하이킥 시리즈의 제3탄 **하이킥! 짧은 다리의 역습**. 부도 때문에 처남 집에 얹혀사는 한 가정의 이야기를 중심으로 펼쳐지는 내용을 담고 있다. **거침없이 하이킥**(2006)과 **지붕 뚫고 하이킥**(2009)의 인기에 힘입어 3탄까지 이어졌다. 내상(안내상 분)은 회사 부도로 처남인 계상(윤계상 분)의 집에 얹혀살지만, 권위적이고 자기중심적인 성격의 소유자다. 내상의 아들인 종석(이종석 분)은 아이스하키 선수로 체육특기자로 대학에 입학할 예정이었지만 아버지의 사업이 실패하는 탓에 특기자 입학이 좌절되었다. 종석은 대학 입학을 위해 뒤늦게 공부를 시작하지만, 생각만큼 성적이 나오지 않는 상황이다.

　드라마 68회, 종석의 공부를 도와주는 지원(김지원 분)은 종석의 모의고사 수학 시험지를 채점한다. 점수는 빵점. 지원은 종석을 위해 야외 수업 겸 캠퍼스 탐방에 나선다. 꼽사리 낀 승윤(강승윤 분)은 여대생들이 왜 이렇게 예쁘냐며 감탄사를 연발한다. 캠퍼스 탐방답게 세 사람은 캠퍼스 정문에서부터 차근차근 돌아보기 시작한다. 기타를 멘 승윤은 농악대에 꼽사리 끼고, 지원은 빈 강의실에 종석을 앉혀놓고 영어 강의를 한다. 종석과 지원이 캠퍼스 탐방을 한 곳은 서울시립대학교 캠퍼스다. 68회 전체의 1/3 정도 분량이 이곳에서 촬영한 장면으로 메꿔져서 학교 곳곳의 모습을 그 어떤 드라마보다도 자세하게 살펴볼 수 있다. 인근의 배봉산 근린공원과도 가까우므로 주말 나들이 코스로도 안성맞춤이다.

하이킥! 짧은 다리의 역습

주변촬영지

📷 **롯데백화점 청량리점**

　드라마 <시크릿 가든>(2010)의 주인공 김주원(현빈 분)이 경영하는 백화점으로 가끔씩 나온 곳이 롯데백화점 청량리점이다. 극 중 상호는 로엘백화점이었는데, 백화점 외부 모습은 이 청량리점의 외벽을 그래픽 처리하여 사용했다. 그 외에도 길라임(하지원 분)이 대역으로 액션 연기를 하는 장면, 주원(현빈 분)이 출근할 때 직원들이 늘어서 주원을 맞이하는 장면 등이 촬영되었다.
　주원이 "저한텐 이 사람이 김태희고 전도연입니다. 제가 길라임 씨 열혈팬"이라며 라임을 옹호하던 장면을 촬영한 곳은 이 백화점의 7층 매장이다. 2010년 청량리역사로 이전한 청량리점은 홍보 차원으로 촬영을 허가했는데, 방송 이후 월 매출이 상당히 늘었다는 후문이다.
　🚇 동대문구 전농동 591-3　☎ 3707-2500

#47 서울시립미술관

굿바이 솔로(2006/드라마/기민수 외/천정명, 윤소이, 김민희) 서로 다른 인생의 아픔과 상처가 있는 일곱 사람의 인생이 얽히는 이야기
궁(2006/드라마/황인뢰/윤은혜, 주지훈) 황태자와 평범한 여고생의 사랑과 변화의 이야기
꽃보다 남자(2009/드라마/전기상/구혜선, 이민호, 김현중, 김범) 평범한 소녀가 부유층 자제가 다니는 고등학교로 전학하면서 만나게 된 재벌 소년들과의 이야기

서울시립미술관은 샤갈, 마티스, 피카소, 반 고흐 같은 대가들의 특별전을 기획해서 많은 주목을 받았다. 또한, 천경자, 박노수, 권영우 작가의 기증품을 포함해 2,500여 점의 작품을 소장하고 있다. 다양한 미술 교육 프로그램과 미술 감상 교실, 야간 강좌 등도 호응이 높은 편이어서 미술관에서 열린 문화 공간으로 변모하고 있다. 서울시립미술관은 양질의 콘텐츠와 함께 운치 있는 내·외관을 자랑한다. 미술관의 본관은 르네상스식 건물인 옛 대법원의 전면부와 현대식 건물인 후면부가 조화를 이루고 있는 형태로 예스러운 멋과 기능성을 동시에 갖추고 있다. 전면부는 아치형 현관이 특징인데 건축적, 역사적 가치가 있다고 평가되어 2006년에 문화재 237호로 지정되기도 했다. 전면부 뒤쪽의 홀은 천장이 유리로 처리되어 자연광을 최대한 활용하도록 설계돼 있어서 밝고 화사한 분위기를 느낄 수 있다. 게다가 유서 깊은 정동길과 아름다운 덕수궁 돌담길도 인접해 있어서 산책을 겸해서 찾아가기에 좋다.

서울미술관에서도 다양한 드라마가 촬영되었는데 미술관의 모습을 엿보는 데는 드라마 **꽃보다 남자**와 **궁**이 좋다. 2009년 화제의 드라마였던 **꽃보다 남자**에서는 매회 다양한 촬영지를 선보이며 인상적인 장면을 만들어냈는데 극중 주인공인 지후(김현중 분)와 잔디(구혜선 분)의 미술관 데이트 장면도 그중 하나다. 지후는 학교에서 잔디가 미술 도록을 살펴보자 미술에 관심 있느냐고 묻는다. 잔디는 전시회 보고 리포트를 내야 하는데 못 갔다고 하자 숙제 마감이 언제인지를 묻는 지후. 드라마 18회, 서울미술

꽃보다 남자

관의 중후한 전면부가 화면에 나오고 미술관 안에서 밖을 내다보는 지후의 모습이 이어진다. 미술관 입구에서 휴관을 알리는 안내판을 보고 의아해하는 잔디. 미술관 안쪽에서 지후가 잔디를 부르고 두 사람만의 작품 감상을 시작한다. 두 사람이 관람한 전시는 서울미술관의 퐁피두 특별전이었는데, 이 장면에서 장 뒤비페의 농-리유 연작과 키리코의 오후의 우울, 그리고 후앙 미로의 어둠 속의 새와 사람 같은 작품을 같이 감상할 수 있다. 관람을 마치고 서울미술관 파사드 앞 벤치에 나란히 앉은 두 사람. 지후가 눈을 감고 있는 사이에 잔디는 엽서에 지후의 얼굴을 스케치한다. 전시를 보여준 고마움에 대한 답례로 스케치한 엽서를 지후에게 건네는 잔디. 두 사람의 미술관 데이트 신은 42.9%의 순간 최고 시청률이 나올 정도로 시청자들의 높은 관심을 끌었고, 데이트 신이 들어간 18회는 35.5%의 전국 시청률을 기록했는데 이 수치는 꽃보다 남자 전체에서 가장 높은 시청률이기도 했다.

윤은혜와 주지훈이 주연을 맡은 24부작 드라마 궁. 이 작품에서 서울미술관은 드라마 성격에 맞게 왕립미술관으로 변신했다. 궁은 대한민국이 1945년에 입헌군주국 체제를 채택하여 황제가 존재한다는 가정을 전제로 한 작품이기 때문이다. 드라마 6회, 신(주지훈 분)과 채경(윤은혜 분)은 황실 주최 전람회에 황태자 부부 자격으로 참석한다. 경호원들의 호위를 받으며 미술관 입구로 들어서는 두 사람. 서울미술관 전면 파사드가 근위병의 모습과 어울려 기품 있게 보인다. 두 사람은 내빈들과 함께 테이프 커팅을 하고 전시된 작품들을 살펴본다. 2006년 서울미술관에서 기획한 마티스 특별전의 포스터와 작품들을 곳곳에서 볼 수 있다. 기자들 앞에서 사진 촬영을 하는 두 사람. 그런데 난데없이 날아든 달걀이 황태자 신의 어깨에서 깨지고 전시장은 극도로 혼란스러워진다.

노희경 작가가 집필한 KBS 16부작 드라마 **굿바이 솔로**. 이 드라마는 남녀 두 사람을 메인 주인공으로 설정하는 드라마의 기본 공식과는 달리 일곱 명의 인물이 각자의 삶을 드러내 보여준다. 제각각인 일곱 명의 인물에게 공통점이 있다면 결은 다르지만 각자 자신만의 아픔과 상처가 있다는 점이다. 그리고 이들의 삶은 물고 물려 있어서 이들 사이의 이중 구속 상황은 거대한 인간사의 축소판처럼 느껴지기도 한다. 등장인물 모두가 주인공이면서 중심인물인 독특한 설정이지만 의외로 진한 인생사의 리얼리티를 느끼게 한다.

이 드라마에서도 몇 차례에 걸쳐서 미술관의 모습을 찾아볼 수 있다. 드라마 2회, 9회, 12회 등에서 미술관이 등장하는데 이 미술관 신에 반복해서 등장하는 인물은 김주민(장용 분)과 박경혜(정애리 분)로 중년인 두 사람은 부부 사이다. 주민은 냉정하고 독선적인 자수성가형 사업가이고, 경혜는 아버지가 무서워서 아무런 느낌도 들지 않는 주민과 덥석 결혼했다. 무미건조한 결혼 생활에서 경혜의 소일거리는 혼자서 미술 작품이나 공연을 감상하는 것.

2회에서 주민은 경혜가 전시를 관람하는 것만 확인하고 자리를 뜨고, 9회에선 주민이 미술관 앞에서 전시를 보고 나오는 경혜를 업무차 왔다 우연히 만난 것처럼 말하는 장면이 나온다. 그리고 12회에서도 전시장 안에서 두 사람이 마주치게 된다. 그런데 경혜는 이런 일련의 만남이 오래전부터 계획된 미행이었다는 사실을 확인하고 충격을 받는다. 이 장면을 촬영한 곳은 서울시립미술관으로 앞서 두 작품과는 달리 등장인물의 내면의 황량함을 드러내는 공간이었다.

#48
덕수궁

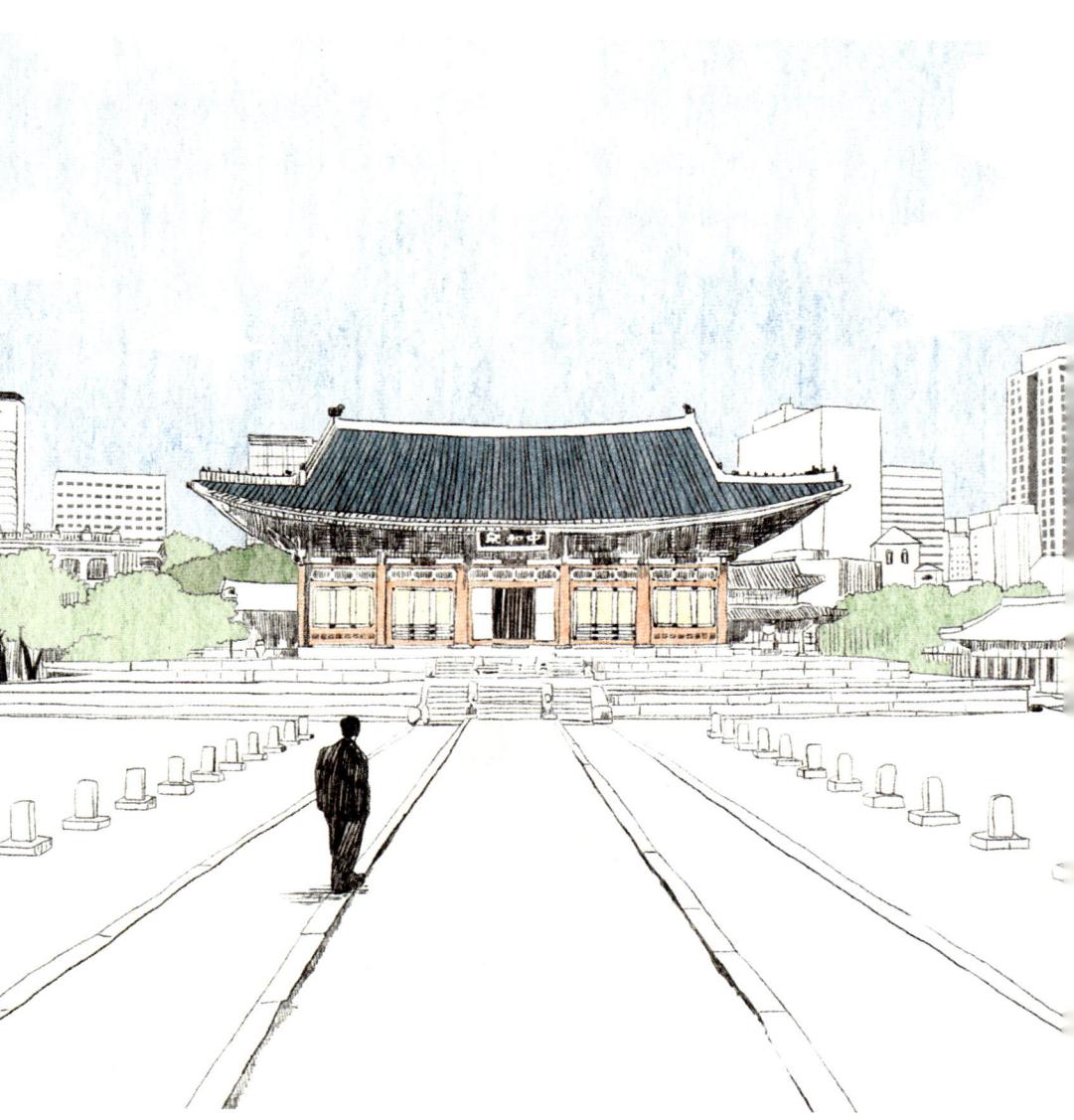

시크릿 가든 (2010/드라마/신우철/하지원, 현빈, 윤상현) 까칠한 백화점 오너와 스턴트우먼이 영혼이 바뀌면서 겪는 새콤달콤한 로맨스
얼렁뚱땅 흥신소 (2007/드라마/이현덕/이민기, 예지원) 흥신소 멤버들이 황금 찾기에 뛰어들면서 벌어지는 해프닝
프라하의 연인 (2005/드라마/김양 외/전도연, 김주혁, 김민준) 현직 대통령의 딸이며 현직 외교관인 여자와 강력계 말단 형사의 로맨스

조선 시대 5대 궁궐 중 한 곳인 덕수궁. 원래 성종의 형인 월산대군의 저택이었다가 궁으로 변모한 까닭에 5대 궁궐 중 규모도 가장 작고 전체적인 배치의 통일성도 떨어진다. 그러나 이문세가 부른 광화문 연가 탓인지 그 이름만큼은 어느 궁보다도 친근하다. 이제 거의 국민가요라 불러도 좋을 이 곡은 늘 정동길, 덕수궁 돌담길, 광화문 네거리까지 이어지는 호젓한 거리의 풍경을 떠올리게 한다.

덕수궁은 1897년 대한제국 출범과 함께 고종이 거처를 이곳으로 옮기면서 정궁이 되었는데 당시에는 경운궁으로 불렸다. 특히 고종은 경운궁과 운명을 같이했다고 해도 좋을 정도인데, 이곳에서 황제 즉위식을 했으며 황위를 이양하고도 이곳에서 생활하다 타계했기 때문이다. 1907년에 경운궁에서 덕수궁으로 이름이 바뀌었고 고종이 황제 자리에서 물러난 이후로는 대한제국의 상징 공간으로서의 위상은 사라졌다. 현재는 정문인 대한문과 정전인 중화전을 비롯하여 중화문·함령전·즉조당·준명당·석어당·덕홍전과 근대식 건물인 석조전과 정관헌 등이 남아 있다.

KBS 15부작 드라마 얼렁뚱땅 흥신소. 이 드라마는 연애시대의 박연선 작가가 집필한 작품인데 평균 시청률 3.5%대란 재앙적인 수치를 기록하면서 시청자들의 관심을 끌어내는 데는 실패했다. 그러나 종로 재개발을 배경으로 사회적 루저의 감수성을 키치적 감각으로 담아내 러브스토리가 주류인 기존 드라마와는 다른 색다른 재미를 선사했다. 이 때문에 소수 컬트 팬들 중심으로 시즌2 제작 운동이 벌어지기도 했다. 작품의 배경이 종로 일대지만 세련되게 포장된 도시의 겉모습이 아니라 뒷골목을 중심으로 펼쳐지는 인생의 속살을 드러내 보였다. 도시 한복판에서 보물 찾기란 설정이 황당할 수 있지만, 연기자들의 맛깔나는 연기와 스피디한 극의 전개, 재치 있는 대사들이 어우러져 완성도 높은 작품을 만

얼렁뚱땅 흥신소

들어냈다.

얼렁뚱땅 흥신소 13회, 흥신소 멤버인 희경(예지원 분), 무열(이민기 분), 용수(류승수 분) 등은 덕수궁을 살펴본다. 중화문, 중화전, 정관헌의 모습이 화면 상에 클로즈업되어 각 건물의 특징을 살펴볼 수가 있다. 희경과 무열은 비밀 문을 찾기 위해 정관헌의 지하로 내려간다. 무열은 난간 밑으로 기어 들어가 빛이 들어오는 곳을 따라가지만 결국 비밀 문을 찾는 데는 실패한다. 두 사람은 관리인들에게 잡혀서 한참 동안 관리소장에게 훈계를 듣고 벌금을 내야 하는 상황에 처한다. 그렇지만 관리사무실의 공익요원에게 전에 누군가가 덕수궁 방바닥을 뜯은 적이 있었다는 중요한 사실을 확인하게 된다. 이 장면에서 나온 각 건물의 모습과 드라마 1회 전반부의 덕수궁 전체의 모습을 부감으로 잡아 클로즈업한 장면과 연결해 살펴보면 덕수궁의 모습을 보다 입체적으로 그려볼 수 있다.

SBS의 20부작 드라마 **시크릿 가든**. 드라마 17회에서 덕수궁 미술관을 찾아볼 수 있다. 이곳은 길라임(하지원 분)과 윤슬(김사랑 분)이 작품을 보며 대화를 나누는 장면을 촬영한 곳이다. 국립현대미술관 덕수궁 분관으로 사용하는 이 건물은 덕수궁 안의 석조전 서관으로 1938년에 완공된 후 이왕가미술관으로 사용되었던 곳이기도 하다. 등록문화재의 지정명칭인 석조전 동관과 석조전 서관이란 용어가 역사적·장소적 측면에서 합당하지 않다는 주장이 있기도 하다.

주원 어머니로부터 아들을 만나지 말라는 강력한 경고를 받은 라임은 주원의 백화점 앞에서 우연히 윤슬을 만난다. 눈물을 글썽이는 라임의 얼굴을 본 윤슬은 무슨 일 있느냐고 묻는다. 라임의 제안으로 미술관에 온 두 사람. 라임은 주원은 가진 것을 전시하는 삶이지만 자신은 존재를 숨겨야 하는 스턴트우먼이라며 답답한 마음을 토로한다. 윤슬은 주원이 멀게 느껴지면 다가가라고, 만만한 사랑은 없다고 라임에게 위로의 말을 해준다. 두 사람이 촬영했던 시기에 '피카소와 모던아트전'이 진행 중이어서 덤으로 피카소의 작품들을 엿볼 수가 있다. 특히 두 사람이 서서 대화를 나누던 장면에서 노출된 작품은 피카소의 **초록 모자를 쓴 여인**이었다.

SBS 18부작 주말 드라마 **프라하의 연인**. 대한민국 외교관이자 현직 대통령의 딸인 윤재희(전도연 분)와 강력계 말단 형사 최상현(김주혁 분)의 로맨스를 그린 작품. 드라마 최종회인 18회에선 당시 화제가 됐던 덕수궁 돌담길 프러포즈 장면을 볼 수 있다. 덕수궁 돌담 벽에 무엇인가를 쓴 노란 종이가 길게 붙어 있다. 이게 다 뭐냐고 묻는 재희. 상현은 전 세계 언어로 사랑한단 뜻이라고 말한다. 미소를 짓는 재희에게 상현은 마리오네트를 움직이며 자신의 감정을 전하고 돌담 벽의 노란 종이들은 그에 호응하듯 바람에 흔들리며 낭만적인 풍경을 만든다. 무릎 꿇고 프러포즈하는 주혁. 네라고 웃으며 말하는 재희에게 상현은 반지를 끼워주고 두 사람은 포옹한다. 덕수궁 돌담길은 노란 종이 길로 멋지게 변신해서 드라마 전체를 대표할 만한 낭만적인 장면을 연출했다.

#49
서대문형무소 역사관

서울 1945(2006/드라마/한은정, 류수영, 소유진) 시대를 대표하는 네 인물을 통해 해방 전후의 모습을 포착한 작품
패션 70s(2005/드라마/김경호 외/이요원, 주진모, 천정명) 네 명의 젊은이들의 불꽃 같은 삶을 통해 들여다보는 1970년대 패션계와 사회상

세월의 흔적이 짙게 밴 붉은 벽돌담과 망루가 인상적인 서대문형무소 역사관은 이미 한 세기를 훌쩍 넘긴 역사적 건축물이다. 일제강점기 내국인의 감시와 처벌을 위해 외세에 의해 근대적인 대규모 감옥이 건설되었다는 사실 자체가 대한민국 근현대사의 모순을 적나라하게 보여준다. 3·1 독립만세운동이 발생한 1919년에는 수용 인원이 3,000여 명 규모에 달하는 대규모 감옥으로 운영되기도 했다. 1945년 해방 후에는 서울형무소로 이름이 바뀌었다가 이후 서울교도소, 서울구치소란 명칭을 거쳐 1998년에야 서대문형무소 역사관으로 재탄생되었다. 서대문형무소 역사관은 담장과 망루를 비롯해 유관순 열사가 숨을 거둔 지하 옥사와 고문실, 사형장, 옥사 7개 동을 비롯해 역사 전시관 등으로 구성돼 있다.

KBS 71부작 주말 드라마 **서울 1945**는 일제강점기부터 한국전쟁에 이르기까지 한국 근현대사에 초점을 맞춘 대하드라마다. 집안의 배경과 발 딛고 있는 현실이 너무나 상이한 해경(한은정 분), 운혁(류수영 분), 동우(김호진 분), 석경(소유진 분) 네 사람을 통해 역사적 격변기의 모습을 구체적으로 풀어내 보인다. 몰락한 왕가의 일족인 동우의 집안과 친일 정치가를 아버지로 둔 예술가 석경. 석경을 시녀처럼 모시는 해경. 함흥이 낳은 수재이지만 공산주의자로 변모한 운혁. 급격한 역사적 변동기를 거치면서, 이 네 사람이 얽히며 벌어지는 파란만장한 사건들은 단지 이들 개인의 문제가 아니라 이들이 딛고 선 사회적 입장을 상징한다.

서울 1945 51회, 해경은 형무소의 사형대에서 마지막 순간을 기다린다. 해경은 자신의 곁을 지켜준 석경에게 감사를 표한다. 같은 시간 형무소 밖에서는 정치범을 석방하라는 시위가 벌어진다. 동우는 사형이 집행되는 형무소로 해경을 구하기 위해 달려간다. 그는 해경의 사형을 서두르려는 박창주(박상면 분)와 마주친다. 한편 형무소의 정치범을 구하기 위해 선발대로 서울에 잠입한 운혁(류수영 분)의 작전국 병사들도 형무소로 들이닥친다. 형무소 안에서 작전국 병사들과 박창주 부대원들 사이에 순식간에 총격전이 벌어지면서 형무소 안은 아수라장으로 바뀐다. 이 사이를 틈타 동우는 사형대에서 해경을 풀어주려 애쓴다. 실감나는 총격 신을 촬영한 장소는 서대문형무소 역사관이었다. 화면 상에서 서대문형무소 역사관의 모습을 비교적 자세히 볼 수 있다. 서울 1945에서처럼 역사적 격변기를 배경으로 한 서대문형무소 역사관의 모습은 드라마 패션 70s에서도 찾아볼 수 있다.

드라마뿐 아니라 영화 속에서도 서대문형무소 역사관의 모습은 쉽게 찾아볼 수 있다. 대표적인 작품 중 하나가 강우석 감독이 메가폰을 잡은 영화 이끼. 영화 전반부에서는 주인공 유해국(박해일 분)의 아버지 유목형(허준호 분)이 감옥 안에서 갖가지 폭력을 당하는 장면이 나온다. 천용덕(정재영 분)의 사주를 받은 죄수들은 유목형을 굴복시키기 위해 허벅지를 못으로 찌르거나 발바닥을 칼로 긋는 등 잔인한 방법을 동원한다. 이 장면은 전부 서대문형무소 역사관에서 촬영했는데, 잿빛 화면이 형무소의 을씨년스러움을 배가시킨다.

드라마나 영화 상의 교도소 장면은 예외 없이 전라북도 익산의 교도소 촬영 세트장에서 이뤄진다. 이곳은 영화 촬영을 위해 현진씨네마가 익산시와 협력해 2005년에 만들었다. 익산 세트장에는 담벼락부터 철문, 교도소 내부와 접견실을 완벽하게 재현해놓았다. 이 세트장이 만들어지기 전에는 서대문형무소 역사관을 주로 빌려 사용했다. 이끼의 경우

이끼

도 원래 계획은 익산 세트장에서 촬영하기로 돼 있다가 갑자기 상황이 변경되어 서대문형무소 역사관에서 촬영하게 되었다고 한다.

　　김기덕 감독의 14번째 영화 숨. 이 영화의 주인공인 장진(장첸 분)은 죽음을 앞둔 사형수다. 영화의 설정이 이렇다 보니 감옥이 영화 상의 주 공간일 수밖에 없었다. 게다가 사형수는 비일상적 세계인 교도소 안에서도 극히 예외적인 존재다. 외부 세계와 단절된 곳에서 죽음을 맞아야 하는 영화적 설정은 인간의 한계 상황을 반추해볼 수 있는 간접 경험을 제공한다.

　　영화 전반부에는 주인공 장진이 한 죄수가 칫솔로 만든 송곳을 빼앗아 자신의 목을 찌르는 장면이 나온다. 사형 집행일까지 주어진 시간을 인내하며 견디는 고통보다는 하루라도 빨리 그 고통에서 탈피하고 싶다는 극단의 몸부림이다. 그의 이런 상황은 TV의 뉴스를 통해 세상에 알려지고 우연히 뉴스를 본 연(박지아 분)은 묘한 느낌을 받는다. 그녀는 교도소를 찾아가 진을 만나고 자기 이야기를 한다. 연은 늘 바람을 피우는 남편(하정우 분)을 기다리는 데 지쳐 살아가는 의미를 잃어버린 상태다. 두 사람이 만나고 서로 이해해가는 교도소 내의 면회 장소는 감옥과 외부 세계를 이어주는 통로이자 살날이 제한된 사람과 의미 없는 삶을 사는 사람이 극단의 상황에서 상호 공감을 하게 되는 완벽한 소통의 장이기도 하다. 보안과장으로 직접 출연하기도 한 김 감독은 교도소라는 공간을 존재론적 공간으로 변화시켜 삶과 죽음이라는 인간의 본질적인 문제에 대해 질문을 던지고 있다. 이 교도소 장면 또한 서대문형무소 역사관에서 촬영했다.

인왕사와 인왕산 성곽

인왕사는 도심에 있는 절이지만 조용하고 호젓하다. 올라가는 길목 역시 구불구불하고 계단이 많아서인지 인적이 드물다. 절로 올라가는 길에 굿을 하거나 불공을 드리는 모습을 쉽게 볼 수 있다. 인왕사 아래쪽 성곽길을 걷다 보면 성곽 사이로 문이 보인다. 문을 지나면 초소가 하나 보이고 사직공원 뒷길로 연결되는 도보 길도 나온다. 성곽길로 정상에 오르는 데는 20분 남짓 걸린다.

종로구 무악동 산3 ☎ 737-4434

독립문과 사직공원

1963년 사적 32호로 지정된 독립문은 본래 독립공원 안에 있던 문을 이전 복원한 것이다. 사직공원에는 인왕사와 연결된 등산로가 있어서 나들이하기에 안성맞춤이다. 꽃이 만발하는 봄이나 단풍 드는 가을이라면 더 좋을 것이다. 사직단과 단군성전을 살펴볼 수 있으며 백사실 계곡까지 걸어갈 수 있다. 이 코스는 방송 <1박 2일> 서울 관광 편에서 가수 은지원이 답사하기도 했다. 한 바퀴 돌고 사직동 주민센터 앞에 있는 사직분식도 들러볼 만하다. 허영만의 만화 <식객>에 등장할 정도의 유명한 맛집으로 청국장찌개가 유명하다.

#50 올림픽공원

베토벤 바이러스(2008/드라마/이재규/김명민, 장근석, 이지아) 아마추어 오케스트라 단원들이 음악 활동을 통해 성장하는 내용
매리는 외박중(2010/드라마/홍석구 외/문근영, 장근석, 김재욱) 매리, 무결, 정인의 삼각관계에서 생기는 톡톡 튀는 에피소드와 사랑 이
내 사랑(2007/영화/이한/감우성, 최강희, 엄태웅) 세상이 단 한 번 눈감는 개기일식의 순간, 그들에게 찾아든 사랑의 기적! 다양한 러브 스
쩨쩨한 로맨스(2010/영화/김정훈/이선균, 최강희) 성인만화가와 섹스칼럼니스트의 현실과 상상을 넘나드는 19금 발칙 연애담!

올림픽공원에는 옛 백제가 도읍을 정하였던 몽촌토성이 자리 잡고 있다. 올림픽공원은 그 명칭대로 1988년 서울올림픽대회를 치를 목적으로 만든 것이었으나 현재는 백제 유적과 현대적 경기장이 조화를 이루고 있는 종합 공원으로 이용되고 있다. 약 165만 제곱미터에 달하는 거대한 면적은 강남 최대 규모이며 역사적 유적과 올림픽을 치를 정도로 수준 높은 다양한 스포츠 시설들을 갖춘 만큼 여타의 공원에 비해 다채로운 편익을 제공하고 있다. 올림픽공원은 크게 세 가지 테마공원으로 나눌 수 있다. 첫째는 산책과 조깅 코스, 인라인스케이팅, 엑스게임 경기장 등으로 이루어진 건강 올림픽공원이고, 둘째는 올림픽미술관, 조각작품공원, 몽촌토성 등으로 이루어진 볼거리 올림픽공원이며, 셋째는 관광열차, 음악분수 등으로 구성된 재미있는 올림픽공원이다.

이곳은 특히 우수한 교육 프로그램들이 마련돼 있는데, 스포츠 분야는 국내에서 가장 다채로운 프로그램을 제공한다. 다른 곳에서는 쉽게 접할 수 없는 검도, 골프, 당구, 라틴 댄스 같은 프로그램 등을 저렴하게 수강할 수 있다. 또한, 평생교육원에서는 다양한 악기 레슨을 시간과 수준에 맞게 그룹에서 개인 지도까지 다양한 방법으로 받을 수가 있어서 시민의 반응이 좋은 편이다. 게다가 수변 무대나 각 체육관 등에서는 라이브 공연이 자주 열리기 때문에 공연이나 전시를 보기 위해 올림픽공원을 찾는 사람도 많은 편이다. 이런 폭넓은 스펙트럼을 가진 공원인 만큼 영화나 드라마 촬영지로도 주목을 받아왔다.

2007년에 개봉한 영화 내 사랑에선 배우 엄태웅이 프리허그 운동가인 진만 역을 맡아 환한 웃음을 선사하기도 했다. 진만은 올림픽공원 평화의 문 주변에서 장발에 턱수염을 기른 모습으로 사람들에게 프리허그를 제안한다. 우연히 공원을 찾은 수정(임정은 분)은 진만과의 프리허그를 통해 마음의 상처를 보듬으며 마음의 평화를 얻는다. 올림픽공원 평화의 문은 마치 수정의 마음의 문을 상징하는 것처럼 느껴지기도 한다.

2010년에 개봉한 영화 **쩨쩨한 로맨스**는 이선균과 최강희가 호흡을 맞춰 화제가 된 작품이다. 극 중 주인공인 정배(이선균 분)와 다림(최강희 분)은 만화가와 스토리 작가로 의기투합한다. 그러나 두 사람은 좀처럼 남녀관계로 발전하지는 못한다. 이 두 사람의 관계가 갑작스럽게 비약한 계기는 정배의 과감한 첫 키스 때문이다. 만화에 들어갈 장면을 놓고 의견을 교환하는 두 사람. 갑자기 비가 내리자 건물의 문 앞에서 두 사람은 비를 피한다. 정배가 자신과 그렇게 데이트를 하고 싶었느냐며 다림에게 잽을 던지자 절대 그렇지 않다고 바로 받아치는 다림. 설왕설래 끝에 다림은 빗속으로 뛰어든다. 다림을 쫓아 빗속을 뛰어가는 정배. 다림이 정배의 손길을 뿌리치자 정배는 다림을 부둥켜안고 키스를 한다. 두 사람의 관계가 비약하는 계기가 된 빗속 키스 장면은 올림픽공원의 동1문과 동2문 근처에서 촬영했다.

장근석과 문근영이 주연을 맡은 KBS 16부작 드라마 **매리는 외박중**. 만화가 원수연의 웹툰으로도 사랑을 받았던 이 작품은 드라마의 화제성에 비해 시청률은 기대만큼 높지 않았다. 오히려 해외에서의 장근석의 인기 탓인지 대만에서는 시청률 1위에 올랐고 일본에서는 TBS를 통해 지상파로 방영되기도 했다. 주인공 매리(문근영 분)는 상황 탓에 졸지에 남편이 두 명인 이중 결혼 상태에 처한다. 누구나 한 번쯤 상상해봄 직한, 흔히 말하는 사랑과 조건이라는 두 가지 상황에 처한 내용을 드라마틱하게 담았다. 이 작품에서 가장 인상적인 무결(장근석 분)과 매리의 야외 결혼식 장면이 올림픽공원에서 촬영되었다. 풍선으로 장식된 아름다운 정원을 배경으로 다정하게 팔짱을 낀 두 사람의 표정이 상큼하다.

김명민과 장근석이 스승과 제자 관계로 등장해 음악과 인생의 다양한 모습을 선보였던 드라마 베토벤 바이러스. MBC 18부작이었던 이 작품에서 김명민은 지휘자 강마에 역을 개성 있게 소화해서 연기파 배우의 입지를 확실히 굳혔다. 특히 드라마 상에서 그가 던졌던 대사들은 강마에 어록으로 회자될 정도로 인상적이었다. 홍 자매의 탄탄한 대본과 짜임새 있는 연출, 출연자들의 고른 연기도 드라마의 완성도를 높이는 데 큰 역할을 했다. 장근석은 엘리트주의자인 스승과는 달리 직선적이며 패기 넘치는 성격의 강건우 역을 맡아 강마에와 극명하게 대비되는 모습을 보여주었다. 너무나 다른 두 사람이지만 시간이 흐름에 따라 서로에 대한 이해의 폭도 넓어지고 인간적으로 한층 성장한 모습을 보여준다.

베토벤 바이러스의 마지막 회인 18회에서는 석란시향과 마우스필의 야외 합동 공연 장면이 나온다. 건우는 오케스트라 지휘를 시작하지만, 혹시나 했던 스승의 모습은 보이지 않는다. 같은 시각 강마에는 한국을 떠나기 위해 인천공항으로 출발하는데, 택시 안에서 건우의 문자를 받고 공연장을 향해 방향을 돌린다. 합동 공연의 막간 휴식 시간, 건우 앞에 강마에가 다가선다. 놀란 표정을 짓던 건우의 얼굴에 미소가 번진다. 건우와 이야기를 주고받던 강마에는 결국 지휘를 하겠다며 무대에 올라 공연을 시작하고 드라마는 대단원의 막을 내린다. 인상적인 마무리 공연 장면을 촬영한 곳은 올림픽공원의 수변 무대였다.

베토벤 바이러스

석촌호수 주변

영화 <쩨쩨한 로맨스>(2010)에서 정배(이선균 분)와 다림(최강희 분)은 만화 창작을 위한 기획회의 등을 위해 카페를 자주 이용한다. 이런 장면은 주로 석촌호수 주변의 카페 거리에서 촬영되었다. 이 영화는 올림픽공원, 석촌호수 주변 외에도 장미아파트 앞길, 롯데월드 볼링장 앞 등 송파 지역의 다양한 모습을 담아냈다.
지하철 2호선 잠실역 3번 출구로 나와 직진하거나 지하철 8호선 잠실역 8번 출구로 나와 직진하면 된다.
송파구 잠실동 47

#51 삼청동길

달콤한 나의 도시(2008/드라마/박흥식/최강희, 이선균, 지현우) 세 남자를 둘러싸고 벌어지는 30대 초반 도시 여성의 사랑 이야기
지고는 못살아(2011/드라마/이재동/최지우, 윤상현) 변호사 부부의 이혼 과정에서 발생하는 에피소드를 그린 드라마
하얀거탑(2007/드라마/안판석/김명민, 이선균) 대학병원을 배경으로 한 천재 의사의 야망을 향한 끝없는 질주와 그 종말을 그린 작품

삼청동길은 풍요로운 자연 환경과 조선 시대 한양의 고즈넉한 분위기, 게다가 모던하고 세련된 디자이너적 감수성을 동시에 맛볼 수 있는 곳이다. 좁은 길을 따라 걷다 보면 빌딩과 아파트로 상징되는 서울의 여느 곳에서는 맛보기 어려운 걷는 재미를 한껏 느낄 수 있다. 오밀조밀한 다양한 디자이너 공방을 비롯해 개성 있는 카페와 소규모 박물관이나 미술관 등이 곳곳에 자리 잡고 있기 때문이다. 고도 제한 때문에 시야를 가로막는 거대한 건물들이 없어서 늘 시원한 느낌이 든다. 삼청동길을 따라 걷다 삼청공원 근처에 도착할 즈음이면 사람, 물, 인심이 맑아 삼청이라 불렸다는 이야기가 절로 수긍이 간다. 조선 시대에는 많은 명사가 이곳을 찾아와 아름다운 풍광을 시로 읊었다고 하는데, 여전히 시심을 자극하는 풍치로 그윽하다.

삼청동길의 분위기를 등장인물들의 심리 상태와 연결해 표현한 드라마 **달콤한 나의 도시**. SBS 16부작인 이 작품에서 최강희와 이선균은 사랑스러운 연기를 선보였다. 서른을 갓 넘긴 7년차 에디터 오은수(최강희 분)는 일, 연애, 결혼 등의 문제에서 마냥 자유로울 수만은 없는 처지다. 그런 그녀에게 판이한 성향의 세 남자가 엮이면서 여러 가지 상황이 발생하기 시작한다. 그 세 남자 중의 한 사람인 영수(이선균 분)는 친환경 유기농 업체의 대표로 반듯하지만 답답할 정도로 평범한 분위기의 인물. 드라마 후반, 은수와 영수는 서로 호감을 느끼며 결혼을 생각하는 단계까지 발전한다. 그러나 영수는 과거의 상처 때문에 여전히 주저한다.

드라마 14회, 은수와 영수는 조용한 한식집에서 식사 중이다. 맛있게 밥을 먹는 은수와 달리 걱정이 있는 듯 머뭇거리던 영수는 과거의 친구 이야기를 풀어놓기 시작한다. 이야기를 듣고 질문을 하려다 마는 은수. 영수는 여전히 자신의 과거에 대해서 확실하게 털어놓지 못한다. 두 사람이 식사를 한 식당은 삼청동에 있는 편안한 집이다. 같은 14회에서 은수와 은수 어머니가 같이 식사를 한 곳도 같은 곳이다. 어머니가 은수에게 사귀는 남자를 언제 소개할 건지 묻자 은수는 아직이라고 말한다. 마음 알아주는 사람을 만나야 하는데 그런 사람이냐고 묻는 어머니의 질문에 그렇다고 대답하는 은수. 조금씩 조금씩 진척돼가는 은수와 영수의 마음 상태를 엿볼 수 있는 장면이었다.

MBC 20부작 메디컬 드라마 **하얀거탑**. 연기파 텔런트인 김명민이 극 중 주인공인 장준혁 역을 맡아 호평을 받은 작품이다. 일본의 작가 야마자키 도요코의 동명 소설을 바탕으로 각색했는데, 대학병원을 배경으로 한 천재 의사의 야망을 향한 끝없는 질주와 그 종말을 그린 작품이다. 사회파 작가로 유명한 저자의 원작을 바탕으로 한 만큼 대학병원이란 거대 조직과 의료계의 뒷모습뿐만 아니라 조직과 연관된 다양한 인간군상의 모습을 입체적으로 보여주었다. 이천 년대 중반 이후로 드라마의 소재도 다양화하고 있는데 메디컬 드라마의 주기적인 제작도 이런 흐름과 궤를 같이한다. 2007년에만 **하얀거탑, 외과의사 봉달희, 뉴하트** 등이 방영됐고 **종합병원2**(2008), **제중원**(2010), **싸인**(2011), **심야병원**(2011), **브레인**(2011) 같은 다양한 작품이 이어졌다.

하얀거탑에서 매사에 빈틈없는 장준혁이 다소 긴장을 풀고 릴랙스해지는 공간 중의 한 곳이 와인바다. 이곳에서 그는 제자들과 술을 마시기도 하고 내연관계인 와인바 여주인 희재(김보경 분)와 대화를 나누면서 스트레스를 풀곤 한다. 물론 이곳은 음모를 꾸미거나 다른 자리의 이야기를 엿듣기도 하는 정치적 공간이기도 하다. 이 세련된 와인바의 겉모습은 삼청동길에 있는 이탈리안 레스토랑 펠리체 가또를 촬영한 것이고 내부는 별도 세트 촬영을 했다. 펠리체 가또는 한옥의 서까래와 기둥의 주춧돌을 그대로 살린 후 서양식으로 마감해서 삼청동길 풍경과 잘 어울린다.

이혼한 변호사 부부의 이야기를 담은 드라마 **지고는 못살아**. 은재(최지우 분)와 형우(윤상현 분)는 변호사 부부답게 두 사람 사이의 밀고 당기는 과정이 치열하다. 결국, 이 과정은 극에 달하고 이혼으로 이어진다. 그러나 이혼 후 시간이 지나면서 오히려 서로에 대한 이해가 깊어간다. 드라마 13회에서는 꽤 아이러니한 장면이 나온다. 은재와 형우가 결혼할 당시 주례를 봤던 은사 고정태(신구 분)가 자신의 이혼 소송을 맡아달라며 갑자기 나타난 것. 은재와 형우는 정태를 볼 면목도 없고 소송 건 때문에 일시 휴전한다.

정태의 팔순 잔칫날 정태를 모시기 위해 은재와 형우는 각각 삼청공원을 찾는다. 먼저 도착한 은재는 공원 벤치에 앉아 있는 은사 정태에게 인사를 하는데, 그는 은재에게 여전히 이혼 중인지를 묻고 탓하기 시작하면 관계가 어긋난다고 충고한다. 그리고 혼을 내주겠다고 형우를 부르라고 한다. 은재가 자리를 뜬 후에 도착한 형우. 은재가 왔다 갔느냐는 형우의 물음에 아까 예쁜 처자가 막 울다 갔다고 하면서 형우의 가슴을 치는 은사 정태. 형우는 은사의 갑작스러운 행동에 당혹스러워한다. 이 장면은 삼청동길에 인접한 삼청공원에서 촬영했다. 조선 초기의 문신 성현은 **용재총화**에서 삼청공원을 도성 안에서 경치가 제일 좋은 곳으로 기록해놓은 만큼 삼청동길 산책 시에는 꼭 들러보자.

지고는 못살아

주변촬영지

락고재(樂古齋)

서울의 많은 호텔 중에서 락고재는 상당히 독특한 곳이다. 130년 역사의 한옥을 인간문화재 정영진 옹이 개조한 전통문화 공간이기 때문이다. 락고재란 이름은 옛것을 누리는 맑고 편안한 마음이 절로 드는 곳이란 의미가 담겨 있다. 락고재는 숙박만이 아니라, 한국의 다양한 전통문화도 체험할 수 있다. 한정식 맛보기, 김치 담그기, 궁중 복식체험, 판소리 및 가야금 공연 같은 프로그램이 마련되어 있다. 한정식으로 아침과 저녁을 제공하고 무료로 한국 전통 다도를 체험해볼 수도 있다.

락고재는 〈영화는 영화다〉(2008)에서 강패(소지섭 분)를 위험에 빠트리는 인물이자 강패에게 살해당하는 박 사장의 고급 주택으로 등장한다. 이나영과 오다기리 조 주연의 영화 〈비몽〉(2008)에서 비중 있게 등장하는 꿈속의 장면에서도 찾아볼 수 있다. 그 외에도 드라마 〈내 이름은 김삼순〉(2005)에서 다니엘 헤니가 머물렀던 숙소로, 드라마 〈쩐의 전쟁〉(2007)에서 신구의 저택으로도 등장한 바 있다.

지하철 3호선 안국역 2번 출구에서 나와 재동초등학교를 지나 첫 번째 골목으로 우회전, 80미터 직진하면 보인다. 가회동 주민센터 맞은편 골목 안.

  종로구 계동 98   ☎ 742-3410

#52 코엑스

어느 멋진 날((2006/드라마/신현창/남궁민, 성유리, 공유) 운명이라는 시련에 맞서 힘겹게 싸우는 주인공들의 사랑이야기
사랑비(2012/드라마/윤석호/장근석, 윤아, 김시후) 두 세대의 사랑을 통해 사랑의 본질을 이야기하는 드라마
49일(2011/드라마/조영광 외/이요원, 조현재, 배수빈) 교통사고로 혼수상태에 빠진 한 여인이 49일 안에 살아남기 위해 고군분투하는 이

코엑스는 대한민국 경제의 상징적 랜드마크로 국내 최대의 전시장과 무역회관은 물론, 도심 공항터미널, 쇼핑몰, 무역 관련 기관들이 입주해 있다. 하계 올림픽이 개최됐던 1988년도에 완공된 이곳은 총대지면적 20만 제곱미터에 연건축면적 60만 제곱미터가 넘는 규모를 자랑한다. 특히 2000년 5월에 전면 개장한 코엑스몰은 아시아 최대의 지하 쇼핑 공간으로 국내 최대 규모의 멀티플렉스 영화관, 아쿠아리움, 레스토랑가, 서점 등이 포함된 복합 문화 공간이다. 업무, 오락, 쇼핑, 휴식 등을 상황에 맞게 선택할 수 있도록 최적의 서비스를 제공하고 있는 만큼 이곳을 찾는 유동 인구도 상당히 많은 편이다.

아쿠아리스트가 주인공으로 등장한 드라마 **어느 멋진 날**. MBC 16부작인 이 드라마는 얽힌 가족사를 배경으로 시련을 겪으며 조금씩 앞으로 나아가는 하늘(성유리 분)의 로맨스를 담고 있다. 하늘은 자신을 죽은 딸 대신으로 삼은 양부모와 오빠 사이에서 벗어나길 원하며 살고 있다. 가족 몰래 아쿠아리움에서 아쿠아리스트로 일하는 중이지만 일터에선 아쿠리아리움의 큐레이터인 동하(남궁민 분)와 사사건건 부딪친다. 주요 등장인물인 하늘과 동하가 일하는 아쿠아리움은 드라마 6회까지는 부산 해운대에 있는 부산 아쿠아리움에서 촬영했다. 이곳은 최첨단 해저 테마수족관으로 총 250여 종 3만 5천여 마리의 생물이 전시 중이다. 드라마 7회부터는 서울 코엑스 아쿠아리움으로 촬영 장소를 옮겨 작업했는데, 이곳은 500여 종 4만여 마리의 생물을 전시 중인 대형 수족관이다.

어느 멋진 날 8회, 건(공유 분)은 아침을 먹지 않은 하늘이 걱정돼서 아쿠아리움으로 향한다. 하늘은 컨디션이 좋지 않지만 수조에 들어가 쇼를 진행한다. 그 모습을 지켜보는 건의 표정이 점점 굳어지는가 싶더니 깜짝 놀란 모습으로 돌변한다. 수조 속의 하늘이 의식을 잃고 바닥으로 가라앉는 중이었다. 잽싸게 물속으로 뛰어든 건은 수조 속에서 하늘을 끌어내고 인공호흡을 한다. 이 장면은 코

어느 멋진 날

엑스 아쿠아리움에서 촬영했고 아쿠아리움의 한쪽 유리 면과 맞닿아 있는 동하의 사무실은 코엑스의 딥블루 레스토랑을 개조한 것이다. 이 레스토랑은 아쉽게도 2006년 3월 이후로는 영업하지 않는다.

　　SBS 20부작 드라마 **49일**. 현대판 저승사자인 스케줄러가 등장하는 판타지 로맨스 드라마로 극 중 스케줄러 역할은 정일우가 맡아 열연했다. 교통사고로 혼수상태에 빠진 신지현(남규리 분)은 49일 안에 자신을 진심으로 사랑한 세 사람의 눈물을 받으면 다시 살아날 수 있다는 제의를 스케줄러에게 받는다. 지현은 송이경(이요원 분)의 몸에 빙의해 눈물을 모으러 다니기 시작한다. 그러나 스케줄러가 제시한 세 가지 조건을 지키며 눈물을 모으는 과정이 그리 만만치가 않다. 시간이 흐를수록 점점 자신감을 잃어가는 지현.
　　드라마 10회에서는 첫 번째 눈물을 얻는 장면이 나온다. 코엑스 피아노 분수대 앞에 서 있는 지현(겉모습은 이경). 지현의 주변으로 사람들이 바쁘게 움직인다. 세상에서 고립된 상태임을 드러내려는 듯 지현의 정적인 모습과 주변의 동적인 모습이 극단적으로 대비된다. 주변을 계속해서 돌아보는 지현 '누가 나 좀 살려주세요. 난 살아야 해요. 살고 싶어요.' 지현의 내면의 목소리가 애절한 기타 반주와 함께 흐르고 이윽고 지현의 눈에서 눈물이 흐르기 시작한다. 그 순간 햇빛이 강해지는가 싶더니 지현의 목에 건 작은 용기에 한 방울의 눈물이 담긴다. 깜짝 놀라는 표정으로 용기를 집어 들여다보던 지현은 기쁨의 눈물을 흘리기 시작한다.

한류 스타 장근석과 소녀시대의 윤아가 주연을 맡고 **가을동화, 겨울연가, 여름향기** 등을 만든 윤석호 감독이 연출을 맡아 국내외적으로 큰 화제가 된 드라마 **사랑비**. 70년대 순수했던 사랑의 정서와 현시대의 트렌디한 사랑법을 동시에 펼쳐내 시대를 초월하는 사랑의 본질을 이야기하겠다는 작가의 의도처럼 극 중의 러브스토리는 두 가닥으로 진행된다. 부모 세대의 첫사랑이 결실을 보지 못하고 그 자식들이 못다 한 사랑을 이루어가는 내용인데, 극 중 주요 인물들은 예외 없이 1인 2역을 맡아 두 배는 힘든 과정을 소화해야 했다. 드라마 사상 최고 대우로 일본에 선수출되었고 전 세계 12개국에 판매되었지만 국내 시청률은 예상보다 훨씬 저조한 편이었다.

드라마 9회, 사진 촬영을 마친 준(장근석 분)은 하나(윤아 분)와의 약속 때문에 가려 하나 모친에게 "너만 가지지 않았어도 이런 불행한 결혼은 하지 않았을 텐데."라는 말을 듣는다. 가슴의 상처가 가시지 않은 상태에서 하나를 만난 준. 하나는 무거운 준의 표정을 보고 무슨 일 있느냐고 반복해 묻는다. 부모님 이야기를 하다 하나에게 재미있는 이야기를 해달라는 준. 개그 프로의 유행어를 따라 하다 기분이 풀어진 준은 하나에게 기습 키스를 한다. 잠시 후 준은 "이제 진짜 할 거거든? 피하고 싶으면 피해도 돼."라고 양해를 구한 뒤 하나와 진한 키스를 나눈다. 갑자기 조명이 밝아지면서 뿜어져 나온 분수 때문에 낭만적인 분위기가 한껏 고조되었다. 이 장면을 촬영한 곳도 코엑스의 피아노 분수대 앞이었다.

주변촬영지

테헤란로

서울 지하철 2호선을 따라 서초역에서 삼성역까지 이어진 거리가 테헤란로다. '테헤란로'란 명칭은 1976년 중동 건설 붐과 연결돼 있다. 한국의 이란 진출을 기념해 서울과 테헤란에 각각 서로의 도시명을 맞바꾼 거리명을 붙이자는 아이디어가 그 시작이었다. 이윽고 1977년 6월에 당시의 '삼릉로'란 명칭 대신 테헤란로로 개칭되었다. 이란의 수도 테헤란에는 '서울로'가 서울에는 '테헤란로'가 등장한 것이다. IMF 이후 테헤란로는 한국 벤처 산업의 중심지이자 대표적인 벤처타운으로 자리 잡았다.

〈달콤한 나의 도시〉(2008)는 30대 싱글 도시 남녀의 일과 사랑, 우정을 그린 드라마다. 소설가 정이현의 동명 소설을 원작으로, 최강희, 이선균, 지현우 등이 주연을 맡았다. 이 드라마는 청담동, 도산대로, 도산공원, 신사동 가로수길, 압구정동 갤러리아백화점 앞, 그리고 테헤란로에서 많은 촬영이 이루어졌다. 자유로운 듯하나, 자신이 세운 삶의 목표를 위해 치열하게 살아가는 30대 싱글 도시 남녀들을 표현하기에 가장 적합한 장소라고 판단했기 때문이다. 널찍한 대로를 고층 빌딩들이 병풍처럼 둘러싼 테헤란로. 숨 막힐 듯 답답할 것 같지만, 고층 빌딩들이 뿜어내는 불빛은 또 하나의 장관을 이룬다. 그래서인지 세련된 도시 남녀의 일과 사랑을 담은 드라마와 영화의 경우, 이 테헤란로를 종종 촬영지로 선택하곤 한다.

#53 월드컵공원

대물(2010/드라마/고현정, 권상우, 차인표) 대한민국의 첫 여성 대통령이 된 여자와 제비 생활을 청산하고 검사가 된 남자가 정치의 세계에서 펼치는 이야기

도망자 Plan.B(2010/드라마/곽정환/비, 이나영, 다니엘 헤니) 한국전쟁기에 사라진 거금이 2010년에 세상에 나타나며 벌어지는 첩보 멜로 드라마

아이리스(2009/드라마/양윤호 외/이병헌, 김태희, 정준호) 국가안전국 소속 요원들의 일과 우정, 사랑을 그린 액션 드라마

월드컵공원은 과거 서울시의 대표적인 혐오 시설이었던 난지도 쓰레기 매립장을 생태적으로 건강하게 복원한 친환경 공원이다. 크기는 여의도공원의 15배, 뉴욕 센트럴파크와 비슷한 약 340만 제곱미터에 달할 정도의 대규모 공원이기도 하다. 산업화의 부정적 상징이었던 난지도 매립장이 새로운 시대를 맞아 생태 공원으로 극적인 변신을 한 것은 이후 서울이 변화해갈 방향을 가늠케 하는 지표이기도 하다.

2002년 월드컵과 새 천 년을 기념하기 위해 조성된 월드컵공원은 대표 공원인 평화의 공원을 비롯해 하늘공원, 노을공원, 난지천공원, 난지한강공원의 5개 테마공원으로 구성되었다. 워낙 광활하게 조성된 공원인 만큼 난지연못, 난지천, 분수, 광장, 놀이터, 운동 시설, 캠핑장, 자연 체험 학습 공간 등 다양한 부대시설이 갖춰져 있다. 연간 이용객 수가 약 980만 명에 달하고 어린이날이나 억새 축제 기간에는 하루 약 20만 명 이상이 방문할 정도로 시민의 사랑을 받고 있다.

고현정, 권상우, 차인표 등 호화 배역진이 출연했던 대물. SBS 24부작인 이 작품은 박인권 작가의 동명 만화를 드라마화한 것으로 정치권에서 펼쳐지는 내용을 담았다. 방송국 아나운서 출신으로 정계에 진출해 대한민국의 첫 여성 대통령이 되는 서혜림(고현정 분)과 불량 고등학생에서 검사로 변신한 하도야(권상우 분)를 중심으로 복잡한 정치권의 모습과 함께 두 사람의 러브스토리도 흥미롭게 펼쳐진다. 혜림은 아프가니스탄 종군 기자로 파견된 남편의 억울한 죽음에 항의하다 방송국에서 해고당한다. 이를 계기로 주민의 편에 서서 환경 운동을 하다 정치권에 입문한다. 반면 도야는 음식점을 운영하는 아버지가 권력자에게 짓밟히는 상황을 보고 이를 악물고 공부해 결국 검사가 된다. 두 사람은 억울한 상황에 부딪혀 오히려 인생 자체를 변화시킨 공통점이 있다.

드라마 12회에선 정신없이 바쁜 두 사람이 잠시 산책을 하는 장면이 나온다. 긴 갈대가 달빛을 받아 주위의 어둠과 극명하게 대비되어 짙은 여운을 남긴다. 갈대숲 벤치에 앉은 혜림과 도야. 도야는 자신의 어깨를 툭툭 치며 세상 사는 게 힘들고 지쳐서 어딘가 기대고 싶을 땐 자기에게 기대라고

대물

혜림에게 말한다. 혜림은 고맙다고 대답하면서 도야의 어깨를 물끄러미 바라보다 넌지시 기댄다. 두 사람의 어깨 뒤로 흔들리는 갈대의 모습이 인상파 화가의 그림처럼 보인다. 이 장면을 촬영한 곳은 난지한강공원 생태습지원 근처의 갈대숲이다. 이곳은 월드컵공원에서 데이트코스로 가장 유명하다.

KBS 20부작 드라마 **도망자 Plan.B**는 비(정지훈), 이나영, 다니엘 헤니 등이 출연한 작품이다. 높은 시청률을 기록했던 **추노**(2010)의 곽정환 감독과 천성일 작가가 재결합해 기대를 받았다. 지우(정지훈 분)는 국제탐정협회 태평양지부 아시아지회 대한민국 사무소장의 타이틀을 가진 탐정이다. 그가 진이(이나영 분)의 의뢰를 받아 한국전쟁 당시 사라진 대량의 금괴를 둘러싼 음모를 파헤치는 내용이다. 지우에게 일을 의뢰한 진이는 부모가 사고로 죽고 작은아버지 집에 입양되어 성장했다. 그런데 숙부와 숙모마저 의문의 죽음을 당한다. 진이는 진실을 알아내기 위해 이 사건에 관여한 지우에게 의도적으로 접근한 것이다.

드라마 9회, 공원의 작은 다리 위에서 진이와 지우는 컵라면을 먹는다. 두 사람 뒤로 멀리 보이는 도시의 야경이 근사하다. 지우가 경과를 간단히 말하자 진이는 다 지겹다며 달나라로 가서 살았으면 좋겠다고 하소연한다. 진이의 시선

이 향한 하늘에는 둥근 달이 아름답게 떠 있고 수많은 별이 쏟아질 듯 빛을 발하고 있다. 복잡한 진이의 내면과 대비되는 아름다운 저녁 풍경이다. 이런 진이에게 지우는 카이(다니엘 헤니 분)를 믿지 말라고 충고한다. 카이는 진이가 세상에서 가장 신뢰하는 인물이다. 그는 젊은 나이지만 막대한 정보력과 재력, 인적 네트워크를 자랑하는 사업가이자 로비스트다. 진이가 카이를 믿지 않으면 무엇을 얻게 되는지 묻자 지우는 진실이라고 대답한다. 비참한 진실이 나올지 행복한 거짓이 나올지 되묻는 진이. 그러자 지우는 진실이 비참할 수 있어도 거짓이 행복할 수 없다고 말한다. 이 장면은 월드컵공원의 하늘공원에서 촬영했다.

블록버스터 첩보액션 드라마 **아이리스**에서도 월드컵공원의 모습을 볼 수 있다. 드라마 14회, 노을공원에서 남측 아이리스 백산(김영철 분)과 북측 아이리스 연기훈(최종환 분)이 비밀 회동을 한다. 짙은 선글라스에 긴 코트를 입은 두 사람은 공원을 걸으며 대화를 나눈다. 공원 저편의 한강과 강 남쪽의 고층 건물들의 모습이 한눈에 들어온다. 복잡해 보이는 도시를 한순간에 패닉 상태에 빠트릴 수 있는 계획을 태연하게 주고받는 두 사람의 모습은 차분하기 짝이 없다. 핵 테러의 디데이가 잡혔느냐는 백산의 물음에 그렇다고 대답하는 기훈. 그러자 백산은 디데이 전에 현준(이병헌 분)을 제거해달라고 부탁한다. 애초에 골프장이었던 노을공원은 시민단체의 활동 덕분에 시민에게 개방된 곳으로 서울에서 가장 아름다운 저녁노을을 볼 수 있는 문화 예술 공원이기도 하다.

📷 노을공원

노을공원은 난지도 제1매립지에 조성된 공원으로 저녁노을이 특별히 아름다워 노을공원이란 이름이 붙었다. 캠핑과 자연 체험 학습, 친환경 놀이터, 골프장 등 레포츠를 위한 공간이 다양하게 조성된 가족 공원이다. 천혜의 입지와 다양한 시설, 낭만적인 분위기 탓에 서울의 주요 촬영지의 하나로 주목받고 있다. 특히 섬세한 내면의 감정선을 살리기에 좋은 공간 중 하나다.

주인공들의 내면 변화를 섬세하게 짚은 권칠인 감독의 영화 〈참을 수 없는〉(2010)이 노을공원에서 촬영된 것도 이런 특징을 고려한 탓이다. 이 영화는 영화진흥위원회에서 지원하는 예술영화로 선정되기도 했는데, 사랑을 갈구하는 네 남녀의 이야기를 담고 있다. 물론 그 사랑의 방정식은 다소 복잡하다. 두 사람은 부부이고, 한 명은 아내의 여자 친구, 또 한 명은 아내의 정부이다. 설정 자체가, 색다르고 위험한 사랑의 시작을 예고하는 듯하며 영화의 결말을 궁금하게 한다.

햇빛 좋은 주말, 이 네 사람은 함께 피크닉을 간다. 피크닉 장소는 바로 노을공원. 멀리 DMC와 아파트촌이 즐비하게 늘어서 있고, 잔디밭 위에 한적하게 자리 잡은 캠핑장이 보인다. 다들 분주하게 음식을 준비하지만, 두 사람의 부적절한 관계를 우연히 목격하게 된 지흔(추자연 분)은 이 피크닉이 어색하고 불안하기만 하다.

지하철 6호선 월드컵경기장역 1번 출구에서 마을버스 8776번으로 환승하면 된다.

🗺 마포구 상암동 390-1 ☎ 304-3213

#54 여의도

대물(2010/드라마/고현정, 권상우, 차인표) 대한민국의 첫 여성 대통령이 된 여자와 제비 생활을 청산하고 검사가 된 남자가 정치의 세계에서 펼치는 이야기

그들이 사는 세상(2008/드라마/표민수 외/송혜교, 현빈) 드라마를 만드는 남녀 PD를 둘러싼 일과 사랑 이야기

불꽃놀이(2006/드라마/정세호 외/윤상현, 한채영, 강지환) 두 남녀의 얽히고설킨 사랑과 결혼, 엇갈린 운명에 관한 로맨스

드라마의 제왕(2012/드라마/홍성창/김명민, 최시원, 정려원) 드라마 제작과정을 통해 보는 로맨스와 인생

대한민국 정치, 금융, 미디어의 중심지라 해도 과언이 아닌 여의도. 1916년에 간이비행장이 건설되면서 섬의 존재가 알려졌으며 1968년 서울시가 윤중제 공사를 시작한 이후에야 서울의 대표적인 정치와 금융의 중심지로 발전하기 시작했다. 여의도의 면적은 8.5제곱킬로미터 정도로 영등포구 면적의 34.5%를 차지하며 3만여 명이 거주한다. 여의도에는 국회의사당, 한국방송공사를 비롯해 63시티, LG 트윈타워, 순복음교회와 각종 금융 관계사 등이 밀집해 있어서 상징성이 높다. 거대한 광장이 있는 데다 매년 봄이면 열리는 벚꽃 축제도 유명하다. 한강공원의 시설도 좋아서 데이트를 위해 여의도를 찾는 사람들이 여전히 많은 편이다.

인기 탤런트 고현정이 극 중 여성 대통령으로 나왔던 드라마 **대물**. 이 작품은 흔히 여의도 정치로 불리는 대한민국 정당 정치의 이면을 들춰낸 독특한 작품이다. 박인권 화백의 동명 만화를 드라마화한 작품으로 정치인과 검사로 변신한 차인표와 권상우의 극 중 대립도 흥미로웠다. 혜림(고현정 분)은 아나운서에서 환경운동가로 변신하고 다시 국회의원에서 대통령으로 변신한다. 졸지에 과부에 실업자가 된 혜림은 절망적인 상황에 굴하지 않고 자신의 신념대로 꿋꿋하게 걸어나간다.

드라마 22회에서는 혜림의 인생에 정점을 찍는 중요한 장면이 나온다. 그것은 바로 대통령 취임식. 멀리서 국회의사당과 의사당 앞을 가득 메운 인파를 잡기도 하고 반대로 국회의사당 쪽에서 광장에 모인 인파를 잡기도 한다. 여의도의 모습이 한눈에 들어온다. 내외 귀빈을 뒤로하고 대통령직을 성실히 수행할 것을 맹세하는 혜림의 모습이 부드러우면서도 단호해 보인다. 이어 의장대 사열과 축포 발사 장면 등은 실제 취임식 이상으로 현실감 있게 촬영되었다.

KBS 16부작 월화 드라마 그들이 사는 세상. 드라마의 주인공들은 여의도가 본령이라 해도 좋을 방송국 드라마 PD들. 대물이 정치계의 이면을 보여주었듯 이 그들이 사는 세상은 방송계의 이면을 현실감 있게 드러내 보인다. 한 편의 드라마가 티브이에서 빛을 발하기 위해서 어떤 과정이 전제되는지를 그들이 사는 세상은 지루하지 않게 보여준다. 드라마 매 편마다 늘 문제가 터지고 해결을 위한 갈등과 화해가 뒤따른다. 이 작품은 티브이에서는 쉽게 볼 수 없는 제작 과정 자체도 얼마든지 흥미로운 드라마 소재가 될 수 있다는 것을 보여주었다.

드라마 7회, 드라마 제작과 관련 일정을 맞추는 문제를 놓고 드라마국 내부의 회의 모습이 비친다. 말이 회의지 처한 상황과 입장에 따라 의견이 첨예하게 대립해서 욕설까지 오갈 정도로 분위기는 살벌하다. 의견 일치를 보지 못하자 국장은 준영(송혜교 분)과 지오(현빈 분) 둘 중에 한 사람이 일을 맡으라고 한다. 조연출 5년 연출 3년 동안 단 하루도 편히 못 쉬었다고 항변하는 지오. 자신의 별명이 아무리 드라마국 땜빵 전문이지만 이번엔 못 한다고 단호하게 말한다. 저녁 포장마차에서 국장, CP, 지오 세 사람이 소주를 마신다. 온종일 논의했지만, 여전히 결론이 나지 않은 상태. 지오는 드라마국 감독이 수십 명인데 왜 자길 가지고 그러느냐고 언성을 높이며 소주를 털어 넣는다. 겉으로 화려해 보이는 방송 일도 한 꺼풀 벗겨 보면 녹록지 않은 어려움이 있음을 잘 보여주는 장면이었다. 지오의 이 포장마차 신은 여의도에서 촬영했다.

그들이 사는 세상

MBC 17부작 주말 드라마 **불꽃놀이**. 이 작품에는 현재 톱스타로 입지를 굳힌 윤상현, 한채영, 강지환 등이 출연했다. 벌써 수년 전의 드라마여서인지 주요 등장인물 얼굴이 꽤 앳돼 보인다. 주인공 신나라(한채영 분)는 가방끈만 긴 서른 직전의 백수다. 당연히 돈, 집, 애인도 없는 찌질한 상황. 게다가 동거하던 애인에게 차이기까지 한다. 열 받아서 헤어진 애인이 좋아하는 여자를 찾아갔다가 화장품 판매사원 모집 공고를 본 나라. 20살인 여동생의 주민등록증을 위조해 고졸 판매 사원으로 위장 취업에 성공한다. 그리고 축구 선수 출신의 상사와 일을 하면서 여러 가지 해프닝이 생기기 시작한다.

한편 미래(박은혜 분)는 인재(강지환 분)를 좋아하면서도 인재가 자신을 좋아하지 않는다고 생각하고 인재의 형과 결혼한 사이다. 그러나 남편은 불의의 교통사고로 사망한다. 미래는 죽은 남편에 대한 죄책감을 느끼면서도 점점 인재에게 끌리기 시작한다. 그러나 이런 자신의 마음이 두려워 새로운 남자를 찾기 시작한다. 미래가 새롭게 찾은 남자는 바로 승우(윤상현 분). 승우는 나라와 동거하던 사이였으나 미래 때문에 나라를 버렸다. 그러나 미래는 승우를 인재만큼 좋아하지 않는 상황이다.

드라마 10회에선 미래와 인재가 만나는 장면이 나온다. 인재에게 헤어지자는 말을 하고 집으로 돌아온 미래. 미래는 얇은 슬립 차림으로 혼자 와인을 마신다. 잠시 후 술에 취한 인재가 미래의 집으로 들이닥친다. 인재는 미래에게 책임진다고 자신을 믿으라고 말하곤 침대에 뻗는다. 그 모습을 지켜보던 미래는 슬립을 벗고 인재에게 다가간다. 이 장면을 촬영한 곳은 여의도의 주상복합 건물인 대우 트럼프월드였다.

김명민, 정려원, 최시원이 등장하는 드라마 **드라마의 제왕**. 드라마가 드라마 제작과 연관된 안팎의 소재들로 이야기를 풀어가는 방식이다. 상업적 성공을 최우선으로 하는 외주 제작사 대표 앤서니 김(김명민 분), 인간애를 중시하는 드라마 보조 작가 이고은(정려원 분), 고집 센 한류 스타 강현민(최시원 분). 이들이 각자 자기 방향으로 달려가면서 긴장과 코믹한 상황들이 이어진다.

드라마 4회. 현민은 대형 드라마 제작사 제국프로덕션 대신 열악한 월드프로덕션의 앤서니 김과 손을 잡는다. 드라마 전개상의 두 축이 접점을 찾는 순간이다. 현민이 갑작스럽게 마음을 돌린 이면에는 고은이 존재한다. 고은은 현민에게 "앞으로는 당신 강현민을 위해 쓸 거다. 강현민이란 배우가 얼마나 진정성 있고 얼마나 가치 있는 배우인지 증명하는 데 노력할 거다."라며 진심으로 호소했던 것. 이런 사실을 모르는 앤서니 김은 "갑자기 왜 마음을 바꾼 거냐?"며 의아해한다. 현민과 앤서니 김이 대화를 나눈 곳은 여의도 렉싱턴 호텔의 뉴욕뉴욕이란 레스토랑이다. 이곳은 여의도에서는 촬영지로 꽤 알려진 곳이다. 드라마 **최고의 사랑**이나 **패션왕** 같은 작품에서도 찾아볼 수 있다.

주변촬영지

밤섬

한강의 하중도인 여의도, 노들섬, 선유도 등은 모두 콘크리트로 둘러싸여 있으나 밤섬은 자연 지형 그대로의 모습을 간직하고 있다. 일반인의 출입이 제한된 이 밤섬을 무대로 촬영된 영화가 바로 〈김씨표류기〉(2009)다. 이 영화는 빚에 쫓긴 남자가 원효대교에서 한강으로 몸을 던지는 장면으로 시작한다. 자살에 실패한 남자가 밤섬이라는 무인도에 표류하면서 이야기가 본격적으로 전개된다. 밤섬은 영화가 촬영된 2008~2009년에도 출입이 제한되어 있었다. 그러나 영화 〈김씨표류기〉의 경우, 최소의 스태프와 장비를 투입해 제한된 시간 안에 촬영을 마치는 방식으로 진행됐다.

밤섬은 여의도와 당산 사이 한강에 떠 있다. 영화 〈김씨표류기〉를 통해, 1999년 이후 서울시 생태경관 보전지역으로 지정 보호되어온 밤섬의 생태와 모습을 살펴볼 수 있다. 서울시는 하루 2회 이상의 순찰 활동과 정기적 정화 작업으로 생태계를 보호하고 있다.

지하철 5호선 여의나루역 2번 출구에서 서강대교 방면 도보로 15분. 여의도 순복음교회 앞 버스 정류장에서 도보로 3분. 시내버스 5615, 5618, 5713, 6633, 753 이용.

#55 서울 중앙우체국

그저 바라보다가 (2009/드라마/기민수/황정민, 김아중, 주상욱) 우체국 말단 공무원인 남자가 자신의 우상인 톱스타와 계약 결혼을 하며 벌어지는 이야기

못된 사랑 (2007/드라마/권계홍 외/권상우, 이요원) 자기밖에 모르는 이기적인 사랑을 하는 네 명의 남녀에 관한 이야기

남대문로와 소공로가 교차하는 한국은행 앞 사거리는 예나 지금이나 서울의 핵심적인 교통의 요지다. 일제강점기부터 핵심 상권이었던 탓에 현재도 유명한 신세계백화점 본점뿐만 아니라 한국은행 본관 같은 근대 초의 건축물도 자리 잡고 있다. 한국은행 본관 맞은편에 서울 중앙우체국이 있다. 우체국 건물의 뒤쪽으로 명동이 가깝긴 하나 이곳은 행정구역상 충무로에 속한다.

서울 중앙우체국은 1884년에 설치한 한국 최초의 우편행정 관청인 우정총국을 모태로 하는데, 1905년에 경성우편국으로 명칭이 바뀌면서 현재의 위치로 이전했고 1949년에 서울 중앙우체국으로 명칭이 변경되었다. 서울 중앙우체국은 2007년 옛 건물을 철거한 자리에 지하 7층, 지상 21층의 최첨단 건물을 완공하며 새롭게 변신했다. 알파벳 M 자 형태의 개성 있는 내·외관 때문에 명동 일대의 새로운 랜드마크로 주목받고 있다. 이 빌딩의 정식 명칭은 포스트 타워로 드라마나 영화 등에서도 멋진 모습을 접할 수가 있다.

드라마 그저 바라보다가 같은 경우는, 우체국 건물이 촬영지로 활용된 정도를 넘어서 주인공을 서울 중앙우체국에서 근무하는 직원 역할로 설정한 작품이다. KBS 16부작 드라마인 이 작품은 우체국 말단 공무원인 남자가 갑자기 만난 톱스타와 6개월간 계약 결혼을 하게 되면서 생기는 에피소드를 담은 로맨틱 코미디. 극중 주인공인 구동백(황정민 분)은 평범하다 못해 존재감을 전혀 느낄 수 없는 인물로 나온

그저 바라보다가

다. 이런 그의 모습은 본성 자체가 너무나 착하고 순박한 것에 기인한다. 눈치나 아부 같은 조직 생활을 위한 생존의 필살기를 갖추기에는 동백의 본성이 너무 순수하다.

365일 비슷한 생활을 반복하는 그도 톱스타 한지수(김아중 분)라면 입에 거품을 물 정도의 팬이다. 그러던 그에게 어느 날 갑작스러운 사건이 생긴다. 길을 걷던 동백은 승용차의 타이어가 터지면서 인도로 뛰어드는 광경을 목격한다. 동백은 쓰레기통을 받고 멈춰 선 승용차로 달려가고, 도와달라는 말에 좀처럼 거절 못 하는 동백은 사라진 운전자 대신 그 자리에 앉는다. 그런데 조수석에서 도와달라는 말을 한 사람은 바로 톱스타 한지수였다. 깜짝 놀라 어찌할 줄 모르는 동백. 지수는 특종을 노리는 기자에게 쫓기다가 사고를 당한 것이었다. 동백은 처음부터 자신이 운전한 것으로 말을 맞추는 것으로부터 지수와 점점 얽히기 시작한다.

드라마 1회에서는 한지수가 감사의 보답으로 구동백을 찾아가는 장면이 나온다. 꽃다발을 든 지수의 모습과 서울 중앙우체국의 모습이 마치 잡지 화보의 한 장면처럼 어울린다. 정문을 통과해 안내 데스크로 향하는 그녀의 동선을 따라 서울 중앙우체국의 다양한 모습이 화면에 잡힌다. 동백이 근무하는 자리까지 찾아간 지수는 꽃다발과 생일 선물을 전달하고 부서원 전체에게 점심을 사겠다고 한다. 드라마 상의 설정 탓에 작품 전편을 통해 서울 중앙우체국의 표면적인 모습뿐만 아니라 우체국 업무와 연관된 구체적인 모습까지 다채롭게 등장한다.

권상우와 이요원이 주연을 맡은 KBS 20부작 드라마 **못된 사랑**. 제목에서 드러나듯 얽히고설키며 엇갈리는 남녀 간의 사랑을 다룬 작품이다. 극 중 주요 인물들은 여러 가지 이유 때문에 첫사랑을 선택하지 못한 상처가 있다. 게다가 한국 드라마의 기본 공식이라 할 수 있는 가족 간, 인물 간의 교차 관계가 미로처럼 얽히면서 복합적인 갈등 구조를 형성한다. 주인공 강용기(권상우 분)는 대기업 회장의 외도로 태어난 탓에 애정 결핍이 있는 데다 반항적인 성격이다. 그는 이런 내면의 상처를 작품 활동과 동료 아티스트인 조앤(차예련 분)과의 사랑을 통해 해결해간다. 그러나 부친의 심한 반대로 조앤과 이별하고 내면은 더욱 황폐해져버린다. 인정(이요원 분)을 만나면서 닫힌 마음을 열기 시작하지만, 인정의 첫사랑이자 자신의 매형이기도 한 수환(김성수 분)이 두 사람의 관계를 가로막기 시작한다. 수환 또한 과거 자신의 선택을 후회하면서 인정을 다시 빼앗으려고 하기 때문이다.

드라마 15회에서는 극 중 주요 인물 간의 복잡한 갈등 관계가 전면에 드러난다. 용기는 인정의 질투심을 유발하고자 조앤과 똑같이 닮은 신영(차예련 분)을 동원하고, 수환은 이런 상황을 인정에게 알려준다. 화가 난 인정은 회사로 용기를 만나러 간다. 극 중 용기가 회장으로 일하는 대한건설 사옥은 서울 중앙우체국을 활용한 것이다. 전면 유리로 마감된 서울 중앙우체국의 세련된 모습이 드라마 곳곳에서 자주 노출되며 간간이 한국은행 사거리의 주변 풍경도 등장한다.

포스트 타워는 10층과 21층에 있는 다양한 크기의 회의실을 저렴한 가격에 대여하고 있다. 6인용부터 350명이 사용할 수 있는 공간까지 마련돼 있으니 목적에 맞게 이용해보자. 특히 10층에는 도시의 정원이 설치돼 있는데, 깔끔하게 손질한 계단식 정원으로 꽃을 감상하며 산책을 할 수 있다. 특히 이곳에서 내려다보는 명동의 야경은 일품이다. 아직 포스트 타워의 10층 정원과 건물 옥상 등은 일반인에게 많이 알려지지 않은 만큼 기억해두었다가 명동 나들이 때 적절히 활용하는 것도 좋을 듯하다.

명동 예술극장

명동 예술극장은 1930년대에 일본인이 영화관으로 신축한 건물이었다. 해방 후 국립극장으로 사용되었다가 장충동에 국립극장이 생기면서 민간에 매각했던 것을 예술인과 단체들, 시민들의 '명동 국립극장 되찾기' 노력으로 정부에서 재매입해 복원했다. 그 결과 2009년에 새롭게 선보인 것이 명동 예술극장. 예전 국립극장으로서 문화적인 전통과 숨결이 배어 있으면서 현대적으로 재탄생한 공연장이다. 연극을 중심으로 한 다채로운 무대 공연 프로그램이 연초에 공개되기 때문에, 한 해 공연을 미리 체크해볼 수 있다. 최근에는 연간 공연 프로그램 중 5가지를 패키지로 선택할 수 있는 패키지 세트도 나와 있다. 이 세트를 구입하면 정가에서 40% 할인된 가격으로 좋은 공연들을 선택해 볼 수 있다.

중구 명동 1-54 ☎ 1644-2003

명동성당

정식 명칭은 '한국 천주교 서울대교구 주교좌 명동대성당'이다. 명동에 있는, 한국 천주교의 중심 교회다. 1898년 완공한 성당으로, 천주교 신자가 아니라도 성당과 구내를 둘러보며 평온하고 경건한 마음을 가질 수 있는 곳이다. 특히 명동성당에 있는 성모 마리아상은 소설이나 대중가요에도 많이 등장하는 명물이다.
남산 1호 터널에서 을지로3가역으로 가는 길 중간 왼편에 위치하고 있다. 지하철 2호선, 3호선 을지로3가역 12번 출구로 나와서 중앙시네마를 지나면 바로 성당이 보인다.

중구 명동 2-1 ☎ 774-1784

#56
여의도 한강공원

천 번의 입맞춤 (2011/드라마/윤재문/서영희, 지현우) 인생의 쓴맛을 본 사람들의 유쾌한 패자부활전
천일의 약속 (2011/드라마/정을영/김래원, 수애) 기억을 잃어가는 여자와의 사랑을 지키는 한 남자의 지고지순한 사랑 이야기
여인의 향기 (2011/드라마/박형기/김선아, 이동욱, 엄기준) 뜻하지 않은 시한부 판정을 받은 여행사 말단 여직원의 진정한 행복 찾기

서울 하면 바로 한강이 연상될 정도로 서울에서 한강이 갖는 의미는 각별하다. 서울의 한복판을 가로지르는 한강은 그 면적만도 서울시의 1/15에 달할 정도로 거대하며 강변의 수려한 모습은 서울의 경관을 상당 부분 규정짓고 있다 해도 과언이 아니다. 한강에는 여러 개의 섬이 존재하나 면적과 기능, 상징성에서 가장 주목받아온 곳은 역시 여의도다. 여의도는 8.5제곱킬로미터의 섬으로 서울의 그 어느 곳보다 한강 접근성이 뛰어난 곳이다. 그 때문에 한강에 있는 10개가 넘는 공원 중에서도 여의도 한강공원은 오랜 세월에 걸쳐 꾸준한 사랑을 받아왔다. 특히 여의도에는 방송 및 미디어 관련 기관들이 있기 때문에 여의도 한강공원은 촬영지로도 유명하다.

MBC 50부작 주말 드라마 **천 번의 입맞춤**. 주말 드라마답게 가족과 사랑이란 두 가지 코드를 적절하게 배합한 작품으로 지현우, 류진, 서영희, 김소은 등이 출연했다. 극 중 러브라인을 이뤄가는 주영(서영희 분)과 우빈(지현우 분), 주미(김송은 분)와 우진(류진 분)은 각각 친자매와 사촌 형제지간이다. 주영과 주미 자매는 어린 시절 부모가 이혼했지만 밝고 씩씩한 성격이다. 특히 주미는 엄마의 얼굴도 모르고 자랐으나 놀랄 정도로 명랑하며 잡지 편집 전문 기획사의 객원 기자로 일한다. 어느 날 아침 주미는 조깅을 하다가 우진과 마주치는데 첫눈에 반한다.

드라마 3회, 강변에서 조깅을 하던 주미는 맞은편에서 우진이 달려오는 것을 발견한다. 우진이 자신을 알아보지 못하자 우진에게 말을 거는 주미. 우진은 무표정한 얼굴로 비키라고 한다. 주미는 우진의 반응에 아랑곳하지 않고 뒤로 뛰며 계속 말을 건넨다. 그러다 발을 헛디딘 주미는 강물에 빠지고 만다. 그 모습을 보고 망설이던 우진은 상황이 심각해지자 강물로 뛰어들어 주미를 건져낸 후 병원으로 옮기기 위해 주미를 둘러업는다. 이 장면은 여의도 한강공원에서 촬영했는데 촬영 직전까지 이어진 엄청난 폭우로 한강물이 흙탕물로 변해 애를 먹었다는 후문이다.

김수현 작가가 집필하고 김래원과 수애가 주연을 맡은 드라마 **천일의 약속**. 김수현 작가의 작품인 만큼, 약 19%대의 최고 시청률이 나왔으나 20%의 벽을 넘지 못한 것을 두고 세대교체 논란 등이 있기도 했다. SBS 20부작인 이 작품은 알츠하이머병으로 기억을 잃어가는 여자와, 그 사랑을 지키려는 남자의 이야기를 담았다. 건축사로 일하는 지형(김래원 분)은 고등학교 시절 친구인 재민(이상우 분)의 집에 드나들며 그의 사촌 동생인 서연(수애 분)을 가끔 만난 적이 있다. 서연은 어린 시절 사고로 아버지를 잃고 동생과 함께 고모 집에서 자랐다.

드라마 5회, 지형은 친구 재민에게 서연이 아프다는 소식을 듣는다. 그리고 그 병이 알츠하이머병이란 사실도. 지형은 오랫동안 서연과 연락이 끊어졌다가 우연히 미술관에서 만나게 되었다. 그때 지형은 1년 후에 결혼할 약혼자가 있는 상황. 이런 상황에서 지형은 서연을 가끔 만나며 마음이 서서히 서연에게 기운다. 어떻게 할지 고민하는 지형은 서연과의 즐거웠던 시간을 회상한다. 도시의 불빛이 수면에 반사되어 조도를 낮춘 간접 조명처럼 은은하게 비치는 한강 변을 손잡고 걷는 두 사람. 처음 손잡고 걷는 느낌이 마치 오래전부터 그래왔던 것 같다는 지형의 말에 언젠가 이런 장면이 있었던 것 같다고 대답하는 서연. 하얀 조명이 아름다운 다리를 바라보며 두 사람이 사랑의 밀어를 나누었던 장소 역시 여의

천일의 약속

도 한강공원이었다.

　　SBS 16부작 주말 드라마 **여인의 향기**는 암으로 6개월 시한부 인생을 선고받은 여주인공의 이야기를 담았다. 극 중 연재(김선아 분)는 주어진 시간 내에 정말 무엇이 하고 싶은지 심사숙고한 끝에 20가지 목록을 정리한 버킷리스트를 작성한다. 또순이처럼 살아왔던 그녀의 생각과 행동은 한정된 시간 앞에서 극적으로 바뀌기 시작한다. 드라마 6회에서는 저녁에 아무도 없는 풀장에서 수영하는 연재의 모습이 나온다.

　　연재가 탱고를 배우는 사실을 알고 클럽으로 찾아간 지욱(이동욱 분)은 연재와 함께 탱고를 춘다. 강습이 끝나고 뒤풀이를 하는 클럽의 멤버들과 기분 좋게 맥주를 마시는 연재. 술자리가 파한 후 연재는 2차를 간다며 걷기 시작하고 지욱도 따라간다. 두 사람이 도착한 곳은 한강이 보이는 야외 풀장이다. 의아해하는 지욱에게 핸드백을 던지고 심호흡을 한 후 물에 뛰어드는 연재. 소리를 지르며 물장구를 치는 모습이 천진난만해 보인다. 미쳤느냐는 지욱의 말에 하고 싶은 건 뭐든 해보자고 마음먹었다고 대답하는 연재. 결국, 연재의 손에 끌려 지욱도 풀장으로 떨어지고 두 사람은 물장구를 치며 놀다가 난간에 앉아 대화를 나눈다. 연재의 말에 묻어나는 시간에 대한 절박함을 인식하지 못하는 지욱. 그러나 두 사람은 조금씩이나마 친밀해지기 시작한다. 이 풀장 신도 여의도 한강공원에서 촬영한 인상 깊은 장면 중의 하나다.

#57
DMC

미남이시네요(2009/드라마/홍성창,장근석, 박신혜, 이홍기, 정용화) 아이돌 그룹 멤버들의 성장 과정과 이들을 둘러싼 사랑과 갈등
체포왕(2011/영화/임찬익/박중훈, 이선균) 실적 때문에 경쟁하는 마포서와 서대문서를 둘러싼 코믹한 에피소드를 담은 영화
육혈포 강도단(2010/영화/강효진/나문희, 김수미, 김혜옥) 빼앗긴 여행 자금을 찾기 위해 은행털이에 나선 세 할머니의 해프닝

최근 10여 년 사이에 서울에서 가장 극적으로 변모한 지역 중의 한 곳을 들라고 하면 상암동 일대를 꼽을 사람이 많을 것이다. 이 지역의 새로운 변화의 중심에는 DMC(Digital Media City)로 불리는 디지털미디어도시가 있다. 2015년 완공을 앞둔 DMC는 서울시가 상암동 일대에 56만 평방미터의 규모로 조성하고 있는 첨단 디지털미디어 엔터테인먼트 클러스터다. 크고 작은 통신과 미디어 혁명이 이어지고 있는 현재 상황을 고려하면 DMC의 미래는 이후 한국의 미디어, 통신, 엔터테인먼트 같은 고부가가치 산업의 장래를 보여주는 지표가 될 전망이다.

이 일대는 한때 서울에서 가장 낙후한 지역이었다. 1993년까지 대표적인 혐오 시설인 쓰레기 매립장이 있었던 사실 하나만으로도 상황을 충분히 짐작할 수 있다. 특히 여름에는 온갖 쓰레기로 말미암은 악취 때문에 악명이 높았다. 이런 버려진 땅이 친환경 정보화 도시로 놀랍게 변신한 것이다. 이미 조성이 완료돼 시민에게 친숙한 쉼터이자 다양한 야외 활동의 장이 된 월드컵공원과 하늘공원, 노을공원. 2002년 월드컵 4강 신화를 상기시키는 월드컵경기장 등이 DMC와 유기적으로 연결돼 있다. 이처럼 DMC는 생산의 효율성에만 초점을 맞춰 개발된 이전의 산업 클러스터들과는 차원을 달리한다.

'한국판 할리우드'로 불리기도 하는 DMC는 개발 단계부터 각각의 건물에도 콘셉트를 부여했다. 그래서 각 모든 건물이 독특한 구조와 디자인을 뽐낸다. DMC 일대를 걷다 보면 갑자기 미래 도시 어딘가로 타임슬립한 듯한 착각에 빠져든다. 이것은 DMC가 다양한 드라마나 영화 촬영을 위한 거대한 인공 세트장으로 기획된 측면이 전제돼 있음을 보여준다. 여전히 개발이 진행 중인 DMC의 상황을 고려하면, 생각보다 많은 작품이 이곳에서 촬영된 것을 확인할 수가 있다.

실제로 서울시는 DMC 내 모든 시설과 자연 경관 및 조형물 그리고 도로 시설을 영화 촬영을 위한 세트장으로 제공하고, 온라인 예약 시스템을 구축해 누구나 사용할 수 있게 정비해놓은 상태다. 미래적인 초현대식 건축물들, 상대적인 한적한 교통 상황과 넓은 도로, 개성 있는 공원과 한강 변의 탁월한 조망, 월드컵경기장과 같은 상징적 시설 때문에 촬영 시 늘 손꼽히는 캐스팅의 명소다. 그간 DMC 일대에선 **내 여자친구는 구미호, 장미의 전쟁, 호박꽃 순정, 아내의 유혹, 로열패밀리** 같은 드라마가 촬영되었다. 그뿐만 아니라 **과속 스캔들, 초능력자, 쩨쩨한 로맨스** 등의 영화에서도 DMC의 다양한 모습을 찾아볼 수가 있다.

2009년 하반기에 방송된 SBS 수목 드라마 **미남이시네요**. 장근석, 박신혜, 정용화, 이홍기, 유이 등이 출연해 젊은 시청자의 관심을 끈 작품이다. 수녀가 되기 위해 수녀원에 들어간 고미녀(박신혜 분)는 잠시 미국에 간 쌍둥이 오빠 고미남의 역할을 대신해야 하는 상황에 부닥친다. 고미남은 인기 있는 아이돌 그룹의 멤버이기 때문에 대중들에게 늘 노출돼야만 하는 상황이다. 수녀에서 아이돌로 극단적인 변신을 해가는 과정에서 생기는 에피소드들이 드라마를 이끌어간다.

미남이시네요의 3회. 인기 그룹 A.N.JELL의 간판 스타인 황태경(장근석 분)은 성격이 꽤 까칠하다. 태경은 우연히 미녀가 여자라는 사실을 알게 된다. 몹시 당혹스러워하는 미녀. 미녀는 사진이 들어 있는 태경의 휴대 전화를 잽싸게 뺏고, 두 사람이 티격태격하다 전화기가 건물 밖에 있던 트럭의 지붕에 떨어진다. 미녀는 전화기 때문에 트럭 지붕으로 올라가는데, 정차해 있던 트럭이 움직이기 시작한다. 갑작스러운 상황에 당황하던 태경은 트럭의 뒤를 따라 뛰어가기 시작하고 급기야 트럭에서 뛰어내린 미녀를 받아 안다 길에 쓰러진다. 태경과 미녀의 관계가 이후 어떻게 발전할 것인지를 보여주는 인상적인 장면이었다. 드라마상에서는 8분 남짓한 신이었지만 실제 촬영은 12시간 동안이나 진행됐다는 후문이다. 더군다나 장근석은 미끄러져 다리가 삐끗하기도 했고 박신혜는 와이어를 묶고 트럭 위에 매달려 연기를 하느라 스태프들이 상당히 맘을 졸여야 했다고 한다.

　　이런 열정 탓인지 **미남이시네요**는 10% 안팎의 시청률을 기록하면서 국내 시청자들에게 괜찮은 반응을 얻었다. 그런데 일본이나 대만 등 국외의 반응이 오히려 뜨거웠다. 이 드라마는 2010년에 후지 티브이를 통해 방송됐고 동 시간대 시청률 1위에 오르기도 했다. 특히 장근석의 일본 내 인기의 기폭제 역할을 톡톡히 한 작품이기도 하다. 2011년에는 일본 TBS가 **미남이시네요**를 리메이크해서 11부작으로 방송했고 장근석은 이 리메이크판에 직접 출연해 주목을 받았다. 그리고 2013년 여름에는 이 드라마의 대만판이 방송을 앞두고 있다.

　　미남이시네요의 도로 촬영 장면처럼, DMC에서는 유독 거리 촬영이 많은 편이다. 2011년 개봉한 영화 **체포왕**이나 영화 **육혈포 강도단**(2010) 같은 작품이 대표적이다. 이 두 영화는 제목에서 풍기는 것처럼 쫓고 쫓기는 추격 장면이 영화에서 차지하는 비중이 만만치 않았던 작품이었다. **체포왕**의 경우는 작품의 도입부에 영화의 갈등 구조를 선명하게 보여주는 추격 장면이 배치돼 있고, **육혈포 강도단**은 후반부의 구급차 신으로 영화가 마무리돼간다. 이 두 추격 장면 또한 DMC의 도로에서 촬영한 것이다.

#58 뚝섬

시크릿 가든 (2010/드라마/신우철/하지원, 현빈, 윤상현) 까칠한 백화점 오너와 스턴트우먼이 영혼이 바뀌면서 겪는 새콤달콤한 로맨스
아테나: 전쟁의 여신 (2010/김영준 외/정우성, 차승원, 수애) 한국형 신형 원자로를 둘러싼 국제 테러 조직과 그들과 맞서는 NTS 요원들의 이야기

뚝 섬 일대의 변화 과정은 서울의 변화 과정 전체를 압축해 보여주는 일종의 축약도 같다. 원래 뚝섬은 조선 시대에는 말을 키우던 목마장을 역할을 했으며, 1940년대까지는 한강의 수운 구실도 했던 곳이기도 하다. 현재는 서쪽 성수동 중심의 공업 지역과 동쪽의 주택 단지를 배후지로 한 서울 동부 지역 최대의 개발 계획 지구이다. 이제 뚝섬 하면 누구나 뚝섬 한강공원을 연상할 정도로, 도심 안에서 여가와 수상스포츠를 즐길 수 있는 대표적인 곳이기도 하다.

특히 2010년 4월에 개장한 뚝섬 전망문화콤플렉스는 뚝섬을 상징하는 새로운 이정표로 주목받고 있다. 흔히 자벌레 전망대로 불리는 이곳은 시민의 뚝섬 한강공원 접근 편의성과 주변의 상징성을 우선해 설계했다고 한다. 그 때문에 전망대란 말이 연상시키는 전망대의 전형적인 모습과는 달리, 자나방의 애벌레인 자벌레의 모습처럼 가늘고 긴 원통형의 독특한 모양으로 등장했다. 이런 원 의도가 시민의 호기심을 자극한 것인지, 한 해에 100만 명 이상이 다녀가는 한강의 명소로 급부상 중이다.

뚝섬 전망문화콤플렉스가 많은 사람에게 알려지는 데는 드라마도 큰 역할을 했다. 2010년 말에서 2011년 초에 걸쳐 방송됐던 드라마 **아테나: 전쟁의 여신**에서 이곳은 생존을 위해 위장을 잘하는 자벌레의 속성을 반영한 듯, 드라마 전개상 음모의 기지로 활용되기도 했다. 이 드라마는 한국에서 개발한 신형 원자로를 둘러싸고 이를 지키기 위한 국가대테러정보원(NTS)과 국제 테러 조직인 아테나의 대결을 기본 축으로 하고 있다.

손혁(차승원 분)은 미국 국가정보국(DIS) 동아시아 지부장이자 국제 테러 조직인 아테나의 수장인 복합적인 캐릭터다. 그의 놀라운 정보력과 문제 해결 능력 때문에, NTS는 그에게 큰 역할을 맡긴다. 그의 실체를 전혀 파악하지 못한 상태로. 이런 손혁의 독특한 캐릭터는 드라마 전체의 진행 과정에 큰 역동성을 부여한다.

그런 그가 평상시 주로 활동하던 공간이 DIS의 본부였던 뚝섬 전망문화콤플렉스였다. 일상적인 생활 공간과는 동떨어진 강변에, 건물의 상식적인 모양새를 완전히 전복시킨 이 자벌레 모양의 건축물은 DIS와 손혁이란 인물의 비일상적인 속성을 표현하는 데 안성맞춤이었다. 드라마 전편에 걸쳐 이곳은 자주 노출되었다. 드라마 10회에서 NTS 요원인 정우(정우성 분)와 아테나의 일원인 혜인(수애 분)이 일본에서 오붓한 시간을 보낸 사진을 받아보고 분노해서 노트북을 내던지는 장면도 이곳 뚝섬 전망문화콤플렉스에서 촬영했다. 일종의 이중간첩인 혜인을 축으로 정우와 손혁의 갈등이 극으로 치달을 것임을 예견케 하는 인상적인 장면이었다.

뚝섬 전망문화콤플렉스는 긴 통로를 전시 공간으로 활용하고 있으며 전망대, 카페, 레스토랑 등 편의 시설도 잘 갖춰진 편이다. 연중무휴로 밤늦은 시간(하절기 12시, 동절기 11시)까지 운영하기 때문에 주말뿐 아니라 주중 업무 후에도 부담 없이 찾을 수 있다. 특히 전시장의 경우, 정해진 절차에 따라 무료 대관도 가능하며 무료로 전시를 관람할 수도 있다. 더군다나 2012년에 한강사업본부가 '한강 사진 찍기 좋은 곳 3선'으로 '선유도 시간의 정원', '여의도 물빛광장'과 더불어 '뚝섬 전망문화콤플렉스'를 선정한 것처럼, 뚝섬 일대의 시시각각 변하는 수변 풍경은 극히 빼어나다.

게다가 뚝섬 한강공원에서는 수영, 수상스키, 윈드서핑 같은 수상 스포츠뿐만 아니라 평소에 접하기 어려운 인공 암벽 등반에도 도전해볼 수도 있다. 이곳의 인공 암벽장은 폭 40m, 높이 15m에 5면으로 구성돼 있어서 인공 암벽 등반의 참맛을 느끼기에 충분한 시설을 갖추고 있다. 특히 서울시에서는 4월에서 10월까지 인공 암벽 타기 교육을 무료로 실시할 뿐만 아니라 장비도 무료로 대여해준다.

특히 뚝섬 한강공원 인공 암벽장은 2011년 최고의 화제 드라마였던 **시크릿 가든**에 노출되면서 일반인에게 더 많이 알려졌다. **시크릿 가든** 11회에는 길라임

(하지원 분)과 오스카(윤상현 분)가 함께 암벽장을 오르는 장면이 나온다. 암장 앞에서 라임은 오스카의 손가락에 테이프를 정성스럽게 감아주고 오스카는 라임의 얼굴을 빤히 처다본다. 그러자 튀어나오는 라임의 말 "제 얼굴 빵꾸납니다." 그러자 능글맞게 "얼굴, 어디가 빵꾸날까요."라며 맞받아치는 오스카.

이윽고 두 사람은 40m 높이의 암장을 타기 시작한다. 암장의 중간쯤에 도달한 두 사람은 다시 수다를 떤다. 라임은 오스카에게 손에 땀이 나면 초크를 바르라는 조언을 하고서는 정작 자신의 초크를 빠뜨린 사실을 깨닫는다. 오스카 허리 근처의 초크백에 손을 넣으려다 오스카의 엉덩이를 건드린 라임. 깜짝 놀라 소스라치면서 수줍어한다. 태연스럽게 반대편 엉덩이를 내밀며 쳐달라는 오스카. 두 사람의 감정이 미묘하게 교차하는 상황을 코믹하게 잡아낸 장면이다. 게다가 장소는 두 사람만이 매달린 인공 암벽장이란 기묘하고 비일상적인 공간. 이렇듯 뚝섬 일대는 일상성을 전복하는 다양한 요소들이 겹겹이 중첩돼 있기도 하다. 그 틈새에서 우리는 라임과 오스카, 손혁과 혜인의 모습을 다양하게 만날 수 있을 것이다.

#59 포스코 센터

대물(2010/드라마/고현정, 권상우, 차인표) 대한민국의 첫 여성 대통령이 된 여자와 제비 생활을 청산하고 검사가 된 남자가 정치의 세계에 펼치는 이야기
샐러리맨 초한지(2012/드라마/유인식/이범수, 정겨운, 정려원) 성공을 위해 치열하게 경쟁하는 샐러리맨들의 애환을 담은 이야기
나쁜 남자(2010/드라마/이형민/김남길, 한가인, 오연수) 뛰어난 머리와 카리스마로 자신의 운명을 바꾸어가는 한 남자의 사랑과 야망
내 마음이 들리니(2011/드라마/김상호/김재원, 황정음) 청각장애인이면서도 들리는 척하며 사는 남자와 바보인 척하는 여자의 진실한 사

포스코는 연간 조강 생산량 세계 5위권을 자랑하는 철강 기업이다. 대한민국 근대화의 상징이기도 한 포스코는 2000년 10월에 민영화되었다. 본사는 포항이지만 서울 강남구 테헤란로에 있는 포스코 센터가 일반인들에게는 더 친숙하다. 포스코 센터는 동관 31층 서관 21층으로 구성된 최첨단 인텔리전트 빌딩으로 1995년 완공 이후 현재까지도 테헤란로 일대의 대표적인 랜드마크다. 동관은 포스코 관계사들이 입주해 있으며 서관은 한국마이크로소프트가 사용 중이다. 서울의 대표적인 오피스가에 자리 잡고 있는 만큼 포스코 센터는 기업과 연관된 소재의 드라마에 자주 모습을 드러내고 있다.

MBC 30부작 주말 드라마 **내 마음이 들리니**. 주인공 차동주(김재원 분)는 어린 시절 봉우리(황정음 분)에게 피아노를 가르쳐주기 위해 집을 빠져나가다가 지붕에서 떨어져 청력을 상실한다. 기업 상속 문제 때문에 엄마 태현숙(이혜영 분)은 동주를 미국에서 키운다. 현숙과 준하(남궁민 분)의 도움과 자신의 노력으로 청각장애를 극복한 동주. 상대방의 입술을 읽고 자연스럽게 말하는 데 지장이 없다. 그는 양아버지에게 빼앗긴 회사를 엄마에게 되돌려주기 위해 한국으로 돌아와 일을 시작한다. 드라마 10회에서는 이사회 장면이 나온다. 양아버지 진철(송승환 분)의 신사업 진출에 반대하면서 새로운 사업 제안을 하는 동주. 프레젠테이션을 끝마치자 이사회에 참석한 이사들은 동주의 제안에 호감을 표시한다.

본격적으로 시작되는 양아버지와 아들의 대결이 이후 드라마 전개의 한 축을 이룬다. 이사회가 끝나고 진철과 동주가 신경전을 벌이는 사이에 난데없이 등장한 봉우리. 아버지를 왜 해고했느냐며 막무가내로 따지기 시작하나 동주에게 무시당한다. 회사의 한쪽 난간에서 푸른빛이 감도는 수족관을 멍하니 바라보는 우리. 이 장면을 촬영한 곳은 포스코 센터다. 이 포스코 센터 수족관은 폭 5미터, 높이 9미터에 달하며 지하 1층부터 지상 1층까지 연결돼 있다. 수족관은 총

내 마음이 들리니

2천여 마리, 40종에 이르는 열대어와 산호, 바다거북, 상어 등으로 채워져 있다. 희귀 어종과 값비싼 열대어들을 무료로 관람할 수 있어서 주말이면 포스코 센터를 찾는 시민이 많다고 한다. 이곳 수족관의 담수 정화 같은 전문적인 관리는 코엑스 아쿠아리움이 맡고 있다.

한가인과 김남길이 성공을 향해 질주하는 역할로 나온 드라마 **나쁜 남자**. 주인공 건욱(김남길 분)과 재인(한가인 분)은 능력은 있으나 배경은 따라주지 않는 인물들. 능력과 배경 사이의 괴리 때문에 상처를 입은 경험 또한 비슷하다. 건욱이 출세를 위해 전략적으로 여자들에게 접근하듯 재인 또한 배경 좋은 남자를 찾기 위해 애를 쓴다. 재인은 명문 대학 출신으로 미술관 아트 컨설턴트다. 드라마 1회, 해신그룹의 신 여사가 오픈을 준비 중인 미술관 일을 돕고 있다. 트렌치 코트를 멋지게 걸친 재인은 근사한 미술관으로 들어선다. 신 여사에게 부탁받은 자료를 건네주는 재인. 갑자기 다른 직원을 불러 신경질적으로 화를 내는 신 여사의 모습을 보며 재인은 당혹스러워한다.

직원으로부터 신 여사의 아들이 제주도에 갈 거라는 이야기를 듣고 은근히 관심을 두는 재인. 제주도 출장을 가기 전, 그녀는 미술관 앞 아트숍에서 친구이자 신 여사의 딸인 모네를 위해 망설이다 고가의 만년필을 12개월 할부로 산다. 이 장면을 찍은 곳은 포스코 센터 2층에 있는 포스코 미술관이다. 포스코 미술관은 백남준, 박서보, 이우환 등 국내외 현대 작가들의 작품을 600여 점 소장하고 있다. 독창적인 전시 활동을 통해 미술인의 창작 활동을 지원하고 신진 작가를 발굴한다는 취지에 맞게 해외 작가전, 지역 작가 발굴전, 중견 및 원로 작가전, 신진 작가 발굴전 같은 다양한 전시를 하고 있다. 관람객도 연간 5만여 명에 달할 정도로 미술관의 인기가 높은 편이다.

중국 고전인 초한지를 모티브로 샐러리맨들의 성공 스토리를 담은 드라마 **샐러리맨 초한지**. 20부로 기획됐던 작품인데 드라마의 인기 때문에 2회 연장되었고 스페셜 2회가 추가 방송되었다. 스페셜 2회, 천하그룹 창업주인 진시황(이덕화 분)이 사망하자 이후 누가 회장이 될 것인지 관심이 뜨겁다. 천하그룹 사옥으로 백여치(정려원 분)와 모가비(김서형 분)가 들어서자 기다렸다는 듯 달려드는 언론사 기자들. 기자들이 백여치에게 회장직을 맡을 자격이 있느냐고 질문하자 천하그룹 전략사업본부장인 박범증(이기영 분)은 백여치가 임시 회장이며 곧 주주총회에서 회장을 선출할 거라 말한다. 이 장면은 포스코 센터 입구와 로비 등에서 촬영했는데 깨끗하게 정돈된 포스코 센터의 로비를 살펴볼 수 있다. 이 드라마의 1회에선 극 중 천하그룹 사옥으로 나온 포스코 센터의 웅장한 외관을 아울러 찾아볼 수 있다.

SBS 24부작 드라마 **대물**은 정치의 세계를 실감 나게 그린 작품이다. 극 중 여성 대통령이 되는 서혜림(고현정 분)의 모습을 통해 정치권의 이면을 들여다보는 재미가 쏠쏠했던 드라마. 정치 개혁을 위해 검사를 하다 정계로 투신한 강태산(차인표 분)은 대통령을 꿈꾸는 야심만만한 인물이다. 그러나 혜림에게 대통령직을 뺏기자 혜림을 탄핵하기 위해 전력투구한다. 드라마 9회에선 태산이 팀장을 불러 헤리티지 갤러리 장세진(이수경 분) 관장의 뒷조사를 맡기는 장면이 나온다. 거대한 수족관의 컬러풀한 모습과 경직된 태산의 표정이 대비된다. 이 장면 또한 포스코 센터에서 촬영했다.

주변촬영지

테헤란로 대우아이빌3차 오피스텔

강남 테헤란로 동부금융센터 옆에 테헤란로 대우아이빌3차 오피스텔이 있다. 김민석 감독의 영화 <초능력자>(2011)에서 초인(강동원 분)과 임규남(고수 분)이 마지막 대결을 벌이는 장소가 이곳 옥상이다. 디지털 색 보정 작업을 통해 사막처럼 비현실적인 공간의 느낌이 들도록 연출됐던 장면이다. 이곳에서 둘이 싸우다가 함께 떨어지며 초인은 최후를 맞이하고 규남은 장애인이 된다. 지하철 2호선 선릉역 하차, 1번 출구로 나와 직진해서 5분 거리. 강남구 대치동 891-6

테헤란로

테헤란로는 강남구 역삼동 강남역 사거리에서 송파구 잠실동 삼성교까지 4킬로미터에 달하는 대로를 말한다. 장진 감독의 정치 풍자 코미디 <굿모닝 프레지던트>(2009)에 등장하는 첫 번째 대통령 김정호(이순재 분)가 복권 당첨 사실을 고백하고 난 후 영부인(전양자 분)과 차 안에서 대화하는 장면을 이곳에서 촬영했다.

국민은행 테헤란로 지점 앞

오기환 감독의 영화 <작업의 정석>(2005)의 한 장면. 도로에서 신호를 기다리며 정지선에 멈춰 서 있던 서민준(송일국 분)이 옆 차선의 한지원(손예진 분)을 보고 아주 마음에 들어 한다. 그때, 신호가 바뀌면서 한지원의 차가 총알처럼 튀어나간다. 이 장면은 국민은행 테헤란로 지점 앞 횡단보도에서 촬영했다.
강남구 역삼1동 702-22 ☎ 562-4531

#60 낙산공원

닥터 챔프(2010/드라마/박형기/김소연, 엄태웅, 정겨운) 태릉선수촌을 배경으로 한 국가대표 주치의 주변의 스포츠 메디컬 드라마
웃어요 엄마(2011/드라마/홍성창/이미숙, 강민경, 윤정희) 끝없이 딸과 대립했던 고집불통의 엄마가 딸의 불치병을 통해 변모하는 이야기
별을 따다줘(2010/드라마/정효/최정원, 김지훈, 신동욱) 다섯 명의 입양한 동생들을 책임지며 사는 여자와 생모에게 버림받은 상처가 있는 변호사의 사랑
오자룡이 간다(2012/드라마/최원석/이장우, 오연서) 처가의 재산을 둘러싼 두 사위의 이야기

조선 시대 한양의 내사산 중 하나였던 낙산은 풍수지리상 주산인 북악산의 좌청룡에 해당하는 산이다. 산의 모습이 낙타 등처럼 볼록하게 솟았다고 하여 낙산이라는 이름으로 불렸다고 한다. 근대화 과정을 거치면서 무분별한 계획으로 아파트와 주택이 낙산 근처에 들어서서 본래의 모습이 많이 파괴되었고 역사적 상징성 또한 소실되었다. 서울시가 낙산을 근린공원으로 지정해 본격적인 정비를 완료한 2002년 이후에야 누구나 자연스럽게 이용할 수 있는 곳으로 변모했다. 대학 문화의 상징이자 연극의 메카인 대학로와 가깝고 서울 성곽길과도 인접해 있기 때문에 늘 찾는 사람이 많은 곳이다. 산책로와 역사탐방로뿐만 아니라 농구나 배드민턴 같은 간단한 운동을 할 수도 있다. 특히 이곳에서 내려다보는 서울 시내 야경이 일품이기 때문에 드라마 촬영지로도 유명하며 많은 드라마에서 인상 깊은 명장면을 연출해낸 공간이기도 하다.

　　국가대표 주치의를 주인공으로 내세운 독특한 드라마 **닥터 챔프**. SBS 16부작인 이 작품에서 김소연은 태릉선수촌을 중심으로 활약하는 정형외과 의사 김연우 역을 맡아 열연했다. 교수의 의료사고를 발설했다가 졸지에 병원에서 쫓겨난 신세가 된 연우는 여러 가지 사정상 태릉선추촌의 의무실에서 근무하게 된다. 그러나 2년 계약직인 이곳의 생활 또한 그리 만만치가 않은데 가장 큰 골칫거리는 유도 선수 지헌(정겨운 분)이다. 지헌은 의사의 말을 말같이 듣지 않는 제멋대로 파로 연우와 사사건건 부딪친다.

　　드라마 16회에서는 유명한 풍등 신이 나온다. 연우와 지헌은 낙산공원의 성벽 위에 나란히 앉아 이야기를 나눈다. 성벽의 조명이 은은하게 빛나고 사랑스러운 표정으로 서로 바라보는 두 사람. 지헌은 연우에게 올림픽에 나갈 거라고 말을 건넨다. 이어 풍등 행사가 시작되자 풍등에 불을 붙이는 지헌. 성벽의 색깔과 대비되는 화려한 풍등이 일제히 하늘로 솟아오르는 모습이 장관이다. 지헌이 연우에게 "무슨 소원 빌었어요?" 하고 묻자 연우는 "박지헌 씨와 같은 소원 빌었어요." 라고 대답한다. 그러자 지헌은 자신이 무슨 소원을 빌었는지 되묻는다. 연우가 금메달이라고 대답하자 지헌은

닥터 챔프

그게 아니라 김연우라고 대답하며 연우를 바라본다. 두 사람이 앉은 성벽 뒤로 풍등이 빛을 발하면서 드라마는 대단원의 막을 내린다. 이 낙산공원의 풍등 신 촬영에는 500여 개의 풍등과 80여 명의 엑스트라가 동원됐다고 한다.

SBS 50부작 주말 드라마 **웃어요 엄마**. 다양의 유형의 어머니상이 등장하는 작품으로 극을 이끌어 나가는 중심인물은 자식의 성공을 위해 물불 가리지 않는 조복희(이미숙 분)다. 복희는 고생 모르던 남편이 사업에 실패하고 딸인 달래(강민경 분)를 톱스타로 만드는 데 온 힘을 기울이는 억척 엄마. 달래는 자신의 내성적인 성격이 연기자란 역할과 맞지 않는다고 생각하지만, 워낙 강력한 어머니의 의지 때문에 끌려다니는 신세다. 그러나 복희는 달래가 불치병에 걸린 것을 알고 자식이 행복한 시간을 보낼 수 있도록 헌신하기 시작한다. 중견 탤런트 이미숙은 조복희란 인물의 특징을 실감 나게 연기해 호평을 받았다.

드라마 5회, 복희의 성격이 적나라하게 드러나는 장면. 달래가 남자 연기자와 호흡을 맞추며 야외 촬영 중이다. 포옹하는 장면이 끝나자 감독은 달래에게 표정 연기가 좋다며 칭찬한다. 끝까지 열심히 하겠다는 달래의 대답이 끝나기가 무섭게 복희가 뛰어든다. 막무가내로 가자면서 달래의 손을 잡아끄는 복희. 당황한 감독이 복희에게 인사하면서 이야기를 좀 들어달라고 하자 복희는 감독의 손에

있는 대본을 빼앗아 집어던진다. 복희는 황당해하는 감독과 스태프들에게 누구 허락받고 이따위 영화에 출연시키느냐며 언성을 높인다. 결국, 달래는 스태프들의 만류에도 엄마의 손에 끌려가는 상황에 부닥친다. 모녀지간의 극명한 성격 차이를 엿볼 수 있는 장면이었는데, 이 장면을 촬영한 곳도 낙산공원이었다.

보험사 직원과 변호사의 사랑을 다룬 드라마 **별을따다줘**. SBS 20부작인 이 작품의 주인공인 진빨강(최정원 분)은 부모의 갑작스러운 죽음 때문에 졸지에 다섯이나 되는 입양한 동생들의 엄마 역할을 해야 하는 보험사 직원이다. 빨강은 이런 상황 앞에서도 특유의 낙천성과 붙임성으로 문제를 풀어간다. 이런 빨강에게 다가서는 강하(김지훈 분)는 빨강이 근무하는 보험사의 고문 변호사다. 한없이 차갑고 냉정한 성격의 강하는 빨강을 알게 되면서 마음의 벽을 조금씩 허물기 시작한다.

드라마 마지막 편인 20회, 마트의 시식 코너에 몰려가 배를 채운 빨강의 가족과 지훈은 별빛을 받으며 공원에서 산책한다. 막내를 중심으로 손을 잡은 채로 늘어서 걷는 일곱 사람의 모습이 유난히 푸근해 보인다. 천진난만하게 웃으며 아이들이 성벽의 작은 문을 지나 난간에 기대자 서울 시내 야경이 한눈에 들어온다. 그 순간 별똥별이 지나가고 아이들은 소원을 빌기 시작한다. 눈을 감고 기도하는 아이들의 모습 뒤로 서울 성벽의 모습이 근사하다. 빨강이 자신도 소원을 빌었다고 하자 무슨 소원일지 궁금해하는 아이들의 시선이 일제히 빨강에게 집중된다. 난데없이 세계 평화를 빌었다고 대답하는 빨강. 아이들은 어처구니없다는 표정이다. 비록 부모는 없지만 따뜻한 가족 간의 사랑이 흘러넘치는 모습이다. 이 장면 또한 낙산공원에서 찍은 것이다.

MBC 일일 드라마 **오자룡이 간다**. 드라마 52회, 자룡(이장우 분)과 공주(오연서 분)가 성벽에 앉아 '오자룡이 간다', '나공주가 간다'를 힘차게 외치던 곳 또한 낙산공원이었다. 여러 드라마에서 반복해 등장하는 바로 그 자리였다.

📷 탑골공원

종로2가와 3가 사이의 사거리에 있는 공원이다. 파고다공원으로도 불리는 이곳은 3·1 운동의 발상지로 널리 알려졌다. 교통이 편하고 시내 중심에 위치해 있기 때문에 중장년층의 모임 장소로 특히 사랑받고 있다. 공원 안을 걷다 보면 삼삼오오 모여 바둑, 장기 등을 즐기는 모습을 쉽게 볼 수 있다. 이런 분위기 탓에 영화 〈육혈포 강도단〉(2010)의 촬영지가 되기도 했다.

이 영화는 할머니 세 명이 주인공으로 등장하는 독특한 작품. 이들은 동네 마트에서 물건을 훔쳐 경매 형식으로 판 돈을 모아 해외 여행을 꿈꾼다. 영화에서 세 할머니가 경매를 통해 물건을 파는 곳이 바로 탑골공원이다. 목표액이 다 모이자 3·1 운동 벽화 앞에서 세 사람이 좋아하며 덩실덩실 춤을 추는 장면이 기억에 새롭다. 이곳에는 독립선언서가 낭독되었던 팔각정을 중심으로 원각사지 10층 석탑(국보 2호), 원각사비(보물 3호), 앙부일구 받침돌 같은 문화재가 보존돼 있다. 그 외에도 1980년에 건립한 3·1 운동 기념탑, 3·1 운동 벽화, 손병희 동상, 한용운 기념비 등을 찾아볼 수 있다.

지하철 1호선 종각역 3번 출구 350미터 전방 또는 지하철 1호선 종로3가역 2번 출구 250미터 전방이다.
🚗 종로구 종로2가 38-1번지 ☎ 731-0534

📷 이화벽화마을

낙산공원에서 대학로 방송통신대학 방향으로 내려가면 벽화 거리를 만나게 된다. 2006년부터 70여 명의 화가가 참가해 동네의 벽과 계단 등에 소박한 그림을 그리고 다양한 조형물을 설치했다. 가파른 계단의 꽃 그림을 비롯해 낙산공원 산책로의 다양한 조각이 마음을 즐겁게 한다. 창신동으로 넘어가는 굴다리 밑 축대에는 중고교 학생들이 그린 벽화와 동네 노인들이 작업한 그림 타일을 찾아볼 수 있다. 봉제공장 20여 곳에는 작가들이 만들어준 작고 아담한 새 간판이 달렸다. 이화동은 이렇듯 화가, 동네 주민, 학생들이 협업한 작품들로 인해 달동네에서 아름다운 예술마을로 재탄생하였다.

📷 대학로

문화와 연극으로 상징되는 젊음의 거리다. 이화 벽화마을을 지나면 소극장들과 술집, 밥집, 커피숍 등의 상가들이 즐비한 대학로에 이르게 된다. 이곳은 옛 서울대학교 문리과대학, 법과대학 시절부터 대학생과 젊은이들이 많이 모여들던 곳이다. 1975년 서울대학교 캠퍼스가 관악산 아래로 이전함에 따라 그 자리에 마로니에 공원이 조성되고 연극, 영화, 콘서트, 뮤지컬 등의 문화 예술 단체들이 들어섰다. 문예진흥원 앞 도로 광장에는 야외 공연장과 풍류 마당이 있어 각종 야외 음악회, 시낭송회, 연극, 공연 등을 즐기려는 젊은이들의 발길이 끊이지 않는다.

#61 중앙대학교

뉴하트(2007/드라마/박홍균/지성, 김민정, 조재현) 종합병원 흉부외과의 의사들을 둘러싼 메디컬 드라마
내 여자친구는 구미호(2010/드라마/부성철/이승기, 신민아, 노민우) 대학생인 대웅이 우연히 인간이 되고 싶어 하는 구미호를 만나면서 벌어지는 이야기
장난스런 키스(2010/드라마/황인뢰 외/김현중, 정소민, 이태성) 장난스런 키스로 맺어진 두 사람이 서로 영향을 주고 받으며 정체성을 찾아가는 이야기
보고 싶다(2012/드라마/이재동/박유천, 윤은혜) 두 남녀의 운명적인 사랑 이야기

동작구 흑석동에 자리 잡은 중앙대학교는 2008년도에 개교 90년을 맞이한 명문 사립대학교다. 특히 광고·영화·방송·문학 등 문화 계통에서 졸업생의 활동이 활발한 편이며 캠퍼스가 여의도에서 가까운 편이어서 드라마의 촬영지로도 자주 등장하곤 한다. 흑석동의 캠퍼스는 공간이 다소 협소한 편이지만 오밀조밀하고 정겨운 분위기를 자랑한다. 캠퍼스 내에서 가장 상징적인 장소 중의 하나가 청룡상이 있는 청룡 연못이다. 연못이나 호수가 있는 대학의 경우 장소와 연관된 한두 가지 전설이 있기 마련인데 이곳 청룡 연못에도 동문이면 공유하는 몇 가지 이야기들이 전해진다고 한다. 학교 내에서 캠퍼스 커플들이 즐겨 찾는 대표적인 명소이기도 하다.

중앙대학교 캠퍼스의 모습을 다양하게 담아낸 드라마를 꼽자면 역시 **내 여자친구는 구미호**일 것이다. 이 작품은 SBS 16부작 드라마로 제작 전부터 화제였는데, 홍정은·홍미란 작가가 집필을 맡은 데다 이승기·신민아가 주연을 맡았기 때문이다. 극 중에서 중앙대학교는 국제대학교로 나오는데 도서관, 법학관, 학생회관, 청룡탑, 체육관 등 캠퍼스의 어지간한 곳은 화면에서 쉽게 찾아볼 수 있다. 극 중 주인공인 차대웅(이승기 분)이 국제대학교 학생이었기 때문에 대웅의 동선을 따라 자연스럽게 대학 캠퍼스의 분위기를 느낄 수 있다.

내 여자친구는 구미호

드라마 1회 시작 부분에서 넓은 계단이 나오고 계단 아래쪽에 미호(신민아 분)가 흰 원피스를 입고 서 있다. 미호가 와 있는지 모르고 터벅터벅 계단을 내려오던 대웅은 미호의 모습을 보고 깜짝 놀란다. 전화기를 꺼내 전화를 받는 척하면서 왔던 길을 되돌아 옆길로 잽싸게 빠지는 대웅. 그러나 가는 길 앞쪽을 미호가 이미 가로막고 있다. 대웅은 미호가 온 줄 몰랐다고 둘러대고 미호에게 끌려가다시피 한다. 미호의 미모 때문에 놀라워하는 주변 학생들의 모습과는 대조되는 대웅의 불안한 표정이 꽤 코믹하다. 어디 가느냐는 대웅의 말에 근처 식당에서 소를 잡아서 막 잡은 소를 먹고 싶다고 대답하는 미호. 또 소냐며 당혹스러워하는 대웅. 이 장면을 촬영한 곳은 도서관 올라가는 계단과 학생회관에서 법학관으로 가는 길목이었다. 드라마 전편을 통해 캠퍼스 촬영 분량이 꽤 많은 편이어서 이승기는 일주일에 두 번씩 학교에 왔다고 하며 그때마다 촬영을 보러 몰려든 사람들 때문에 캠퍼스가 꽤 들썩였다고 한다.

    MBC 23부작인 뉴하트는 병원을 무대로 한 메디컬 드라마다. 제목에서 드러나듯 대학병원의 흉부외과를 중심으로 벌어지는 이야기를 담았다. 광희대학교 병원의 신임 병원장이 된 박재현(이정길 분)은 경영 마인드를 중시하는 인물이다. 그는 병원 홍보에 적합한 인물을 생각하다 제2병원으로 좌천된 최강국(조재현 분)을 흉부외과 과장으로 데려온다. 강국은 흉부외과 최고의 스타이자 환자를 중시하는 원칙적인 스타일의 의사다.

    드라마 2회, 흉부외과에서 레지던트를 뽑기 위해 공고를 내자 병원장 재현의 숨겨놓은 딸인 남혜석(김민정 분)과 지방 의대 출신인 이은성(지성 분)이 지원한다. 그러나 면접에 응시한 혜석과 은성은 석연치 않은 이유로 불합격당한다. 은성은 병원 앞에서 지방대 차별을 반대하는 1인 시위를 시작하고 혜석은 동료들과 선발 과정의 부당성을 알리는 농성에 참가한다. 급기야 두 사람은 텔레비전 뉴스의 인터뷰에도 등장한다. 이 병원 장면 촬영은 전부 중앙대학교 의료원에서 했다. 중앙대학교 캠퍼스에 있는 중앙대학교 의료원은 자연 채광을 이용한 내부 구조를 이용해 개방감을 극대화한 첨단 병원이다. 드라마 전편에 걸쳐 현대적인 의료원의 모습을 살펴볼 수 있다. **뉴하트**는 리얼한 수술 장면과 개성 있는 인물들의 연기, 흥미있는 스토리 전개로 20% 중반대의 평균 시청률을 기록할 정도로 시청자들의 관심을 끌었다.

다다 가오루의 만화를 드라마화한 **장난스런 키스**. MBC 16부작인 이 작품에서 주인공 승조(김현중 분)는 외모, 실력, 부모의 재력까지 두루 갖춘 엄친아다. 그런 탓인지 매사에 심드렁한 편이다. 이런 그에게 변화의 계기가 생기는데 아버지의 친구 딸인 하니(정소민 분)가 집안 사정으로 자신의 집에서 생활하게 된 것. 그런데 하니는 일전에 자신에게 고백을 해왔던 평범한 얼굴의 명랑소녀였다.

드라마 9회, 승조의 집에 들른 하니는 승조의 동생 은조(최원홍 분)가 아파서 괴로워하는 모습을 보고 깜짝 놀란다. 하니가 놀라 승조에게 전화하자, 승조는 자기의 지시에 따라 움직이라며 차분하게 말한다. 은조의 사태를 체크한 의사는 장폐색이기 때문에 수술을 바로 해야 한다고 말한다. 하니는 그렇게 하라고 말하고 결과를 초조하게 기다린다. 이윽고 병원에 승조가 도착하고 의사에게 수술이 잘 끝났다는 말을 듣는다. 병실에서 동생을 지켜보고 있는 하니에게 승조는 응급 처치를 잘해서 고맙다는 말을 하고 두 사람은 포옹을 한다.

중앙대학교 근처의 용봉정 근린공원도 잘 알려진 촬영지 중 한 곳이다. 이곳은 박유천, 윤은혜 주연의 드라마 **보고 싶다**로도 큰 주목을 받았다. 두 주인공의 어린 시절 천진난만했던 모습은 이 근린공원을 배경으로 촬영한 것이다. 두 사람 사이로 보이는 한강의 야경이 빼어나다.

#62 경희대학교

웃어요 엄마 (2011/드라마/홍성창/이미숙, 강민경, 윤정희) 끝없이 딸과 대립했던 고집불통의 엄마가 딸의 불치병을 통해 변모하는 이야기
어느 멋진 날 (2006/드라마/신현창/남궁민, 성유리, 공유) 운명이라는 시련에 맞서 힘겹게 싸우는 주인공들의 사랑 이야기
공부의 신 (2010/드라마/유현기/김수로, 배두나, 유승호, 오윤아) 공부의 나라 대한민국에서 공부에 대한 명쾌한 해답을 제시하는 드라마

고딕 양식의 건물들로 웅장하면서도 기품 있는 캠퍼스의 모습을 자랑하는 경희대학교는 2009년에 개교 60주년을 맞이한 사립대학이다. 동대문구 회기동에 자리 잡은 서울 캠퍼스는 한국외국어대학교, 한국과학기술원 등과 인접해 있고 홍릉과 국립산림과학원 등과도 가까운 편이어서 상업 시설이 비교적 적고 캠퍼스 안팎으로 녹지가 풍부한 편이다. 희랍의 파르테논 신전을 연상케 하는 본관을 비롯해 그 뒤쪽에 위치한 평화의 전당 등은 경희대학교 동문뿐만 아니라 일반인들에게도 비교적 잘 알려진 경희대학교의 심벌이다. 특히 1999년에 완공된 평화의 전당은 동양 최대 규모의 종합 문화 예술 공연장으로 경희대학교 50년의 역사를 스테인드글라스와 화강암 조각으로 담아내었다고 하니 캠퍼스 방문 시에 한 번쯤 확인해보는 것도 좋을 듯하다.

이 평화의 전당을 칸 영화제 여우 주연상 수상을 기념하는 무대로 변신시킨 드라마 **웃어요 엄마**. 이 드라마는 SBS 50부작으로 자식을 톱스타로 키우기 위해 헌신하는 억척스러운 엄마와 엄마와는 정반대 성격인 딸 사이의 갈등과 이해 과정을 담았다. 드라마 첫 시작인 1회 앞부분에 평화의 전당이 등장한다. 짙은 어둠을 배경으로 평화의 전당 입구로 푸른 조명이 비친다. 조명을 받으며 등장한 사람은 신달래(강민경 분)와 그녀의 모친인 조복희(이미숙 분)다. 복희는 달래가 기자들에게 여우 주연상 수상 소감을 말하는 모습을 옆에서 흐뭇하게 바라본다. 이어 복희도 인터뷰에 응하고 두 사람은 플래시 세례를 받으며 레드 카펫을 걸어 리무진 속으로 사라진다. 카메라를 다양한 거리와 각도에서 잡은 데다 조명의 효과 때문에 고딕 양식의 건물 특성이 유난히 도드라져 보인다.

이 평화의 전당 신 외에도 **웃어요 엄마**에서는 경희대학교 캠퍼스의 모습이 비교적 자주 등장한다. 그 이유는 복희의 어린 시절부터 친구인 윤민주(지수원 분)가 근무하는 대학으로 나오기 때문이다. 민주는 젊은 시절 남편에게 버림받고 혼자 힘으로 두 아이를 키운 엄마이자 대학의 국문과 교수로 일하는 전문직 여성이기도 하다. 남편에게 버림받은 상처 때문에 성격이 까칠한 편이고 성인이 된 자식들과도 사이가 좋지 않은 편이다. 그런데 민주의 제자이자 조교였던 강소(서준영 분)가 민주에게 저돌적으로 다가가기 시작한다. 민주와 강소 사이의 관계가 발전하는 계기들은 주로 학교 캠퍼스를 배경으로 그려진다.

드라마 3회에서는 경희대학교 본관 기둥 앞에 앉아 있는 민주에게 강소가 커피를 건네며 말을 거는 장면이 나온다. 강소는 민주의 시를 읽고 경영학과에서 국문과로 전과했다는 이야기를 하나 부교수 승진에서 떨어진 민주는 강소의 말에 심드렁한 반응을 보인다. 커피가 달아 못 마시겠다며 돌아서는 민주의 뒷모습을 바라보는 강소의 표정이 안쓰럽다. 강소의 표정과는 달리 민주와 강소 사이로 보이는 경희대학교 본관 건물의 거대한 기둥들은 중세 유럽의 건축물을 연상시킬 정도로 운치 있다.

공유와 성유리가 주연을 맡은 드라마 **어느 멋진 날**. 주인공 건(공유 분)은 어린 시절 부모를 여의고 호주에서 성장한다. 성년이 되어서도 뚜렷한 직업 없이 반건달로 사기나 치며 살아가는 상황. 그러나 호주로 건너올 때 여동생을 데리고 올 수가 없어 놓아두고 온 상태로 세월이 흘러버렸다. 그러던 어느 날 한국으로 돌아간 친구에게 자신이 가진 사진과 똑같은 사진을 발견했다며 연락이 온다. 친구의 연락을 받고 무조건 한국으로 돌아온 건은 그동안 잊고 지냈던 어린 시절의 상황을 되짚어가기 시작한다. 게다가 자신과 헤어진 여동생 하늘(성유리 분)이 부잣집에서 살고 있다는 사실을 알게 된다.

어느 멋진 날 7회에선 하늘의 진짜 오빠이지만 생사조차 알 수 없었던 건과 하늘의 입양을 탐탁지 않아 했지만 같이 생활해온 오빠 태원(유하준 분) 사이의 격투 장면이 나온다. 건은 태원을 발견하자 주먹을 날리고 태원은 여동생 돈이나

뜯으러 온 놈이라 대꾸하며 맞선다. 건은 태원에게 다시 나타나지 말라고 경고하고 돌아서 간다. 그러나 태원은 깨진 술병을 들고 달려가 건의 옆구리를 찌른다. 건은 간신히 몸을 추스르지만, 생일 파티가 있는 곳에서 쓰러지고 만다. 깜짝 놀란 하늘은 병원으로 건을 급하게 옮긴다.

어느 멋진 날

하늘과 파티 멤버들은 출혈은 심했지만 장기 손상은 피했다는 담당 의사의 말을 듣고 안도의 한숨을 쉰다. 병상의 건은 정신이 들자마자 하늘을 찾고 때마침 병실에 들어온 하늘은 눈물을 흘리며 건에게 안긴다. 건은 하늘에게 항상 걸고 다니던 상어 이빨 목걸이를 생일 선물로 건네준다. 어린 시절 헤어졌던 남매가 성년이 되어 비로소 포옹하는 가슴 찡한 장면이었다. 이 장면을 촬영한 곳은 경희대학교의 경희의료원이다. 경희의료원은 의과 대학병원, 치과 병원, 한방 병원이 복합된 병원으로 의대뿐만 아니라 국내 최고 수준을 자랑하는 한의과대학의 상징이기도 하다.

회기동의 서울 캠퍼스뿐만 아니라 경기도 용인시 기흥구에 있는 국제 캠퍼스도 드라마 촬영지로 인기가 높다. 삼류 고등학교 병문고의 열등생들이 최고 명문 대학인 천하대에 들어가기 위해 분투하는 과정을 그린 드라마 **공부의 신**. 이 드라마에서 천하대로 나왔던 곳이 바로 경희대학교 국제 캠퍼스였다.

회기역 굴다리

회기역 파전 골목 끝에 닿아 있는 회기역 철길 밑 굴다리. 굴다리는 한 세계와 다른 한 세계를 잇거나 가로지르는 이질적인 통로처럼 보인다. 이곳에서 영화 <내 사랑>(2007)의 인상적인 한 장면이 촬영되었다. 이 영화는 상당히 화려한 출연자가 등장한 작품이기도 하다. 감우성과 최강희, 엄태웅에 정일우, 게다가 이후 국민 오빠로 등극한 류승룡의 모습까지 즐겁게 만나볼 수 있다. 이 굴다리는 소현(이연희 분)이 지우(정일우 분)에게 처음 연정을 느끼게 된 곳이다. 술에 취해 굴다리 골목 안에서 널브러져 있던 지우를 바라보며 안타까워하는 소현. 그녀는 그날 이후부터 지우가 생각날 때마다 이 굴다리를 찾는다. 어둡고 낡은 회기역 굴다리는 극 중에서 지우와 소현의 사랑을 잇는 통로 역할을 멋지게 하고 있다.

세종대왕기념관

경희대학교 앞 삼거리에서 서쪽으로 난 길을 따라 걸으면 한적한 가로수 길을 만나게 된다. 그 길을 따라 10여 분 걷다 보면 오른쪽으로 한국과학기술원(KAIST)과 국립산림과학원이 보이며, 왼쪽으로는 세종대왕기념관과 홍릉 수목원을 아우르는 근린공원이 있다. 세종대왕기념관에서는 '세종대왕 일대기실', '한글실', '과학실', '국악실' 등 전시실을 통해 세종대왕의 업적을 한눈에 볼 수 있다. 훈민정음, 용비어천가, 한글악보, 세종실록지리지, 활자인쇄기, 오륜행실도, 규표(척도 기기), 간의, 승자총통, 휴대용 오목해시계(보물 852호), 해금, 자바라 등 우리가 알고 있던 것은 물론 새로운 볼거리들로 가득하다. 또한, 세종대왕 일대기실에는 재위 32년간의 업적을 그대로 담은 '왕자시절 독서도', '즉위도', '대마도정벌도', '주자소도', '세종대왕 어진', '훈민정음 반포도', '집현전 학자도', '서운관' 등 그림도 볼만하다.

동대문구 청량리동 산1-157 ☎ 969-8851

#63
상도동

부활(2005/드라마/박찬홍/엄태웅, 한지민) 원죄를 덮기 위해 무고한 사람이 죽고 이로 인해 생기는 복수를 다룬 작품
열아홉 순정(2006/드라마/정성효/구혜선, 이민우) 연변 조선족 처녀가 대한민국 사회에 적응하는 과정과 평범한 홍씨 집안의 단란한 모습을 그린 작품
미안하다 사랑한다(2004/드라마/정성효/소지섭, 임수정) 호주에 입양된 후 양부모에게서도 버림받은 한 남자의 운명적 복수극과 비극적 사랑 이야기

상도동은 한강 이남의 지역 중에서 유독 고개 이름을 많이 가진 동네다. 사당이고개, 노들고개, 병목꿀고개, 살피재, 능고개, 만양고개, 흐리목고개 같은 명칭은 상도동 일대의 지형적 특징을 잘 보여준다. 한강의 남쪽이긴 하지만, 상도동은 출발부터 도시계획에 의해 출발한 대치동이나 도곡동 같은 곳과는 분위기가 완전히 다르다. 언덕 밑으로 달동네들이 형성돼 있고 오래전부터 들어선 주택들이 불규칙하게 자리 잡고 있는 서민들의 주거지이기 때문이다. 특히 노들역에서 본동 초등학교 쪽 일대의 좁은 골목길에 밀집해 있는 다세대 주택가에는 한동안 드라마 때문에 관심이 집중됐던 옥탑방들이 많은 편이다.

여름에 덥고 겨울에 추워 실제 옥탑방에 거주한 경험이 있는 사람들은 고개를 젓지만, 이 일대의 옥탑방들은 사시사철 변모하는 한강의 풍경을 감상할 수 있는 장점이 있다. 로맨스 드라마가 많이 제작되는 상황에서 신분 차이를 극명하게 드러내는 소재로 옥탑방만큼 상징적인 공간도 드문 편이다. 아무래도 장면 촬영을 위해서는 출연자 이외에도 드라마적인 경관이나 스태프들의 동선, 카메라를 비롯한 촬영 장비의 움직임까지 염두에 두어야 하기 때문이다. 상도동 일대도 크고 작은 지역 개발 사업이 진행 중이기 때문에, 몇 년 후 상도동 일대의 모습이 어떻게 바뀔지는 미지수다. 그러나 그동안 제작된 여러 편의 드라마에 포착된 상도동의 모습은 각각 개성 있는 모습으로 드라마 팬들의 뇌리에 남아 있을 것이다.

KBS 일일 드라마 **열아홉 순정**은 중화권에서 인기 높은 탤런트 구혜선이 연변 처녀 역할로 등장해 화제가 된 작품이다. 국화(구혜선 분)는 19세의 연변 처녀로 국제 결혼을 위해 연변을 떠나 서울에 온다. 그러나 예상과 다르게 결혼할 남자는 사망한 상태다. 낯선 곳에서 이런 황당한 상황에 처하지만 국화는 어려움을 딛고 새로운 생활에 적응하기 시작한다. 이 작품은 문화 차이에 의한 여러 상황이 웃음을 주기도 했고 어리지만 명랑하고 늘 당당한 국화의 모습이 감동을 주기도 했다.

극 중에서 국화가 본격적인 서울 생활을 위해 거처로 삼은 곳이 상도동 언덕의 옥탑방으로 실제 위치는 본동초등학교 아래쪽이었다. 드라마 56회, 국화는 고추 자루를 둘러메고 자신의 옥탑방에 오른다. 그런데 마당의 평상에 윤후(서지석 분)가 앉아 있다. 배고프다면서 밥을 달라는 윤후. 집에 쌀을 맡겨놓았느냐고 맞받아치는 국화. 국화는 윤후에게 라면을 끓여주고 질문 하나 해도 되느냐고 묻는다. 말하기 주저하는 국화에게 무슨 질문인지 궁금한 윤후는 닦달을 한다. 국화는 "실장님 나 좋아합니까?"라고 단도직입적으로 묻고 당황한 윤후는 먹던 라면을 뿜어낸다. 옥탑방 건물의 계단을 내려오던 윤후는 혼잣말로 '뭘 그런 걸 대놓고 물어보냐.'면서 황당해한다. 드라마 전편에 걸쳐 자주 등장한 국화의 옥탑방은 마당의 평상 뒤로 한강철교를 비롯한 한강의 아름다운 경관을 보여주곤 했다.

개성 있는 연기파 탤런트 엄태웅이 1인 2역을 맡아 열연했던 드라마 **부활**. KBS 24부작인 이 작품은 관광호텔의 사장이었던 임대식(이한위 분)의 살인 사건으로부터 시작된다. 대식은 주인공 하은(엄태웅 분)의 아버지 죽음에 중요한 키를 쥐고 있는 인물이다. 오래전 변두리 조직의 중간 보스에서 호텔 경영자로 변신에 성공했지만, 외아들과 아내를 차례차례 잃은 후 의문의 죽음을 당한다. 강력계 형사인 하은은 자살로 결론지은 이 사건에 의문을 품고 타살이라 생각한다. 그는 수사를 진행하는 과정에서 아버지 죽음의 비밀을 파헤치기 시작하고, 그 와중에 자신에게 쌍둥이 동생이 있다는 사실 그리고 자신의 어머니가 살아 있다는 사실을 알게 된다.

드라마 1회, 하은은 술 취해 인사불성인 여자를 은하(한지민 분)네 집에 재우려다 은하의 아버지 재수(강신일 분)에게 핀잔을 먹는다. 은하는 여자 집에 연락하라고 하는데 휴대전화 배터리가 떨어졌다고 대답하는 하은. 하은이 돌아가려고 하자 은하는 집 밖으로 마중을 나온다. 은하는 정말 모르는 여자냐고 되묻고, 하은은 아는 여자였으면 널린 게 모텔인데 데려왔겠느냐고 말하다 은하에게 발을 밟힌다. 하은이 은하에게 그 의사 한번 만나보라고 이야기하자 은하는 그 사람 만나서 결혼하는 거 진짜 원하는 거냐고 되묻는다. 좁은 골목길 저편으로 오밀조밀한 상도동 주택가의 야경이 한눈에 펼쳐진다. 극 중 은하네 집으로 나왔던 이곳은 동작구 상도동 신사동 2길 근처의 주택이다. 같은 시기에 경쟁한 **내 이름은 김삼순**에 밀려 시청률은 다소 낮았지만, 마니아를 양산한 작품이기도 하다.

부활

KBS 16부작 드라마 **미안하다 사랑한다**. 부모, 양부모에게 버림받고 들개처럼 자라온 남자 차무혁(소지섭 분). 소지섭은 이 작품에서 무혁의 캐릭터를 소름 끼칠 정도로 리얼하게 연기해 팬들의 사랑을 받았다. 드라마 3회, 조카에게 주기 위해 장난감을 들고 가는 무혁의 모습이 보인다. 한낮인데도 개 짖는 소리로 요란하고 낡은 기와지붕과 슬레이트 담장들이 달동네의 전형적인 모습을 보여준다. 사고 후유증으로 지능이 7세 수준에 멈춘 누이의 말을 무시하는 조카를 본 무혁은 혼을 낸다. 어린 조카에게 무혁은 "저렇게 멍청한 엄마라도 자식새끼는 안 버리잖아."라며 큰소리를 치다 갑자기 수돗가에서 토한다. 겉으로 강하게 보이는 무혁이지만 부모에게 버림받은 상처가 어느 정도인지 가늠할 수 있는 장면이었다. 드라마에서 무혁의 누이 집으로 나온 이곳도 상도동에서 촬영했지만, 현재는 재개발이 진행 중이다.

#64 녹사평역

마왕(2007/드라마/박찬홍 외/엄태웅, 신민아, 주지훈) 소년 시절의 비극적인 사건으로 숙명적 대결을 펼치는 두 남자와 초능력이 있는 한 여자의 이야기

천국의 계단(2003/드라마/이장수/권상우, 최지우, 신현준) 이루어질 수 없는 사랑에 몸부림치는 네 남녀의 이야기

오버 더 레인보우(2006/드라마/한희/지현우, 김옥빈) 인기 가수를 꿈꾸는 청춘들의 노력과 음모, 사랑을 다룬 작품

서울의 지하철은 2009년에 9호선이 개통되면서 총 노선이 300킬로미터를 넘었고 역의 개수도 290개를 훌쩍 뛰어넘었다. 1974년에 지하철 1호선이 개통되었으니 서울의 지하철 역사도 몇 년 후면 40주년을 맞이할 참이다. 지하철역도 시대의 흐름에 따라 다양한 개성을 가진 공간으로 변모하고 있으며, 독특한 매력 때문에 유독 시민의 사랑을 받는 역도 여러 곳이 있다. 그중 대표적인 역이 녹사평역이다. 2000년에 개통된 녹사평역은 지상 4층, 지하 5층 규모로, 지상 4층에는 자연 채광이 가능한 유리 돔까지 설치돼 있어 다른 역에서는 좀처럼 느낄 수 없는 개방감을 한껏 맛볼 수 있다.

에스컬레이터를 중심으로 한 공간 구성도 독특하다. 지하 대합실은 무료 결혼식장으로도 쓸 수 있다고 하니 필요하면 이용해보는 것도 좋을 듯하다. 지하철은 현대인의 삶과 떼려야 뗄 수 없는 만큼 다양한 모습으로 영상 매체에 등장하곤 한다. 도시철도공사에 의하면 연간 외부 기관에 촬영 협조한 건수가 평균 500건에 달한다고 하니 지하철역 어딘가에서 매일 촬영을 하는 셈이다. 영화나 드라마는 물론 CF와 화보 촬영까지 다양하다. 그런데 가장 인기 있는 촬영지는 역시 녹사평역이라고 한다. 녹사평역의 개성 있는 모습이 잘 드러난 드라마는 역시 **천국의 계단**일 듯하다.

이 작품은 권상우와 최지우가 주연을 맡고 이장수 감독이 연출을 맡은 SBS 20부작이다. 권상우는 한 방송에서 **천국의 계단**을 "배우로서 영광인, 내게 은인과 같은 작품이었다."며 "지금의 내 이름이 알려진 가장 큰 계기가 됐고 한류 스타로서 입지를 다진 중요한 작품"이라고 했을 정도로 각별하게 의미를 부여했다. 권상우뿐만 아니라 김태희나 박신혜도 이 작품을 통해 연기자로서 성공적인 첫 인사를 하기도 했다. **천국의 계단** 12회에는 기억에 새겨둘 녹사평역 신이 담겨 있다.

비 오는 저녁 함께 지하철역으로 들어선 송주(권상우 분)와 정서(최지우 분). 송주는 손수건을 꺼내 정서의 얼굴을 닦아준다. 파혼할까 묻는 송주의 말에 약혼

녀한테 잘해 주라고 대답하는 정서. 송주는 가라고 정서의 등을 떠민다. 지하철 플랫폼에서 전철을 기다리던 정서는 송주의 손수건을 만지작거리다 돌아서서 지하철역 입구 방향으로 뛰기 시작한다. 중앙의 에스컬레이터를 타고 올라가는 정서를 부르는 송주. 그는 정서를 찾아 반대편 에스컬레이터를 타고 내려가는 중이다. 정서는 에스컬레이터를 거꾸로 내려가고 두 사람은 마주 선다. 이 장면에서 카메라는 두 사람을 중심으로 회전하고 아베마리아가 배경 음악으로 깔리기 시작한다.

KBS2 20부작 드라마 **마왕**은 엄태웅과 주지훈의 연기 대결이 압권이었던 작품이다. 살기 위해 죽음을 외면한 오수(엄태웅 분)와 죽이기 위해 살아온 승하(주지훈 분). 자신의 칼에 친구가 죽고 난 후, 정의파 강력계 형사로 활약하는 오수. 오수의 칼에 죽은 형의 복수를 위해 오랜 시간 준비를 해온 인권변호사 승하. 어느 날부터 붉은 봉투에 담긴 타로 카드를 받은 오수 주변의 사람들이 하나씩 살해당한다. 이 일을 계기로 잊고 지내던 오수의 과거도 하나씩 드러나기 시작한다.

드라마 4회, 클래식 선율이 흐르는 가운데 카메라는 지하철 안의 중앙 에스컬레이터를 따라가다 역 내에 전시된 사진을 보고 있는 승하의 모습에서 멈춘다. 승하가 보는 사진은 로댕의 작품인 **지옥의 문**이다. 타인에 의한 가족의 죽음과 그에 따른 복수 앞에서 단테의 **신곡**을 모티브로 한 **지옥의 문**은 각별한 상징성을 내포한다. 짧지만 삶과 죽음에 대한 질문을 던지게 한 이 장면도 녹사평역에서 촬영한 명장면 중의 하나다.

지현우와 김옥빈이 주연을 맡아 무대를 향한 가수 지망생들의 세계를 리얼하게 담은 드라마 **오버 더 레인보우**. MBC 16부작인 이 작품에서 늘 학교에서 문제아로 구박만 받던 혁주(지현우 분)는 우연하게 참가한 청소년 댄스 경연 대회에서 환호를 받고 감격한다. 그리고 조폭에서 가수로 진로를 바꾸기로 마음먹는다. 드라마 1회, 혁주와 친구들은 지하철역 한쪽에서 댄스 연습을 한다. 다른 멤버들과 달리 제대로 동작을 취하지 못하는 혁주. 여러 번 시도하지만 계속 실패한다.

그 시간 지하철역의 에스컬레이터를 타고 올라오는 희수(김옥빈 분)는 오디션 광고를 체크하느라 바쁘다. 그 순간 한 기획사에서 전화가 오고 약속을 잡는 희수. 한쪽에서 댄스 연습을 하는 혁주 패거리를 우연히 만난다. 동작이 서툰 혁주에게 방법을 가르쳐주는 희수. 희수의 말대로 따라 하자 제대로 자세가 나오는 혁주. 주변의 패거리들은 깜짝 놀란다. 혁주도 놀라서 희수에게 된 거 맞느냐고 물어보자 희수는 빨리 배운다며 칭찬을 한다. 이 장면을 촬영한 곳도 녹사평역이다.

서울의 지하철역 중 가장 비용을 많이 들여 건설한 역답게 녹사평역은 드라마 상에서도 상당히 인상적인 장면을 만드는 데 일조했다. 연인들이 서로의 사랑을 확인하는 데이트 장소에서부터 사진을 보는 전시장과 공연장에 이르기까지 다양한 모습을 선보였다. 따로 시간을 내지 않더라도 지하철 6호선을 이용할 기회가 있다면 녹사평역의 모습을 한 번쯤 살펴보도록 하자.

주변촬영지

📷 **전쟁기념관**

용산에 위치한 전쟁기념관은 5천 년 민족사를 조망한 기념관. 세간에는 '전쟁'이라는 단어 때문에 딱딱하고 무거운 곳으로 인식하는 경우가 많은 듯. 그러나 걷기 좋고 직접 체험할 수 있는 프로그램도 많이 있어서 가족들과 함께 시간을 보내기에 적합한 곳이다. 이곳에서 영화 〈2009 로스트 메모리즈〉(2002)가 촬영되었다. 이 영화는 조선이 일본의 식민지를 벗어나지 못했던 상황을 가정한 특이한 작품이다. 영화 초반 도입부에서 이노우에 컬렉션 최종 전시회가 열리는 장소가 바로 전쟁기념관이다. 호화로운 파티가 열리는 상황에서 조선인 반정부 세력이 행글라이더를 이용해 이 건물의 천장에 착륙하고 격렬한 총격전이 시작된다. 장장 13분여에 걸친 이 도입부의 충격 장면은 이후 영화 진행의 방향을 함축한 신이었는데, 전쟁기념관의 내외부의 구조를 엿볼 수 있는 장면이기도 했다. 지하철 6호선 삼각지역 12번 출구에 인접, 녹사평역 1번 출구에서 직진.

🚇 용산구 용산동 1-8 ☎ 709-3139

#65 양재천

천일의 약속 (2011/드라마/정을영/김래원, 수애) 기억을 잃어가는 여자와의 사랑을 지키는 한 남자의 지고지순한 사랑 이야기
달콤한 나의 도시 (2008/드라마/박흥식/최강희, 이선균, 지현우) 세 남자를 둘러싸고 벌어지는 30대 초반 도시 여성의 사랑 이야기
패션 70s (2005/드라마/김경호 외/이요원, 주진모, 천정명) 네 명의 젊은이들의 불꽃 같은 삶을 통해 들여다보는 1970년대 패션계와 사회상

양재천은 과천시에서 발원하여 강남권의 주요 지역인 우면동, 양재동, 도곡동, 개포동, 대치동을 거쳐 탄천으로 이어진다. 전체 길이가 18.5킬로미터에 달하며 양재천 변으로 시민을 위한 다양한 시설들이 갖춰져 있기 때문에 인기가 높다. 과천, 탄천, 기흥과 연결되는 잘 정비된 자전거 도로를 포함해서 울창한 수림이 조성된 시민의 숲, 산책로가 좋은 청룡 근린공원과 생태공원 등이 인접해 있다. 과거에는 공수천이나 학탄 등으로 불린 듯하나 현재의 명칭은 양재동에서 기원한다. 양재천의 길이가 긴 만큼 하천을 횡단하는 다리도 상당히 많은 편이다. 영동 1교 주변에 시민의 숲, 영동 3교 주변에 물놀이장, 영동 3교와 4교 사이에 타워팰리스가 자리 잡고 있다.

특히 시민의 숲은 울창한 수림 외에도 윤봉길 의사 기념관과 야외 무대 같은 교양 시설과 잔디광장 등의 조경 시설, 맨발공원과 테니스장 같은 운동 시설 등을 갖추고 있다. 무료 바비큐 시설도 갖춰져 있어 연인들의 데이트뿐만 아니라 가족 나들이에도 좋은 곳이다. 시민의 숲의 울창한 수림을 엿볼 수 있었던 대표적 드라마 중 하나가 **천일의 약속**이다. 이 드라마는 SBS 20부작으로 알츠하이머병으로 기억을 점차 잃어가는 여주인공과 그럼에도 여주인공을 사랑하는 남자의 애절한 사랑을 그린 작품이다. 김수현 작가의 작품답게 요즘의 트렌디 드라마와는 궤를 달리하는 정통 멜로물이었음에도 비교적 높은 시청률을 기록했다.

천일의 약속 12회, 햇빛이 떨어지는 숲 속의 나무들이 시원스럽게 뻗어 있다. 햇살이 좋지만, 키 큰 나무들이 밀집해 있어 숲 속은 시원한 그늘이다. 두 여인이 나란히 숲 속을 거닌다. 산책로 옆에 쌓인 낙엽들이 황금색으로 물들어 가을 분위기가 물씬 풍긴다. 수정(김해숙 분)과 향기(정유미 분)는 마치 모녀처럼 다정하게 이야기를 나눈다. 향기는 극 중 남자 주인공인 지형(김래원 분)을 맹목적으로 좋아하나 지형의 마음은 이미 서연(수애 분)에게 가 있다. 이런 상황을 잘 알고 있는 지형의 모친인 수정은 향기가 상처를 입지 않도록 최대한 배려한다. 산책 중에 향기가 지형에 대해 궁금해하자, 세상에서 가장 아픈 게 혼자 사랑이라면서 남자로서 지형을 잊으라고 충고한다. 눈물을 글썽이는 향기. 잠시 망설이던 수정은 향기에게 지형이 곧 결혼할 거라고 말한다. 망연자실한 표정을 짓던 향기는 눈물을 흘리기 시작한다. 이 장면은 양재 시민의 숲에서 촬영했다.

30대 도시 여성의 삶을 감각적으로 포착한 드라마 **달콤한 나의 도시**. 인기 텔런트 최강희는 극 중 31살 에디터인 은수 역을 맡아 자연스러운 연기로 20, 30대 여성 시청자들에게 많은 사랑을 받았다. 남자 친구 없이 지내던 은수에게 갑자기 세 명의 남자가 엮이면서 드라마는 점점 재미를 더해간다. 은수와 엮인 세 남자는 가치관과 나이, 직업 등이 판이하기 때문이다. 드라마 전편을 통해 은수와 세 남자의 데이트는 다양한 장소에서 다채로운 형식으로 진행돼서 거의 데이트 매뉴얼이라 해도 좋을 정도다. 그러나 세 남자와의 데이트가 늘 만족감을 주는 것은 아니다. 예기치 않은 사태로 관계가 서로 충돌하기도 하기 때문이다.

드라마 9회에서 이런 예기치 않은 상황을 보여준다. 영수(이선균 분)와 데이트를 마치고 함께 집 앞까지 온 은수. 그런데 집 앞에 다른 남자 친구 태오(지현우 분)가 기다리는 중이다. 영수와 태오 사이에 선 채로 당혹스러워하는 은수. 영수에게 뭔가 말을 꺼내려 하나 영수는 쉬라는 말을 남기고 사라져버린다. 공원 벤치에 나란히 앉은 은수와 태오. 은수는 태오에게 말 안 할 거냐고 묻는다. 태오는 괜찮다고 말 안 해도 된다고 하면서 가겠다고 한다. 은수는 내일 꼭 만나자는 말을 태오에게 건네고 헤어진다. 다음 날 같은 장소에서 만난 두 사람. 은수는 태오에게 편지를 건넨다. 내용이 없는 백지 상태의 편지지. 은수는 태오에게 편지지에 인생의 플랜을 정리해보라고 한다. 태오는 지금 있는 그대로의 나를 믿어줄 수 없느냐고 불만을 토로하고 은수는 자신이 어떤 마음으로 여기까지 달려왔는지 생각해봤느냐며 평행선을 달리기 시작한다. 은수와 태오가 티격태격했던 공원 신은 양재천 하류 쪽의 개포동 근린공원에서 촬영한 것이다.

　　1970년대를 배경으로 근대 패션 태동기의 모습을 당대의 사회적 상황과 엮어 담아낸 드라마 **패션 70s**. 이 작품은 광복 60년 SBS 대기획으로 제작되었다. 이요원이 극 중 출생의 비밀이 있는 천재 디자이너 더미 역을 맡아 열연한 작품이다. 더미는 동영(주진모 분)과 장빈(천정명 분)의 사랑을 받고 있다. 더미는 태을방직 회장의 친딸이지만 운명이 뒤바뀐 채 살아왔다. 반면 태을 방직의 외동딸 준희로 알려져 있지만, 어린 시절 총상을 입고 사라진 준희를 대신해 살고 있는 강희(김민정 분). 시간이 흐른 후 두 사람은 패션 디자이너로 만나 최고의 자리를 놓고 대결한다.

　　패션 70s 18회에선 더미와 동영의 데이트 장면이 나온다. 숲 속 길에서 자전거를 타던 두 사람은 벤치에 앉아 아이스크림을 먹으며 이야기를 나눈다. 자신이 있든 없든 최고의 디자이너가 됐으면 좋겠다는 동영의 말에, 더미는 아저씨가 있으면 최고가 되고 없으면 최악이 되겠다고 말하면서 동영에 대한 감정을 표현한다. 이 장면 또한 양재 시민의 숲에서 촬영했다.

패션 70s

주변 볼거리

📷 양재천 카페거리

양재동과 도곡동 사이 영동1교부터 영동2교까지의 북쪽 둑길에는 정갈하고 다양한 카페거리가 형성돼 있다. 이곳은 연인들은 물론 가족들의 외식을 위한 장소로도 인기가 있다. 서초구는 이 일대를 '연인의 길'로 지정하고 다양한 이벤트를 개최하기도 한다. 중국 음식 전문점 '마오', 퓨전 음식 전문점 '오가노주방', 와인바 '시엘' 등은 이 일대의 알려진 음식점들. 카페거리는 양재천 산책 후 편안히 휴식을 취할 수 있는 공간으로 자리 잡아 가는 중이다. 지하철 3호선, 신분당선 양재역 6번 출구에서 도보 10분. 일동제약 사거리에서 남쪽으로 50미터 더 직진하면 있는 양재천 입구에서부터 시작된다.

📷 양재 시민의 숲

양재동 양재천과 맞닿아 있는 숲으로 서초구 양재동 일대에 자리 잡은 가족 단위 나들이 공원이다. 배구장, 배드민턴장, 테니스장 등 운동 시설과 맨발공원이 있고, 울창한 숲을 이루고 있어 삼림욕장으로 손색이 없다. 주목과 소나무숲, 버즘나무숲 사이로 난 4.8㎞에 이르는 산책로의 경관이 빼어나다. 샛길을 따라 꽃시장 구경을 가도 좋다. 특히 양재 시민의 숲은 서울시가 무료로 결혼식장으로 개방하고 있어, 야외 결혼식 장소로도 인기가 높다. 공원 안에는 윤봉길 의사 기념관과 유격 백마부대 충혼탑이 있다.
지하철 3호선 양재역 7번 출구에서 직진, 도보 혹은 버스 이용. 지하철 신분당선 양재 시민의 숲 역에서 하차.
　🚇 서초구 양재2동 236 ☎ 575-3895

#66
서울숲

보스를 지켜라 (2011/드라마/손정현/지성, 최강희, 김재중) 초짜 여비서가 불량 재벌 2세를 보좌하며 벌어지는 좌충우돌 로맨틱 코미디
49일 (2011/드라마/조영광 외/이요원, 조현재, 배수빈) 교통사고로 혼수상태에 빠진 한 여인이 49일 안에 살아남기 위해 고군분투하는 이야기

중랑천과 한강이 만나는 꼭짓점에 있는 서울숲은 서울 동부 지역을 대표하는 공원이다. 전체 면적이 115만 7천 평방미터에 달하는 대규모 공원으로 비교적 최근인 2005년도에 개장했다. 다른 지역에 비해 녹지가 상대적으로 부족했던 서울 동부 지역 시민을 위해 조성한 만큼 도심 속에서도 울창한 숲의 느낌을 살릴 수 있도록 배려했다고 한다. 공원 전체에 걸쳐 높이가 20미터에 달하는 나무만 40만 그루가 넘는다고 하니 도심 속의 숲이라고 해도 전혀 과장이 아니다.

서울숲은 크게 다섯 개의 테마로 조성되었는데, 제1 테마가 문화예술공원, 제2 테마가 생태숲, 제3 테마가 습지생태원, 제4 테마가 자연체험학습원, 제5 테마가 한강 수변공원으로 상당히 다채롭다. 굳이 서울 밖으로 나가지 않아도 될 만큼 경험할 수 있는 자연 환경의 요소들을 집약적으로 갖춰놓았다. 그뿐만 아니라 다섯 개의 테마를 활용한 문화 교육 프로그램도 마련돼 있다. 가드닝, 생태 나들이, 관찰교실 같은 테마와 직결된 프로그램부터 커피 공방, 수필교실 같은 프로그램까지 내용도 다양하다. 무료나 실비 정도만 받고 진행하는 프로그램도 많으므로 목적에 맞게 활용하자.

김재중, 최강희, 지성의 알콩달콩한 삼각관계를 담은 드라마 **보스를 지켜라**. 탤런트 최강희는 극 중 재벌 2세인 지헌(지성 분)과 지헌의 사촌인 무원(김재중 분) 사이에서 탁구공처럼 통통 튀는 연기로 호평을 받았다. 로맨틱 드라마답게 **보스를 지켜라**에서도 서울 곳곳의 데이트 명소들이 꽤 담겨 있다. 휘황찬란한 네온사인이 빛을 발하던 대학로에서의 무원과 은설(최강희 분)의 장난감 선글라스 데이트 장면, 큰 웃음을 주었던 은설과 나윤(왕지혜 분)의 롯데월드 아이스크림 테러 공방. 드라마가 종영된 이후에도 드라마 팬들 사이에서 두고두고 회자되는 멋진 장면들이었다.

이 장면들에 버금가는 예쁜 데이트 장면이 **보스를 지켜라** 10회에도 담겨 있다. 울창한 숲길을 걷는 무원과 은설. 두 사람 곁으로 자전거가 지나가자 무원은 은설을 당겨 안는다. 은설이 그냥 걸어도 부딪힐 거리는 아니었다고 하자 무원은 어색한 표정을 지으며 주변을 두리번거린다. 은설이 무원에게 "또 자전거 오나 안 오나 보는 거죠?"라고 하자 능청스러운 표정으로 아니라고 대답하는 무원. 두 사람은 분수대와 산책로를 돌며 자전거 데이트를 하다 호숫가 옆 벤치에 앉아 커피를 마시며 이야기를 나눈다. 은설은 무원에게 자신이 어떻게 고등학교 시절 날라리가 되었는지 말하고, 무원은 그런 은설을 사랑스럽게 바라본다. 무원과 은설의 싱그러운 숲 속 데이트 장면은 서울숲에서 촬영했다.

이요원·정일우·남규리가 주연을 맡은 판타지 로맨스 드라마 **49일**. 교통사고로 영혼과 몸이 분리된 신지현(남규리 분)은 스케줄러로부터 자신을 진심으로 사랑한 세 사람의 눈물을 받으면 다시 살아날 수 있다는 말을 듣는다. 지현은 다시 살기 위해 눈물을 받기 위해 노력한다. 그러나 스케줄러가 제시한 세 가지 규칙을 지키면서 세 사람의 눈물을 받는 것이 생각처럼 쉽지가 않다. 시간이 흐를수록 점점 초조해져가는 지현. 게다가 눈물을 얻기 위한 과정에서 믿었던 사람

49일

들의 위선적인 모습들을 새롭게 확인해가면서 흔들리기 시작한다. 그러나 깊은 절망의 끝에서 첫 번째 눈물을 손에 넣은 지현. 너무나 기쁜 나머지 감격의 눈물을 흘린다.

49일 11회, 활짝 핀 벚꽃 아래를 걷는 이경(이요원 분). 믿기지 않는 듯 눈물이 담긴 목걸이를 계속 만지작거린다. '날 사랑하는 사람이 있었어. 한 사람도 없을 줄 알았는데' 혼잣말을 하고 감사하다고 크게 외치는 순간 스케줄러(정일우 분)가 나타난다. 고깔모자를 쓴 그는 "콩그레츄레이션, 콩그레츄레이션, 당신의 첫 눈물을 축하합니다."라며 이경에게 다가간다. 이경은 "신지현, 27년 완전 헛살지는 않았네."라며 삐딱하게 말하는 스케줄러를 부둥켜안고 즐거워한다. 깜짝 놀라 이경을 떼어놓으며 당신은 내 타입이 아니라고 소리치다 말꼬리를 흐리는 스케줄러. 애정 행각은 페널티의 제곱을 받는다고 경고한다. 미안하다고 말하면서, 지현은 눈물의 주인공이 누구인지 계속 궁금해한다. 스케줄러의 이 축하 장면 또한 서울숲에서 촬영한 것이다.

　가볍게 보고 넘길 수도 있지만, 곰곰이 생각해보면 묵직한 존재론적 질문들을 던지게 하는 드라마 속 장면들도 쉽게 찾아볼 수 있다. **적도의 남자**에서 아버지를 살리기 위해 절친한 친구를 죽이려 시도한 장일의 경우라든지, **여인의 향기**에서 연재가 6개월이란 시한부 선고를 받고 죽기 전에 꼭 해야 할 버킷리스트 20가지를 작성하는 모습 등이 그러하다. 드라마 **49일**의 경우도 세상 속에서 나란 존재의 부재가 갖는 의미나 나란 존재의 의미가 과연 주변 사람들에게 무엇이었는가 하는 질문을 던지게 한다. 일상이 늘 바쁘고 여유가 없지만, 시원한 서울숲의 저녁 바람을 맞으면서 **49일**의 지현처럼 자신을 진심으로 사랑한 사람이 있는지 스스로 질문을 던져보는 것은 어떨까.

주변촬영지

📷 응봉산 개나리공원

응봉 근린공원은 영화 <플라이 대디>(2006)와 함께 떠오르는 사랑스러운 공간. 열아홉의 싸움 고수 승석(이준기 분)은 자신을 찾아온 서른아홉의 소심한 가장 장가필(이문식 분)에게 40일간의 지옥 훈련을 시킨다. 이 맹렬한 지옥 훈련을 했던 장소가 바로 개나리공원. 훈련을 통해 가필은 수수방관자였던 자신을 버리고 파이터로 변신한다. 달맞이공원으로 불리는 이곳은 응봉산 중턱에 위치한 소담한 공원이다. 중앙선 응봉역에서 도보로 12분 정도 소요된다.

📷 응봉산 정상

응봉 근린공원에서 10분 정도 더 걸어 올라가면 만날 수 있는 응봉산 정상. 이곳에서 내려다보는 서울 시내 풍경이 아주 운치 있다. 그 가운데 동부간선도로와 용비교가 만나는 길을 중심으로 펼쳐지는 야경은 일품이다. 특히 여름에는 시원한 바람 때문에 밤에도 이곳을 찾는 동네 주민이 많다. 간단한 운동 시설이 갖춰져 있고 근처에 암벽 등반 코스도 있다. 암벽 트레이닝을 위해 이곳을 찾는 전문 산악인들도 자주 볼 수 있다. 영화 <복면달호>(2007)에서 이곳은 달호(차태현 분)가 소속된 큰소리기획 무명 가수들이 호연지기를 키우던 곳. 이들은 이곳에서 미래를 위해 체력 단련과 노래 연습을 한다. 영화에서 이들의 야외 연습장이었던 응봉산의 정겨운 모습을 찾아볼 수 있다. 특히 달호와 서현(이소연 분)은 늦은 밤 이곳에서 맥주를 들이켜면서 사랑을 키워간다. 중앙선 응봉역 1번 출구로 나와 응봉산 방향으로 도보 20분.

🚗 성동구 응봉동 271   ☎ 2286-6061

#67 서울 월드컵경기장

천 번의 입맞춤 (2011/드라마/윤재문/서영희, 지현우) 인생의 쓴맛을 본 사람들의 유쾌한 패자부활전
맨땅에 헤딩 (2009/드라마/박성수/유노윤호, 고아라) 2군 축구 선수와 국제축구연맹의 에이전트를 꿈꾸는 여자의 이야기를 담은 스포츠 드라마

월드컵 4강 신화를 만들었던 2002년 월드컵이 치러진 지도 벌써 10여 년이 흘렀다. 당시 월드컵 개최를 목적으로 개장한 대표적인 경기장이 서울 월드컵경기장이다. 이곳은 2001년에 개장했으며 2002년 월드컵 당시에는 개회식과 개막전, 그리고 준결승전인 한국 대 독일의 경기가 열렸던 상징적인 경기장이다. 서울 월드컵경기장은 커다란 사각 방패연의 모습인데 이는 통일과 인류 평화, 승리의 희망을 상징하며 동시에 대한민국의 이미지를 띄워 올린다는 의미를 함축하고 있다.

총 좌석 수가 6만 6천 석이 넘고 천연 잔디가 깔린 축구 전용구장으로 아시아 최대 규모를 자랑한다. 현재는 프로축구 K리그의 FC 서울이 홈구장으로 사용하고 있으며 상가와 문화 시설 등이 겸비된 복합 문화 공간이기도 하다. 특히 프로야구나 프로축구의 홈구장은 여가를 즐기는 대표적인 공간이며 연인들의 데이트 장소로도 인기가 높다. 그래서 스포츠를 소재로 한 드라마나 영화가 아니더라도 축구장과 야구장은 촬영지로도 자주 활용되는 편이다.

MBC 16부작 드라마 **맨땅에 헤딩**은 축구 선수와 에이전트 지망생을 주인공으로 내세운 스포츠를 소재로 한 작품이다. 동방신기의 유노윤호가 극 중 주인공인 차봉군 역을 맡아 연기에 도전했지만 20부로 기획했던 작품이 결국 16부로 조기에 마무리되었다. 문제는 평균 5%대에 머물렀던 최악의 시청률 탓이었는데, 개연성이 없는 스토리 전개와 주인공들의 어색한 연기가 가장 큰 원인으로 지적되기도 했다. 극 중 주인공인 차봉군은 실업팀 2군에서 활동하는 축구 선수인데 자동차 사고에 휘말리면서 누명을 쓰고 교도소까지 가고, 엎친 데 덮친 격으로 부친까지 잃는다. 실의에 빠진 봉군은 축구를 그만두려 하지만 해빈(고아라 분)의 설득으로 마음을 고쳐먹고 K리거로 변신하고 해빈은 봉군의 에이전트를 맡는다. 그러나 봉군에게 누명을 씌운 변호사 승우(이상윤 분)는 봉군을 집요하게 괴롭히면서 봉군의 앞날을 꼬이게 한다.

맨땅에 헤딩 16회, 플레이오프 진출을 가늠하는 경기가 펼쳐진다. 봉군이 소속된 FC 소울과 FC 광주의 경기. 한 치의 틈도 없이 밀고 밀리기를 반복하던 두 팀의 경기는 봉군의 멋진 발리킥으로 승패가 갈렸고 FC 소울이 플레이오프에 진출하는 것으로 마무리되었다. 이날 봉군의 발리킥을 찍기 위해 슈퍼 슬로 모션 카메라까지 동원됐다. 이 카메라는 일반적인 드라마 촬영에서는 좀처럼 볼 수 없는 장비로 월드컵이나 올림픽 같은 스포츠 경기 중계에 사용하는 경우가 많다.

경기 후 승리를 자축하는 세리머니를 한 후 봉군은 응원석에 있던 해빈을 경기장으로 데려와 기습 키스를 한다. 경기가 정리되고 밖으로 나온 봉군은 경기장 앞에서 기다리던 해빈과 만나 손을 잡고 천천히 계단을 내려온다. 절대로 포기하지 않으면 기회가 올 거라는 봉군의 내레이션이 흐르면서 드라마는 대단원의 막을 내린다. 드라마 전편을 통해 가장 인상적인 장면이었다. 이 마지막 장면을 찍은 곳은 서울 월드컵경기장으로, 촬영을 알고 몰려든 유노윤호의 팬들 때문에 관중석 인원 동원에 애먹지 않고 쉽게 촬영할 수 있었다고 한다.

전 국가대표 축구 선수이자 현 축구 선수 매니지먼트 회사 대표인 주인공이 등장하는 드라마 **천 번의 입맞춤**. 극 중 여주인공인 우주영(서영희 분)은 어린 시절 부모의 이혼으로 성장 과정이 순탄치만은 않았다. 주영은 어머니의 부재와 아버지의 알코올 의존증, 게다가 나이 어린 동생의 잦은 병치레 등을 감내하면서도 밝고 명랑한 성격이다. 대학 졸업 후 디자이너로 일하다 우연히 만난 태경(심형탁 분)과 결혼했으나 주기적으로 바람을 피우는 태경 때문에 주영은 결국 이혼을 결심한다.

드라마 1회, 주영은 맹렬한 축구광인 아들 찬노와 축구를 보러 간다. 경기가 끝나고 찬노는 좋아하는 선수의 사인을 받기 위해 주영의 손을 잡아끄는데 전화를 받느라 정신없는 주영. 남편 태경이 여자 만나는 걸 목격한 동생의 전화였기 때문이다. 전화 통화가 끝난 후 없어진 찬노를 찾기 위해 경기장을 헤매는 주영. 텅 빈 관중석에서 낯선 남자와 이야기하는 찬노를 간신히 찾아낸다. 우빈(지현우 분)은 찬노가 선수 사인이 필요하다고 해서 사인을 받아주기로 약속했다고 주영에게 말한다. 그러다 갑자기 주영에게 알은체를 하는 우빈. 우빈은 당혹스러워하는 주영에게 일전에 건물에서 부딪힌 적이 있지 않느냐고 말하며, 그때 들고 있던 도자기가 떨어져 깨졌으니 사무실에 찾아와 변상하라고 말한다. 이 축구 경기 장면 역시 서울 월드컵경기장에서 촬영했는데, 이날 촬영은 FC 서울과 FC 광주의 경기 직후에 했다고 한다.

작년 K리그는 사상 처음으로 300만 명이 넘는 관중을 동원하는 데 성공해서 자축하는 분위기였다. 특히 K리그 16개 팀 중 팬들이 가장 많이 찾은 구단은 역시 FC 서울로 경기장을 찾은 평균 관중 수가 약 2만 7천 명 선이었다. FC 서울의 홈구장인 서울 월드컵경기장과 주변에는 축구 외에도 볼거리가 많은 만큼, 축구 팬이 아니더라도 야외 데이트 삼아 한 번쯤 들러볼 만하다.

#68
청계천

전우치 (2009/영화/최동훈/강동원, 김윤석, 임수정) 봉인에서 풀린 요괴들과 전우치의 과거와 현대를 넘나드는 한판 승부
아이리스 (2009/드라마/양윤호 외/이병헌, 김태희, 정준호) 국가안전국 소속 요원들의 일과 우정, 사랑을 그린 액션 드라마
아테나: 전쟁의 여신 (2010/드라마/김영준 외/정우성, 차승원, 수애) 한국형 신형 원자로를 둘러싼 국제 테러 조직과 그들과 맞서는 NTS 요원들의 이야기

세운상가와 청계고가로 상징되던 청계천 일대의 모습이 극적으로 변신했다. 그 변신의 방향은 청계천의 모습을 살리는 방향으로 복원하는 것이었다. 청계천 복개 공사가 1950년대 후반부터 진행되었고 청계고가의 건설이 1967년에서 1976년에 걸쳐 진행되었다는 사실을 고려하면, 복개 이전의 청계천의 모습을 기억하는 사람이 오히려 소수일 것이다. 청계천은 길이가 10킬로미터가 넘는 긴 하천인 데다 서울 도심인 종로구와 중구를 관통하기 때문에 도시 경관에 큰 영향을 줄 수밖에 없는 속성이 있다. 긴 고가도로 대신 도심 속의 쉼터로 시민 곁에 되돌아온 청계천은 그런 만큼 많은 시민에게 사랑받고 있다. 2005년 청계천 복원 사업이 완료되고 나자, 영화나 드라마에도 청계천을 배경으로 한 촬영이 많이 늘어났다.

청계천 복원 이후 청계천을 배경으로 가장 인상적인 장면을 만들어낸 작품 중 하나가 영화 **전우치**다. 이 영화는 **범죄의 재구성**(2004)과 **타짜**(2006) 등의 작품으로 호평을 받은 최동훈 감독이 연출했다. 대표적인 고전 영웅 소설인 **전우치전**에서 캐릭터 모티브를 빌려 온 이 작품에서 주인공 전우치 역은 강동원이 맡았는데 능글맞고 장난기 넘치는 캐릭터를 매력 있게 보여주었다. 극 중 전우치는 억울한 누명을 쓰고 족자에 봉인되었다가 요괴 사냥 때문에 어렵게 풀려난다. 그런데 그의 봉인은 500년 후인 서울에서 풀리고야 만다.

전우치의 후반부는 청계천을 주 촬영장으로 사용했다고 해도 좋을 정도다. 500년의 세월을 넘나들며 쫓고 쫓기며 모였다 흩어지기를 반복했던 극 중 인물들이 비로소 청계천에 집결하고 결론으로 이어지는 주요 장면들이 이곳에서 촬영됐기 때문이다. 저녁 시간 고층 빌딩에서 추락하는 서인경(임수정 분)을 받아 안고 키스하며 천천히 청계천으로 내려서는 전우치. 이 장면에서 가로수와 자동차의 불빛, 청계천의 흐르는 물은 자연스럽게 어울려 낭만적인 느낌을 배가했다.

불과 2분여의 낭만적 신을 뒤로하고 곧바로 이어지는 화담(최윤석 분)과 전우치 사이의 화려한 도술의 향연도 큰 볼거리였다. 카메라의 다양한 앵글은 청계천과 그 주변의 풍경을 입체적이고 역동적이며 낭만적으로 펼쳐 보였다.

청계천의 또 다른 모습을 **전우치**와 같은 해에 방영한 드라마 **아이리스**에서도 찾아볼 수 있다. 이 작품은 '아이리스 투어'라는 여행 상품이 생길 정도로 서울 시내 곳곳을 촬영지로 배치해 화제가 되기도 했다. **아이리스**의 초반부인 2회에서 청계천의 모습을 찾아볼 수 있다. 드라마 국가안전국 첩보원인 김현준(이병헌 분)은 미심쩍은 것이 있어 사우(정준호 분)와 함께 청계천으로 향한다. 그곳에선 대통령 후보의 유세가 있다. 청계천 주변의 고층 빌딩을 유심히 관찰하는 현준과 사우. 이들은 고층 빌딩에서 후보에게 총을 겨누고 있는 것을 목격하고 움직인다. 사우는 한발 앞서 저격수를 잡고 다른 건물에서 후보를 노리는 저격수를 마저 제압한다. 저격수가 쏜 총알은 후보를 빗겨나가지만, 청계천 일대는 엄청난 혼란에 빠진다. **아이리스**의 이 청계천 신은 광화문, 이태원 촬영 신과 더불어 많은 화제가 되기도 했다.

아이리스

아이리스의 스핀오프 드라마인 **아테나: 전쟁의 여신**도 많은 관심을 끌었던 작품이다. 극 중 주인공인 이정우(정우성 분)는 국가대테러정보원(NTS)의 특수요원으로, NTS 내에서도 탁월한 작전 처리 능력을 인정받고 있다. 그는 미국 국가정보국(DIS)의 특수요원이자 NTS에 투입된 이중 간첩인 윤혜인(수애 분)을 어느새 사랑하게 된다. 거대한 음모 조직 아테나의 핵심 인물인 손혁(차승원 분)에게 비밀리에 지시를 받는 혜인 또한 정우에게 사랑의 감정을 느낀다. 드라마 중반부인 10회, 손혁은 혜인에게 정우에게 전화해서 다음 날 청계광장에서 만나자는 약속을 잡으라고 명령한다. 어쩔 수 없이 혜인은 정우에게 전화해 약속을 잡는다. 다음 날, 정우는 영문을 모른 채 청계광장으로 향하고 손혁은 근처 빌딩에서 정우를 저격하기 위해 준비한다. 혜인은 정우와 손혁의 위치를 파악하기 위해 망원경으로 주변을 살핀다. 손혁은 표적인 정우를 정조준하고 방아쇠를 당기려 하지만, 뜻밖에도 혜인이 정우를 가로막는 바람에 그의 시도는 실패로 돌아간다. 이 장면 또한 청계천에서 촬영했다.

 청계천은 서울 한복판을 길게 관통해 흐르는 데다 일반 도로와 달리 자동차의 통행도 없으므로 촬영에 많은 장점이 있다. 또한, 다양한 조형물과 각양각색의 다리들이 있기 때문에 연출자의 의도에 따라 특색 있는 장면을 잡아내기에도 그만이다. **전우치**에서의 기상천외의 도술 결투 신이나 **아이리스**와 **아테나: 전쟁의 여신**에서의 저격 신 등은 대표적인 예이다. 영화 **육혈포 강도단**(2010)에서는 할머니 세 사람이 스쿠터에 몸을 싣고 청계천 도로를 고속으로 질주하면서 경찰차를 따돌리는 장면이 나오기도 했다. 좁은 도로를 박진감 있게 달려나가는 모습이 도심의 복잡하고 소란스러운 분위기와 어울려 기억에 남을 만한 장면을 만들어냈다. 이렇듯 청계천은 도심 속 시민의 쉼터이자 영화나 드라마 속 상상력의 보고로서 톡톡한 역할을 하는 중이다.

청계광장

청계천의 시작 지점인 세종로 동아일보사 앞 광장을 가리킨다. 청계천으로 진입하는 공간으로서 삼색 조명이 어우러진 촛불 분수와 4미터 아래로 떨어지는 2단 폭포가 설치되었다. 2단 폭포 양옆에는 8도(道)를 상징하는 석재로 팔석담이 조성되어 있는데, 밤이면 불빛과 물이 어우러져 멋진 경관을 빚어낸다. 또 청계천 전 구간을 100분의 1로 축소한 미니어처가 있으며, 4월부터 11월까지 주말마다 청계천 문화 페스티벌이 열린다.

지하철 5호선 광화문역 5번 출구에서 직진, 지하철 1호선 종각역 6번 출구에서 직진 후 영풍문고를 끼고 우회전 후 직진.

  종로구 서린동 14 ☎ 2290-7111

다동 먹자골목

청계광장 주위에는 무교동, 종각 등에 낙지 골목 등 먹거리촌이 있었다. 현재는 재개발 등의 여파로 원래의 운치를 그대로 간직한 곳은 드물다. 아직도 오래된 골목의 여운이 남아 있는 곳이 다동 먹자골목이다. 청계광장과 을지로 입구 사이에 자리 잡고 있는 이곳은 고깃집, 전집, 순댓집, 맥줏집, 골뱅이 집 등 먹을거리가 풍성하여, 식사 때마다 입맛에 맞는 식당을 찾는 사람들로 항상 붐빈다. 청계천을 둘러본 후 시장기를 달래기 위해 한번 들러 골목을 돌아봄 직하다.

  중구 다동 60

#69 남대문시장

수상한 삼형제(2009/드라마/진형욱/안내상, 도지원, 오대규) 각기 다른 사연이 있는 있는 삼형제와 그들과 얽히는 세 여자들의 인생 이야
포도밭 그 사나이(2006/드라마/박만영/윤은혜, 오만석) 포도밭을 배경으로 한 철없는 도시 처녀와 포도농장 일꾼 사이의 러브스토리
황해(2010/영화/나홍진/하정우, 김윤석) 살인을 위해 연변에서 대한민국으로 건너온 한 남자가 겪는 극심한 사투

남대문시장은 그 명성만큼이나 오랜 역사를 자랑한다. 조선 태종 때 서울 남대문 근처에 가게를 지어 상인들에게 빌려준 것이 남대문시장의 기원이라 하니 그 세월의 무게가 간단치 않다. 더군다나 시장은 그 특성상 서민들의 희망과 애환이 녹아 있는 특별한 공간이기도 하다. 그런 만큼 남대문시장은 다양한 물건을 보다 저렴하게 살 수 있다는 장점 이상의 무엇인가가 흘러넘치는 독특한 곳이다. 일제강점기, 한국전쟁기와 같은 역사의 격변기를 거치며 남대문시장 또한 크고 작은 변화를 겪었다. 일제강점기에는 시장의 경영권이 일본인에게 넘어갔고 한국전쟁으로 완전히 폐허가 되기도 했다. 게다가 주기적으로 대형 화재가 발생해 큰 피해가 이어지는 등 많은 어려움을 겪었다. 그러나 이런 과정에서도 상인들의 끈질긴 생명력 때문에 시장은 살아났고, 현재 남대문시장은 서울을 대표하는 시장으로 명성이 높다.

특히 이곳은 전문화된 서울의 다른 시장들과는 다르게 거의 모든 종류의 상품을 고루 취급하고 있다. 게다가 많은 상품을 직접 제조·생산하는 경우가 많아 그만큼 저렴하게 상품을 제공한다. 남대문시장은 대지 면적만 7만 3천 평방미터에 달할 정도로 광대한 규모인 데다, 노점상부터 현대적 쇼핑몰까지 다양한 형태의 판매 방식이 공존한다. 그만큼 시장 내부의 집적도가 높아 쇼핑의 색다른 재미를 만끽할 수 있다. 그래서 하루 유동 인구가 50여만 명에 달할 정도로 사랑받는 곳이기도 하다. 최근 대한상공회의소의 설문조사에 의하면, 남대문시장은 일본인이 선호하는 쇼핑 장소에서 2위, 중국인이 선호하는 쇼핑 장소에서 3위를 차지하는 등 한국에 관광 온 외국인들 사이에도 가장 주목받는 쇼핑의 명소이기도 하다.

KBS 주말 드라마 **수상한 삼형제**는 개성 강한 삼 형제의 삶을 다룬 작품이다. 주말 드라마에서 특히 저력을 발휘하는 문영남 작가가 집필한 작품으로 높은 시청률을 기록했다. 장남 역할에 늘 미달하는 건강(안내상 분)과 사업 수완이 뛰어나 실질적인 장남 역할을 하는 현찰(오대규 분), 아버지와 같은 경찰의 길을 가는 막내 이상(이준혁 분)이 70회에 달하는 극을 이끌어가는 핵심 인물이다.

드라마 중반부인 40회, 청난(도지원 분)을 찾기 위해 사람들이 가득한 좁은 시장 안을 뛰어다니는 청난의 전 동거남 행선(방중현 분). 그는 교도소에서 출소한 후 청난과 아들 종남을 찾기 위해 남대문시장을 뒤지는 중이다. 그는 시장 안쪽에서 두리번거리다 청난과 이야기하고 나오던 건강과 부딪힌다. 넘어졌다 일어난 건강은 행선에게 잘 좀 보고 다니라 이야기하다 행선의 얼굴을 보고 말끝을 흐린다. 서로 모르는 사이지만 청난을 사이에 두고 삼각관계인 두 사람. 청난은 다시는 찾아오지 말라고 건강에게 경고했지만, 행선이 자신을 찾기 위해 시장통을 뒤지고 다닌다는 사실을 알고는 건강에게 연락한다. 청난과 종남, 그리고 건강은 택시를 타고 급하게 시장을 빠져나간다. 이 장면은 남대문시장에서 촬영했는데, 행선이 남대문시장 안쪽을 뛰어다니는 장면이 많아 시장의 일상적인 모습을 생생하게 볼 수 있다.

KBS 16부작 월화 드라마 **포도밭 그 사나이**는 도시 처녀 이지현(윤은혜 분)과 농촌 총각 장택기(오만석 분)가 농사 문제로 다투다 로맨스로 발전하는 과정을 담은 작품이다. 지현은 패션에 관심이 많고 재주도 있는 신세대로 자신의 의류 브랜드를 만들려고 한다. 창업 자금 마련을 위해 그녀는 당숙 할아버지의 포도농장에서 1년간 농사를 짓기로 한다. 그러나 재래식 화장실 사용부터 돼지우리 청소 등 만만치 않은 상황이 앞에 놓여 있다. 더군다나 포도농장의 일꾼인 택기와 사사건건 부딪쳐야 하는 것도 고역이다. 그러나 지현은 이런 상황에 서서히 적응하고 어느새 택기에게 사랑의 감정을 느끼기 시작한다.

포도밭 그 사나이 1회, 사방에 옷이 걸린 쇼핑센터 안에서 옷의 디자인을 유심히 살펴보는 지현. 그러나 식상한 디자인에 마뜩잖은 표정이다. 사람들 사이를 비집고 친구인 은영(옥지영 분)이 아르바이트를 하는 점포로 향한다. 은영은 정가보다 비싸게 옷을 팔고 차액을 슬쩍한다. 주인 몰래 삥땅 친다고 뭐라 하는 지현. 왈가닥인 은영은 얼마 전까지 자기도 그랬으면서 무슨 말 하느냐고 받아친다. 단짝인 두 사람이 티격태격하는 모습이 꽤 코믹하다. 이 장면은 남대문시장 안에 있는 삼익패션타운에서 촬영했다. 이곳은 주로 의류와 액세서리를 전문적으로 취급하는 대규모 쇼핑몰로 1985년에 개장했는데, 옷을 사러 온 사람들은 반드시 거쳐 가는 곳이다. 국내의 유명 디자이너들이 고유 브랜드를 가지고 판매하는 유통 시스템을 갖춘 곳으로 명성이 높다.

영화 **추격자**(2007)로 영화 팬들에게 강한 인상을 남긴 나홍진 감독의 두 번째 장편 영화 **황해**. 장장 2시간 30분에 달하는 상영 시간과 집요하고 처절한 추적 과정으로 관객의 진을 빼게 했던 작품이다. 연변에서 택시를 모는 구남(하정우 분)은 청부살인을 위해 한국으로 건너온다. 그는 시장통에서 겨울 파카를 사 입고 비닐모자와 싸구려 손목시계를 구해 착용한다. 이런 구남의 패션은 '살인자'란 소제목이 달린 영화의 두 번째 파트에서 동일한 모습으로 나온다. 구남이 옷과 시계 등을 사는 장면은 남대문시장에서 촬영했다.

황해

그 외 촬영지

📷 불광동 먹거리촌

불광역에서 연신내로 가는 길에 있는 먹거리촌에서 영화 <추격자>(2008)의 초반 밤거리 장면이 촬영되었다. 이 거리에서 출장 안마소를 운영하고 있는 중호(김윤식 분)가 주차된 차들 하나하나에 안내 전단을 꽂는 장면이다. 낮에는 직장인들에게 점심을 제공하는 평범한 식당가처럼 보이지만, 밤이 되면 불야성의 유흥가로 변한다. 불광역 주변에는 모텔촌도 형성되어 있어서 중호의 캐릭터를 부각하는 데 안성맞춤인 촬영지였다.
지하철 3, 6호선 불광역 1번 출구로 나오면 바로 보인다.

📷 광장시장 먹거리 골목

종로4가에 위치한 광장시장은 거리 음식으로도 유명하다. 이곳에서 순대, 떡볶이, 김밥, 잔치국수, 파전, 빈대떡, 육회, 족발 등 다양한 거리 음식을 맛볼 수 있다. 특히 젊은 여성들에게는 쇼핑으로 출출해진 배를 단돈 2,500원에 채울 수 있는 마약 김밥이 인기다. 광장시장 주변에서는 2010년 방영된 드라마 <당돌한 여자>의 촬영이 진행되기도 했다. 지하철 1호선 종로5가역 7, 8번 출구에서 직진하면 광장시장 입구가 나온다.
🚗 종로구 예지동 6-1 ☎ 2267-0291

#70 국립중앙박물관

밤이면 밤마다 (2008/드라마/손현석/김선아, 이동건) 고미술학자인 남자와 문화재청 문화재사범 단속반원인 한 여자의 활동을 담은 드라마

초감각 커플 (2008/영화/김형주/진구, 박보영) 어리바리 초능력 남자와 엉뚱하고 뻔뻔한 천재 소녀가 만나면서 생기는 해프닝

2005년 용산으로 신축 이전해 개관한 국립중앙박물관은 그 규모와 첨단 설비 면에서 국격에 걸맞은 위용을 자랑한다. 1909년 개관한 창경궁 제실 박물관에 기원을 둔 국립중앙박물관은 조선총독부, 덕수궁, 남산, 중앙청, 경복궁 등으로 옮겨 다닌 끝에 용산가족공원 내 현재 위치에 자리 잡게 되었다. 특히 2009년에는 박물관 개관 100주년을 맞아 '한국 박물관 100주년' 기념 행사가 성대하게 열리기도 했다. 현재 13만 5천여 점의 유물을 소장하고 있으며 그중 약 5천여 점의 유물을 18개 전시실에 상설 전시하고 있다.

자연과 인공의 절묘한 조화를 추구하고 대범한 단순성을 지향했던 전통적 건축의 핵심을 재해석한 신축 건물은 단순하고 기능적이며 안정감을 느끼게 한다. 지층은 불교 관련 미술품과 공예품, 역사 관련 미술품을, 1층은 고려 시대와 조선 시대의 각종 도예품을, 2층에는 선사 시대 및 삼국 시대의 각종 유물 및 미술품을 각각 전시하고 있다. 최첨단 시설 관리 시스템뿐만 아니라 자연 채광 시스템, 대기 오염 감시 시스템, 계측 관리 시스템, 누수 감지 시스템, 조기 화재 감지 시스템 등을 갖춰 역사적 유물의 보존을 위한 최적화를 꾀하고 있다. 이와 같은 초현대적인 국립중앙박물관의 모습을 흥미롭게 잡아낸 드라마로 **밤이면 밤마다**를 꼽을 수 있다.

이 작품은 MBC 17부작으로 문화재청 문화재사범 단속반원인 허초희(김선아 분)와 고미술품 감정 및 복원 전문가인 김범상(이동건 분)이 주인공으로 등장한다. 국립중앙박물관을 주 배경으로 한 만큼 등장인물의 직업 또한 상당히 특이하다. 초희의 아버지는 도굴꾼으로 집을 나간 후 몇 년째 소식이 없다. 초희는 이런 아버지를 찾기 위해 문화재사범 단속반이 된 착한 딸이지만 업무에선 찬바람이 쌩쌩 불 정도로 냉랭하고 무뚝뚝한 모습이다. 반면 범상은 고미술품 감정과 복원 분야에서 독보적인 존재인 데다 성격도 좋아 많은 사람에게 사랑받는 타입이다. 대조적인 성격의 두 사람은 회를 거듭하면서 애증 관계로 발전한다.

밤이면 밤마다 1회, 국립중앙박물관의 출입구가 닫히고 경비원들이 맡은 구역을 체크하기 시작한다. 이들의 움직임을 전체적으로 관장하는 사무실의 최첨단 장비들이 화려하다. 같은 시각 건물의 옥상에서 복면한 일군의 무리가 기민하게 움직인다. 이들은 환기구를 열고 박물관 내부로 들어간다. 특수 훈련을 받은 특공요원들처럼 움직이던 이들이 넓디넓은 박물관 내부를 가로질러 도착한 곳은 반가사유상을 보관해놓은 전시실. 중요 국보인 만큼 보관실 내부의 정교한 감시 장치는 접근 가능성을 완벽하게 차단해놓은 듯 보인다.

그러나 복면을 한 여성은 체조 선수를 능가하는 몸의 유연성을 활용해 감시 장치를 피해 반가사유상까지 접근하는 데 성공한다. 그가 유리 외벽의 단자에 계측기를 꽂자 번호가 뜨고 번호대로 버튼을 누르자 반가사유상을 덮고 있던 유리 외벽이 열리기 시작한다. 그가 잽싸게 반가사유상을 집어 올리자, 바닥에 붙어 있는 숫자가 움직이기 시작하더니 사이렌과 동시에 건물 전체에 불이 들어온다. 건물에 잠입한 이들은 결국 체포되고 만다. 그러자 주변에 있던 모든 사람이 손뼉을 치며 모여들고 모의 훈련이 성공적으로 끝났다고 자축한다. 바로 그 시점에 경비원 한 사람이 달려오더니 반가사유상이 없어졌다는 사실을 알린다. 당황해하는 사람들 사이로 초희는 반가사유상을 들고 나타나 자신이 문화재청 문화재사범 단속반 소속임을 밝힌다. 강도 높은 액션 장면이 많았던 탓인지, 초희 역을 맡은 김선아는 이 드라마를 촬영하면서 어깨를 다쳐 드라마의 내용이 바뀔 정도였다고 한다.

2008년 개봉한 영화 **초감각 커플**은 초능력을 가졌지만 어눌하기 짝이 없는 수민(진구 분)과 톡톡 튀는 천재 여고생 현진(박보영 분) 사이의 연애 이야기를 담은 작품. 완전히 상반되는 두 사람을 이어주는 매개는 수민의 초능력과 이를 테스트하기 시작하는 현진의 끝도 없는 호기심이다. 현진은 수민에게 점심을 사고 싶다며 고급 레스토랑에 간다. 두 사람은 값비싼 바닷가재 요리를 시켜 먹기 시작한다. 수민은 잔뜩 겁먹은 표정으로 현진에게 너희 집 부자냐고 묻는다. 뭐 이 정도로 그러느냐고 천연덕스럽게 대답하는 현진. 현진은

초감각 커플

화제를 초능력으로 돌리더니, 수민의 초능력이 남의 생각을 읽는 데 그치는 것이 아니라 생각에 영향을 줄 수 있을 거라고 말한다. 그러면서 음식을 공짜로 먹을 수 있게 레스토랑 지배인의 생각을 바꿔보라고 주문한다. 수민이 거절하자, 현진은 돈이 한 푼도 없다고 말하면서 일 인분을 추가로 주문한다.

당황한 수민은 어쩔 수 없이 지배인을 향해 의식을 집중하기 시작한다. 그러나 계산대 앞에 선 수민과 현진은 돈이 없으면 주방 청소라도 하라는 말을 듣고 청소를 하는 신세가 된다. 청소가 끝나자 지배인은 수고했다면서 봉투를 내민다. 이들이 레스토랑에서 사라진 후 지배인은 레스토랑 오너에게 전화를 해서 자제분에게 정신 차리라고 일도 시키고 용돈을 좀 줬다고 말한다. 수민의 초능력 때문에 지배인은 수민을 오너의 아들로 착각한 것이다. 박보영의 통통 튀는 대사와 깜찍한 표정 연기가 감칠맛을 더했던 이 레스토랑 신은 국립중앙박물관의 거울 못 레스토랑에서 촬영했다. 특히 레스토랑의 창가 쪽 자리는 연못의 경관을 볼 수 있어 데이트에 안성맞춤이다.

주변 촬영지

 용산 가족공원

긴 파카를 입은 남자가 용산 가족공원 주변에서 조깅을 한다. 남자는 갑자기 한쪽으로 뛰더니 다른 남자와 속삭인다. 이들은 돈 가방을 찾으러 온 납치범을 잡으려고 잠복근무 중인 형사들. 근처에서 있던 수민(진구 분)과 현진(박보영 분)은 얼떨결에 사건에 휘말린다. 영화 <초감각 커플>(2008)의 한 장면이다.

용산 가족공원은 이름 그대로 가족 단위의 산책에 좋은 장소다. 졸졸졸 흐르는 작은 개울을 따라 나무가 우거진 산책로가 펼쳐지고 길을 따라 걷다 보면 작은 폭포도 눈에 띈다. 이곳은 드라마 <로망스>(2002)에서 관우(김재원 분)와 채원(김하늘 분)이 결혼식을 올렸던 곳이기도 하다.

지하철 4호선 이촌역 2번 출구로 나와 직진하여 중앙박물관을 지나면 된다.

용산구 용산동6가 68-87 ☎ 792-5661

드라마, 서울을 헌팅하다

1판 1쇄 발행일 2013년 6월 30일
글쓴이 | 남도현
그린이 | 이정학·유혜인
펴낸이 | 임왕준
편집인 | 김문영
교정·교열 | 양은희
펴낸곳 | 이숲
등록 | 2008년 3월 28일 제301-2008-086호
주소 | 서울시 중구 장충동 1가 38-70(장충단로 8가길 2-1)
전화 | 2235-5580
팩스 | 6442-5581
홈페이지 | http://www.esoope.com
블로그 | http://blog.naver.com/esoope
Email | esoope@naver.com
ISBN | 978-89-94228-69-3 03980
ⓒ 이숲, 2013, printed in Korea.

▶ 이 책은 저작권법에 의하여 국내에서 보호를 받는 저작물이므로 무단전재 및 복제를 금합니다.
▶ 이 책은 환경보호를 위해 재생종이를 사용하여 제작하였으며 한국출판문화산업진흥원이 인증하는 녹색출판마크를 사용하였습니다.
▶ 이 도서의 국립중앙도서관 출판시도서목록(CIP)은 서지정보유통지원시스템 홈페이지(http://seoji.nl.go.kr)와 국가자료공동목록시스템(http://www.nl.go.kr/kolisnet)에서 이용하실 수 있습니다.(CIP제어번호: CIP2013008217)